國家出版基金項目
重慶市出版專項資金

來知德全集（輯校）

第三冊

周易集注·卷首至卷之十（校注）

〔明〕來知德 撰　郭東斌 主編
劉重來　薛新力　學術審稿

重慶出版集團
重慶出版社

圖書在版編目(CIP)數據

周易集注.卷首至卷之十:校注/(明)來知德撰;郭東斌主編.—重慶:重慶出版社,2021.6
(來知德全集:輯校)
ISBN 978-7-229-15298-7

Ⅰ.①周… Ⅱ.①來… ②郭… Ⅲ.①《周易》—注释 Ⅳ.①B221.2

中国版本图书馆CIP数据核字(2020)第189899号

周易集注・卷首至卷之十(校注)
ZHOUYI JIZHU・JUAN SHOU ZHI JUAN ZHI SHI(JIAOZHU)
〔明〕來知德 撰 郭東斌 主編

總 策 劃:郭 宜 鄭文武
責任編輯:王 娟 夏 添
責任校對:何建雲
裝幀設計:王芳甜

重慶出版集團 出版
重慶出版社

重慶市南岸區南濱路162號1幢 郵編:400061 http://www.cqph.com
重慶出版社藝術設計有限公司製版
重慶市聖立印刷有限公司印刷
重慶出版集團圖書發行有限公司發行
E-MAIL:fxchu@cqph.com 郵購電話:023-61520646
全國新華書店經銷

開本:787mm×1092mm 1/16 印張:20 字數:310千
2021年6月第1版 2021年6月第1次印刷
ISBN 978-7-229-15298-7
定價:250.00元

如有印裝質量問題,請向本集團圖書發行有限公司調換:023-61520678

版權所有 侵權必究

《周易集注·卷首至卷之十（校注）》編纂委員會

學術顧問　唐明邦　徐芹庭
主　　編　郭東斌
副 主 編　陳益峰　欒保群　陳禕舒
編　　委　金生楊　郭東斌　陳果立　陳益峰　陳禕舒　張旭彤
　　　　　　熊少華　嚴曉星　欒保群　（以姓氏筆畫爲序）
校　　注　欒保群　陳禕舒　郭東斌

總目錄
TABLE OF CONTENTS

第一冊　　來瞿唐先生日錄・内篇（校注）

第二冊　　來瞿唐先生日錄・外篇（校注）

第三冊　　周易集注・卷首至卷之十（校注）

第四冊　　周易集注・卷之十一至卷之十六（校注）

第五冊　　來瞿唐先生日錄・上（影印）

第六冊　　來瞿唐先生日錄・中（影印）

第七冊　　來瞿唐先生日錄・下（影印）

第八冊　　周易集注・上（影印）

第九冊　　周易集注・中（影印）

第十冊　　周易集注・下（影印）

目錄

卷首 ………………………………………………………… 1
重刻易經來注序 ……………………………… 崔崋　1
序 …………………………………………… 謝開寵　3
重刻來先生易注序 …………………………… 王方岐　5
重刻來瞿唐先生易經集注校訂姓氏 ………………… 7
來瞿唐先生易注原序 ………………………… 鄭繼芳　8
來瞿唐先生易注原序 ………………………… 高舉　10
來矣鮮先生易注原序 ………………………… 張惟任　12
來矣鮮先生易注原序 ………………………… 黃汝亨　14
附刻來矣鮮先生易注序 ……………………… 郭子章　15
來瞿唐先生易經集注原訂姓氏 ………………………… 17
周易集注序 …………………………………… 來知德　18
易注雜說諸圖總目 …………………………………… 21
梁山來知德圓圖 ……………………………………… 22
伏羲六十四卦圓圖 …………………………………… 23
伏羲八卦方位之圖 …………………………………… 24
文王八卦方位之圖 …………………………………… 25
伏羲文王錯綜圖 ……………………………………… 26
孔子太極生兩儀四象八卦圖 ………………………… 28
來知德八卦變六十四卦圖 …………………………… 29
來知德八卦所屬相錯圖 ……………………………… 31
來知德六爻變自相錯圖 ……………………………… 32

來知德八卦次序自相綜圖 ··· 33

來知德八卦所自屬相綜圖 ··· 36

來知德八卦四正綜四正臨尾二卦圖 ···································· 37

八卦四隅綜四隅臨尾二卦圖 ··· 37

來知德八卦正位圖 ·· 37

來知德上下經篇義 ·· 38

來知德易經字義 象 錯 綜 變 中爻 ································ 40

來知德周易集注改正分卷圖 ··· 44

來知德發明孔子十翼圖 ·· 46

易學六十四卦啟蒙 ·· 47

梁山來知德先生易經集注卷之一 ································· 1

周易上經 ··· 1

☰ 乾下乾上（乾）·· 2

☷ 坤下坤上（坤）·· 19

梁山來知德先生易經集注卷之二 ······························· 27

☵ 震下坎上（屯）·· 27

☶ 坎下艮上（蒙）·· 31

☵ 乾下坎上（需）·· 36

☰ 坎下乾上（訟）·· 40

梁山來知德先生易經集注卷之三 ······························· 45

☷ 坎下坤上（師）·· 45

䷇ 坤下坎上（比）	49
䷈ 乾下巽上（小畜）	52
䷉ 兑下乾上（履）	57
䷊ 乾下坤上（泰）	60
䷋ 坤下乾上（否）	65

梁山來知德先生易經集注卷之四 69

䷌ 離下乾上（同人）	69
䷍ 乾下離上（大有）	73
䷎ 艮下坤上（謙）	77
䷏ 坤下震上（豫）	80
䷐ 震下兑上（隨）	84
䷑ 巽下艮上（蠱）	87

梁山來知德先生易經集注卷之五 92

䷒ 兑下坤上（臨）	92
䷓ 坤下巽上（觀）	94
䷔ 震下離上（噬嗑）	98
䷕ 離下艮上（賁）	102
䷖ 坤下艮上（剝）	105

䷗ 震下坤上（復） 109

梁山來知德先生易經集注卷之六 114

䷘ 震下乾上（无妄） 114

䷙ 乾下艮上（大畜） 117

䷚ 震下艮上（頤） 122

䷛ 巽下兑上（大過） 125

䷜ 坎下坎上（坎） 128

䷝ 離下離上（離） 132

梁山來知德先生易經集注卷之七 137

周易下經 137

䷞ 艮下兑上（咸） 137

䷟ 巽下震上（恒） 142

䷠ 艮下乾上（遯） 146

䷡ 乾下震上（大壯） 150

䷢ 坤下離上（晋） 153

䷣ 離下坤上（明夷） 157

梁山來知德先生易經集注卷之八 162

䷤ 離下巽上（家人） 162

☲ 兌下離上（睽）... 165

☵ 艮下坎上（蹇）... 170

☳ 坎下震上（解）... 173

☶ 兌下艮上（損）... 177

☴ 震下巽上（益）... 180

梁山來知德先生易經集注卷之九 186

☱ 乾下兌上（夬）... 186

☰ 巽下乾上（姤）... 190

☱ 坤下兌上（萃）... 194

☷ 巽下坤上（升）... 198

☱ 坎下兌上（困）... 201

☵ 巽下坎上（井）... 206

梁山來知德先生易經集注卷之十 210

☱ 離下兌上（革）... 210

☲ 巽下離上（鼎）... 214

☳ 震下震上（震）... 218

☶ 艮下艮上（艮）... 223

卷首

重刻易經來注序

（崔華）

　　《易》也者，言數之書也。然數立而象即寓乎其中，則《易》又言象之書也。自《河》《洛》兩圖出，天地早以象示聖人，而聖人則之，以前民用。故宣聖云："聖人設卦觀象，繫辭焉而明吉凶。"又云："極其數，遂定天下之象。"可知卦爻非象無以立，象不明，即聖人開物成務之道終有所未備也。宋大儒輩出，精于《易》者蓋不乏人，或言理不言數，或言數不言理。考亭兼綜理數，未嘗不裒集衆論，彙其指歸，然究于易象之旨闡晰尚多缺略。瞿塘來先生憂易象之不明于天下也，閉户萬山中，殫精竭智，探索者三十年，乃豁然有所解悟。獨抒所見，編為《易注》，發明前聖因數取象之意，而補諸儒訓詁所未及，其思深，其心苦矣。夫先生表彰前聖，開示後學，其積力之久，有明先達諸君子言之已悉，余何庸更置喙。惟是先生僻處西南徼，去中原數千里，書成之日，雖經梓行於世，第巴蜀屢經兵燹，簡帙散失，即一二縉紳舊族間有收藏，未免寶之篋笥，亦落落如晨星，後生小子不及見、不及聞者多矣。余於鞿務之暇，購得先生遺本，伏而讀之，見其增訂諸圖説，分列綜卦、錯卦及剖晰中爻獨備諸理解，雖四聖人復起，有不能易其言者。然後知前古聖人之取象，原本乎《易》中一定之理，朗如日星在天，江河行地，確然不可移易，而非有所懸擬臆度於其間也。先生之致力于《易》也深矣，先生之爲功于四聖人也大矣，乃聽其日久失傳，弗獲廣爲流布，不幾令先生加年著述之苦心湮没無聞，而易象之旨終不明于後世耶？爰捐俸重刻，公之海内，非敢云微顯闡幽，竊附先生曠代之知己，然俾後之讀《易》者披覽先生之書，凡易象中一切疑義悉瞭然若指諸掌，不僅借章句帖括畢此專家，於以羽翼經傳，扶進來學，未必無小補云。

康熙二十七年歲次戊辰仲冬上浣，賜進士出身、總理兩淮江廣河南等處都轉運鹽使司、加勅兼鹽法道副使、前知揚州府事，平山後學崔華蓮生父題於鹽署之寶廉堂。

序

（謝開寵）

從來不朽之著作，必待不朽之人而後成。所謂不朽者，以其必傳故也。然或傳矣，而容有不能盡傳之時，又必待不朽之人以代爲之傳，此其間若有天焉以作之合，而非意計所能料也。瞿塘來先生《易注》一書，於易象獨有所發明，其精思朗悟，直與作《易》四聖人心相印合，雖濂、洛、考亭，推測猶有未逮，況其下此者乎？帙成，一時名公鉅卿序而梓行之，以爲此必傳之書也。乃蜀省遭獻賊蹂躪，舊時文獻悉灰燼於咸陽劫火中，而先生之書遂成斷簡殘編矣。余筮仕得蜀之宜賓令，去先生里居甚近。邑縉紳者舊爲余言先生行誼甚悉，且交口贊其《易注》一編乃前代所未有。蓋先生性至孝，登賢書後，將赴禮闈，先生母夫人送至門，泪盈盈欲下滴。先生驚異，跽而請曰：“公車，喜事也，母何悲之甚耶？”母夫人曰：“兒每他出，予必倚是間而望。今遠行，歸不可定，是以悲耳。”先生大慟，遂終身不上春官，閉户著書，精研易理，歷三十年，始洞徹易象諸解。噫！先生之至性如此其篤，而力學又如此其專且久，非天地間不朽之人，能易有此不朽之著作乎哉？余心慕先生之爲人，因遍訪先生之《易注》，冀一聆其緒論，而卒不可得。宜孝廉宋子西山曾言：字水舊族，藏有遺本，許購以見示。余因避地崇陽，去舊治千餘里，隔於烽燧，音問阻絕，雖幸間道歸里，終以不及見先生《易注》爲憾。戊辰春，過維揚，兩淮轉運使蓮生崔公祖，余同年友也，雅好藏書，一切典籍購訪不遺餘力。余以來先生《易注》拳拳者數矣，兹幸於姑蘇舊肆中獲此遺編，歸以示余，相與擊節賞嘆。因捐俸重鐫，公之海内焉。是何異出壁經於秦灰，俾聖賢傳注復昭揭天壤間乎？方今聖天子崇儒嗜學，詔求天下遺書，而於六經解注尤爲鄭重。異曰公鱉政報最，内擢卿尹，當持是刻獻之闕廷，頒行天下學官，以廣布我皇上敦崇經術之盛心，使習《易》諸後學咸有所啓迪，則注《易》之人與重刻《易注》之人，其功正相等，不且並垂不朽耶？夫余以數十年勞夢寐、瘁奔走不可必得之書，一旦獲窺其全豹，其爲鼓舞欣慶當不自知其如何。因歷敘購書顛末，綴語簡端，用紀其事，且以誌余快焉。乃不禁慨然曰：不朽之著作，又必待不朽之人以代爲之傳者，余友崔公之謂也。

康熙戊辰仲冬，壽春後學謝開寵題。

重刻來先生易注序

（王方岐）

瞿唐來先生注《易》若干卷，史念冲先生序而梓之，蓋在明季之壬申歲也。先生既没，而西蜀屢經兵燹，板毁無存，世之傳者絶少。平山崔夫子鳳精易理，其於諸儒講《易》之義無不融會貫通，而於是書尤服膺不釋。以其板之散失，而慮末學之樁昧無以廣其傳也，每爲咨嗟嘆息。及蒞任兩淮，購得舊本，不勝喜躍，爰捐俸重梓之，而命方岐爲之序。岐受而讀之，既服來先生之書足以嘉惠後學，而深嘆吾夫子表章之功爲不朽也，爰爲之序曰：

昔人有言：六經之文，天地之文也，天地不能自文，假聖人之手而文之耳。是故盈天地間皆道也，則皆易也。卦爻彖象之義備，而萬物之情見矣。凡以明斯道之變易而無往不在也。道原於太極，太極生陰陽，陰陽一道也。其至微者理，至著者數，故極其數所以定天下之象，著其象所以順性命之理，尚其辭可以明理，推其變可以明數，未有舍理與數而能得其意者也。惟是九師之旨，發端田何，離岐而爲京房、翼奉、孟喜、郎顗之學，等於讖緯，而數聖人開物成務之道隱矣。宋儒伊川先生作《易傳》，謂吉凶消長進退存亡之道，皆可由詞以考意，此準乎理者也。堯夫先生求《易》於詞之外，謂有後天之易，有先天之易，用以推占事物，可以前知，此主乎數者也。自二説並興，言理者則宗伊川，言數者則宗堯夫，同名爲《易》，而莫能相一。晦庵先生兼之而爲《本義》《啓蒙》，其説曰：有是理則有是象，有是象則有是數，蓋本無朕之中而無窮之理已具，有揲蓍之數而前民之用自彰，可謂備矣。復有仙井、南溪諸説，既與卦變有所未合，而文王之《序卦》、孔子之《雜卦》終未聞其秘也。岐少讀《易》，殊多憒憤，及讀來先生《易注》，而曠若發蒙。先生於《易》沉潛反復有年，數年而悟伏羲、文王之象，又數年而悟文王《序卦》、孔子之《雜卦》，又數年而悟諸儒卦變之非，謂伏羲之卦主於錯，文王之卦主於綜，本於至微之理，明乎至著之象，縱橫順逆，無一非造化自然之妙，而非有所穿鑿於其間。自注《易》以來，未有闡發如先生者也。今聖天子右文宣化，每詔儒臣修明經學，以昭示來茲。而吾夫子之是刻也，尊聖制也，表遺經也，砥俗學也，一舉而三善備焉。使世之儒者知易道之廣大悉備，不同於軌筴占算之書，而亦非章句訓詁之儒所能窺其蘊，且令世之學《易》者知讀經必須讀傳，觀數必先觀象，本乎自然之理以極乎無窮之數，潔淨精微，不假安排，而天下之理自得。將先生窮經學古之心不没於後世，而吾夫子崇信表章之至意，亦與之俱永也夫。

康熙戊辰年十一月，淮南後學王方岐謹叙。

重刻來瞿唐先生易經集注校訂姓氏

壽春	謝開寵	晉侯	甫
廣陵	王方岐	武徵	
武川	朱慎	其恭	
石邑	崔如岳	雪峰	仝訂正
上谷	許鶴齡	長年	
西泠	曹斌	次英	
南譙	李如梓	孝叔	
甬上	李開	子寶	
蕪城	郭彭齡	商山	
范陽	徐元	燕山	
蒲吾	郭鎮久	衍斯	
都門	范敦厚	濂若	
壽春	謝家樹	蔭鄰	
蒲吾	崔攀雲	占五	仝校閱
古歙	俞廷棟	吉雲	

大清康熙二十七年仲冬重校正於廣陵書院

來瞿唐先生易注原序

(鄭繼芳)

楊子雲氏，蜀之言《易》者也。《太玄》一書，劉歆訾其覆瓿，桓譚稱其必傳。袁滋之入蜀也，二程指之而見薛翁焉，怡然有會。然則楊、薛二氏之《易》，蜀《易》也，非宓羲、姬文之《易》也。蓋瞿唐先生之言曰："自尼父歿而易道亡矣，四聖之易，千載長夜。"予驟聞之，猶河漢而無極也。關中張仲衡氏刻先生《易注》及《日錄》成，授予讀之，卒業，予殆規規然自失也。夫易也者，象也，象生數，數生變化。"參伍以變，錯綜其數，通變成文，極數定象"，尼父之言也。先生何以用錯綜不用參伍也？或曰：參兩倚數，兼三成卦，九六生爻，聖人蓋嘗用之，姑留此錯綜之一法以待先生而非也。天維八柱，地錯九州，日出東沼，月生西陂，山島竦峙，草樹榮枯，推之萬物，莫不盡然。而況龍圖龜書，奇偶縱橫，八卦綜緯，因乎固然。智者觀乎錯綜之象，而思過半矣。先生生乎百世之下，冥契太極之先，獨居覃思於求溪山中，積三十年而成《易注》。其學以無欲爲宗，以克己爲門，以神明默成爲奧，斷然以聖人可學，而以天下萬世爲己任。故其所自爲《太極圖圖》，錯綜變互，正偶同雜，情體象變，壹切圓說皆上窮鴻濛，下闚黃泉，中賅賾隱幾深，直抽宓羲、姬、孔之縕，而爛長夜之旦於中天。非夫居深山之中，洗心藏密以神明其德，而能若是乎？西伯羑里，厥有繇辭；姬公徂東，乃繫六爻；尼父假年，奧演"十翼"；瞿唐西歸，幾研象數。《記》曰："潔淨精微，《易》之教也。"《淮南子》曰："清明條達，《易》之義也。"漢儒束於教，宋人暢其義，而象幾微矣。先生有功於《易》者也。通象外之意蘊，繫表之言，義之源也，教之宗也，變化之門也。故夫先生之《易》，非蜀《易》也，而宓羲、姬、孔之《易》也。

雖然，《河圖》一圈，宓犧一畫，猶後天爾。誠問太極未判，白黑未分，象於何錯？數於何綜？謂象以盡意，而萌一意且造一象，謂數以定象，而造一象，又豈必盡畫然之數？則造化實在人心，而神明默成，真有存乎其人者。先生復起，不容有言，請以質之吾仲衡氏。都門鄭繼芳撰。

來瞿唐先生易注原序

（高舉）

　　夫《易》何爲者哉？龍馬負圖，偶奇錯綜，而易行乎其中。聖人者出，則以卦，效以爻，闡以辭，而各指其所之，易道備矣。孔子生於衰周之季，五十以學《易》，至於三絕韋，三折肱，乃喟然嘆曰："作《易》者其知道乎？其知變化之所爲乎？"然不錯不綜，變化何自而生？故又曰："錯綜其數，非天下之至精至神，孰與於此？"孔子没而易統散，商瞿、梁丘子而下，教濫緒棼，箋之、解之、疏之、傳之、龜筮之、測贊之，譚《易》彌繁，去《易》彌遠，如舍柁泛海之舟，昧鍼芒而迷斗樞也。如崔、盧、王、謝，各高標其祖禰，而竟非天潢正派也。陽九吾易者，寧必羸炬哉！西蜀矣鮮先生，發憤於千載之長夜，絕意軒紱，研精覃思幾三十年，而始悟大易宗旨，盡括於錯綜一言。所云錯綜者，非以意錯之綜之之謂也。八卦六爻之情體，四正四隅之撰雜，錯者不得不錯，綜者不得不綜，左而右，右而左，低而昂，昂而低，不煩思議，無假安排，雲漢麗乎天，川岳麗乎土，動靜順逆麗乎人事，無之非錯綜，無之非變化，可以見見，可以不見見，可以聞聞，可以不聞聞，而以之冒道成務，極深研幾，天下之至精至神盡在我矣。昔子思子以費隱言道而證之鳶飛魚躍，鳶魚者象也，飛躍者象之錯綜也。其天其淵，其升其沉，變變化化，活活潑潑，孰爲對待，孰爲流行，意者有機緘而不能自已耶？此天地自然之易也。故善言《易》者莫如子思子，而矣鮮先生之以錯綜注《易》也，真得鳶魚飛躍之意，而默契變化之所爲乎？長夜晦冥，日月如故，先生有功於後學大矣。侍御張君復爲之發明其義，而廣遠其傳，是又有功於先生也。舉不敏，願學《易》以寡過，未能也，則請於是編服膺焉。

萬曆辛亥仲春之吉，古淄後學高舉撰。

來矣鮮先生易注原序

（張惟任）

　　吾夫子老而學《易》，至於韋編三絕，而曰"吾五十而知天命"。夫天命之所以不已者，何也？《易》也。《易》也者，何也？象也。相推焉而變生矣，變者，象之變也。象，言象者也；爻，言變者也。有象有變而後有辭占，是故君子居則觀象而玩辭，動則觀變而玩占。居安其序，而樂玩其辭，亦惟是變之所適。妙陰陽，行鬼神，顯日用，畢能事。而世儒以卜筮索吉凶，以義理解辭占，不知夫義理吉凶從何而生，象變焉已矣。象何以立？變何以通？環循轂轉又何以生無窮？則錯綜其數之法也。"錯綜其數"，吾夫子已言之矣，而讀《易》者不解也。終日問卜筮，譚義理，而不遡所自出，猶人終日言宗祖子孫而不知其耦，終日言什百千萬而不知夫一生二、二生三、三生無窮也。彼所謂象者，駿圖耳已；變者，幻術耳已。善乎，來矣鮮先生悟之求溪山中而推言之也。其言曰：錯者，一左而一右，兩相錯者也，猶男女然，伏羲圖之以爲圖，孔子所稱"天尊地卑"者是也。綜者，一上一下，互相綜者也，如織布帛而綜者然，文王序之以爲卦，孔子所謂"剛柔相摩"者是也[①]。舉一男女而億萬孫子列矣，挈一絲而億萬條緒動矣，是故以極天下之數，以定天下之象，以通天下之變。數無窮，錯綜無窮；變無窮，象無窮。總之太極生陰陽，一陰一陽相左右上下，而正焉、雜焉、摩蕩焉、無窮焉而已。故萬縷一絲也，萬孫一祖也，所謂"易逆數"者也。故曰"一陰一陽之謂道"，"生生之謂易"，"陰陽不測之謂神"，"引而伸，觸類而長"，皆是法也。其義理謂之序，其言謂之辭，其決謂之占。

[①] 原脫"不遡所自出，猶人終日言宗祖子孫而不知其耦……文王序之以爲卦，孔子所謂'剛柔相'"，據虎林本補。

順此之謂吉，逆此之謂凶。天地所以消長，萬物所以亨屯，國家所以治亂，人心所以存亡，昆蟲草木所以榮枯生死，夫孰有能違之者乎？故曰"維天之命，於穆不已"，故說天至命，莫妙乎《易》矣。羲之畫，文之彖，周公之爻，孔子之《繫辭》《十翼》，先天弗違，後天時行，象告情言，不離乎錯綜之一法。若衣有領，若日月有璣衡，接群聖，牖萬古，來先生之功於是偉矣。先生《易注》，其本原程、朱，會通諸儒，而闡明未備者良多，其精義妙法俱自錯綜出，大中丞青螺郭公已表章其旨。海內稱慕之而不盡見其板，在蜀者又多漫漶滅沒。予令巫山時，與先生有往還，敬其人，愛重其書，爰歷吳越，下齷司重訂之，而梓以流布焉。詎敢云知《易》知命，庶幾續韋編之遺，不晦先生苦心而已。

　　萬曆庚戌歲陽月，關中張惟任仲衡父撰。

來矣鮮先生易注原序

（黄汝亨）

　　自漢而下，言《易》者無慮數十百家矣，舉一廢百，而不知夫一之函百也。譚理者宗程《傳》朱《義》而進，而王輔嗣者流且將掃畫而去之也。譚象者九家，譚數者堯夫而進，而扬雲且搜玄而測之也。京、焦氏之占，溺於卜筮，遺道義，譚禍福，愈失之矣。總之，所謂舉其一者也。夫聖人立象以盡意，觀其象耳矣。"知者觀象，而思過半矣。"即意象彖爻而作爲卜筮，卜筮者，聖人同患之情，令百姓日用焉而不知者也。不知者，不知象生變，變生卦爻，卦爻生理義，理義生吉凶也。儒者讀《易》，將抉天人性命之符，而貿貿焉同百姓，可乎？故善讀《易》者莫妙於以經解經，而不以意識學問解經。以經解經之法，莫妙於"錯綜其數"一語。蓋"八卦以象告"，錯綜則象之變，其順逆正反無窮，而辭占本義理定，吉凶亦隨變以示矣。此聖人之盡意，愚人之盡神，一也。錯綜之法，揭於吾夫子，而獨悟於蜀之來矣鮮先生。其言左右相錯，上下相綜，變化無遺。郭青螺先生深著明其說，刻之蜀中，而予同年直指張公復詮其精義於簡端，重付剞劂氏，嘉惠海內，俾世之學者繇錯綜觀變，繇變觀象，繇象觀意。彼程朱理義，諸儒講解，且在三隅反中；而彼象數玄渺，卜筮禍福之譚，譬猶燭光之麗日月，不相蝕而且相投矣。雖然，理之錮《易》，而舉子業之錮理也今爲甚，吾且以爲程朱憂，況其上者乎？即無錮於理，而於身心無涉焉，猶錮也。以經解經，信不若以身解經。吾自觀吾身，靜而作何象，動而流何形，龍象乎，馬牛乎，羲文蹻跖乎？致虛而履實，擬言而議動，錯綜成乎神，爻象成乎身，此楊慈湖《己易》之旨也，敢以質之有道。

　　武林黃汝亨撰。

附刻來矣鮮先生易注序

（郭子章）

《易》之爲書，潔净精微。古今稱知《易》者，在漢則楊子雲，在宋則邵堯夫。楊之言曰：“宓犧氏綿絡天地，經以八卦，文王附六爻，孔子錯其象而象其辭，然後發天地之藏，定萬物之基。”邵之言曰：“太極既分，兩儀立矣。陽交於陰，陰交於陽，而生天之四象；剛交於柔，柔交於剛，而生地之四象。八卦相錯，而後萬物生焉。”夫二子之言，非意之也。天地間惟陰陽兩端，獨陽不生，獨陰不成，其氣不得不錯；天道下濟，地道上行，其氣不得不綜，自然之運也。伏犧氏仰觀象於天，俯觀法於地，而作《圓圖》。《圓圖》者，一左一右之形也，雖未名“錯”而錯義已備。文王繼伏犧，分《上經》爲十八，分《下經》爲十八，而作《序卦》。《序卦》者，一上一下之説也，雖未名“綜”而綜義已備。孔子讀《易》，韋編三絶，鐵摘三折，窮年兀兀，至於五十始悟伏義《圓圖》爲錯，悟文王《序卦》爲綜，故曰：“錯綜其數”，“極其數遂定天下之象。”嗚呼，盡矣！

　　顧象極於錯而未知所以錯，象極於綜而未知所以綜，即孔子未明言也。王弼掃象，范寧比之桀紂。伊川專治文義，不論象數，自云“止説得七分”。朱子直云“象失其傳，理會不得”。如子雲“綿絡經錯”之語，堯夫“陽交陰交”之訓，似上契羲、文，下闡孔氏，又且訾爲覆瓿，譏爲玩世。上下二千年，《易》象悠悠，真如長夜。予友來矣鮮起自梁山，生子雲之鄉，學堯夫之學，一舉孝廉，絶意軒冕，結快活庵，坐九喜榻，晚入求溪萬山中，研心圖象，積三十年而《易注》始成。其言曰：錯者，陰陽相對，陽錯其陰，陰錯其陽，如伏義《圓圖》乾錯坤，坎錯離，八卦相錯是也。綜，即今織布帛之綜，一上一下，如屯、蒙之類，本是一卦，在下爲屯，在上爲蒙,載之文王《序卦》是也。定天下之象,如乾坤相錯,則乾馬坤牛之象名;震艮相綜,則震雷艮山之象名是也。雖然,此猶得之《圓圖》、《序卦》中也。其論八卦相錯,爲乾坤、坎離、大過頤、小過中孚,有四正錯,有四隅錯。論綜,有四正綜,有四隅綜,有以正綜隅,有以隅綜正。論象,有卦情之象,有卦畫之象,有大象之象,有中爻之象,有錯卦之象,有綜卦之象,有爻變之象,有占中之象。論變,如乾初變即爲姤,兑初變即爲困,離初變即爲旅,震初變即爲豫之類。皆抒千古未發,代四聖欲言。上而玄黄雨雲,下而龍馬龜羊;巨而國家平陂,細而臀膚天劓;微而復道履道,顯而鳴謙鳴豫,一一從錯綜來,不假安排,天然吻合。其言似楊之綿絡經錯而無《太玄》之艱深,其旨似邵之陰交陽交而絶《皇極》之枝蔓。使王弼、程、朱諸子見之,象不必掃,理自能會。予謂矣鮮《易注》繼往開來,亘百代而一見者也。其自謂"孔子没而《易》已亡,若至今日始明",豈虚語哉!

　　嗟嗟!子雲見嘲劉歆,而桓譚、侯芭謂其必傳。堯夫見嫉於秦玠、鄭夬,而司馬君實以兄事於洛中。予不佞,結交矣鮮,今且白頭,所爲求溪桓、侯、司馬,非予而誰?後世有來矣鮮,當謂予知言矣。

　　萬曆辛丑七月七日①,友人泰和郭子章撰。

---

① "七月七日"原無,今據虎林本補。

來瞿唐先生易經集注原訂姓氏

淄　川　　高　舉　　鵬　程　　甫
都　門　　鄭繼芳　　仲　孚
關　中　　張惟任　　仲　衡　　仝訂正
武　林　　黃汝亨　　貞　父　　校正
同　安　　柯鳳翔　　志　德
潛　江　　吳從誠　　虛　舟
華　亭　　徐元暘　　賓　夫
宜　賓　　劉繼禮　　立　甫　　仝校閱
萬曆三十八年重校刻於浙之虎林郡南屏山

周易集注序

(來知德)

　　乾坤者，萬物之男女也；男女者，一物之乾坤也。故《上經》首乾坤，《下經》首男女。乾坤男女相爲對待，氣行乎其間，有往有來，有進有退，有常有變，有吉有凶，不可爲典要，此《易》所由名也。盈天地間莫非男女，則盈天地間莫非易矣。伏羲象男女之形以畫卦，文王繫卦下之辭，又序六十四卦。其中有錯有綜，以明陰陽變化之理。錯者交錯對待之名，陽左而陰右，陰左而陽右也。綜者高低織綜之名，陽上而陰下，陰上而陽下也。雖六十四卦止乾坤、坎離、大過頤、小過中孚八卦相錯，其餘五十六卦皆相綜而爲二十八卦，并相錯八卦共三十六卦。如屯、蒙之類，雖屯綜乎離，蒙綜乎坎，本是二卦，然一上一下皆二陽四陰之卦，乃一卦也。故孔子《雜卦》曰"屯見而不失其居，蒙雜而著"是也。故《上經》止十八卦，《下經》止十八卦。周公立爻辭，雖曰"兼三才而兩之，故六"，亦以陰陽之氣皆極于六，天地間窮上反下、循環無端者，不過此六而已。此立六爻之意也。孔子見男女有象即有數，有數即有理，其中之理神妙莫測，立言不一而足，故所繫之辭多于前聖。孔子没，後儒不知文王、周公立象皆藏于《序卦》錯綜之中，止以《序卦》爲上、下篇之次序，乃將《説卦》執圖求駿。自王弼掃象以後，注《易》諸儒皆以象失其傳，不言其象，止言其理，而《易》中取象之旨，遂塵埋於後世。

　　本朝纂修《易經》《性理大全》，雖會諸儒衆注成書，然不過以理言之而已，均不知其象，不知文王《序卦》，不知孔子《雜卦》，不知後儒卦變之非。于此四者既不知，則《易》不得其門而入。不得其門而入，則其注疏之所言者，乃門外之粗淺，非門内之奧妙。是自孔子没而《易》已亡至今日矣，四聖之《易》如長夜者二千餘年，不其可長嘆也哉！"夫易者，象也。象也者，像也。"此孔子之言也。曰像者，乃事理之仿佛近似可以想像者也，非真有實事也，非真有實理也。若以事論，金豈可爲車，玉豈可爲鉉？若以理論，虎尾豈可履，左腹豈可入？《易》與諸經不同者全在于此。如《禹謨》曰"惠迪吉，從逆凶，惟影響"，是真有此理也。如《泰誓》曰"惟十有三年春，大會于孟津"，是真有此事也。若《易》則無此事，無此理，惟有此象而已。有象則大小、遠近、精粗、千蹊萬徑之理咸寓乎其中，方可彌綸天地。無象則所言者止一理而已，何以彌綸？故象猶鏡也，有鏡則萬物畢照，若舍其鏡，是無鏡而索照矣。不知其象，《易》不注可也。又如以某卦自某卦變者，此虞翻之說也，後儒信而從之，如訟卦剛來而得中，乃以爲自遯卦來，不知乃綜卦也，需、訟相綜，乃坎之陽爻來于內而得中也。孔子贊其爲天下之至變，正在于此。蓋乾所屬綜乎坤，坎所屬綜乎離，艮所屬綜乎巽，震所屬綜乎兌，乃伏羲之八卦一順一逆自然之對待也，非文王之安排也。惟需、訟相綜，故《雜卦》曰"需不進也，訟不親也"。若遯則綜大壯，故《雜卦》曰"大壯則止，遯則退也"。見于孔子《雜卦傳》昭昭如此，而乃曰"訟自遯來"，失之千里矣。此所以謂"四聖之《易》如長"夜者此也。

德生去孔子二千餘年，且賦性愚劣，又居僻地，無人傳授，因父母病，侍養未仕，乃取《易》讀于釜山草堂。六年不能窺其毫髮，遂遠客萬縣求溪深山之中，沉潛反復，忘寢忘食有年。思之思之，鬼神通之。數年而悟伏羲、文王、周公之象，又數年而悟文王《序卦》、孔子《雜卦》，又數年而悟卦變之非。始于隆慶四年庚午，終于萬曆二十六年戊戌，二十九年而後成書，正所謂"困而知之"也。既悟之後，始知《易》非前聖安排穿鑿，乃造化自然之妙，一陰一陽，內之外之，橫之縱之，順之逆之，莫非《易》也。始知至精者《易》也，至變者《易》也，至神者《易》也。始知《繫辭》所謂"所居而安者，《易》之序也"，"錯綜其數"，"非中爻不備"，"二與四同功，三與五同功"數語。及作《說卦》《序卦》《雜卦》于"十翼"

之末，孔子教後之學《易》者亦明白親切，但人自不察，惟篤信諸儒之注，而不留心詳審孔子"十翼"之言，宜乎長夜至今日也。注既成，乃僭于伏羲、文王《圓圖》之前新畫一圖，以見聖人作《易》之原。又畫《八卦變六十四卦圖》，又畫《八卦所屬相錯圖》，又畫《八卦六爻變自相錯圖》，又畫《八卦次序自相綜圖》，又畫《八卦所屬自相綜文王序卦正綜圖》，又畫《八卦四正四隅相綜文王序卦雜綜圖》，又發明八卦正位及上、下《經》篇義并各字義，又發明六十四卦啓蒙，又考定《繫辭》上下傳，又補定《説卦傳》以廣八卦之象，又改正《集注》分卷，又發明孔子"十翼"。其注先訓釋象義字義及錯綜義，後加一圈，方訓釋本卦本爻正意。象數言于前，義理言于後，其百家注《易》諸儒雖不知其象，不知《序卦》《雜卦》及卦變之非，止言其理，若于言理之中間有不悖于經者，雖一字半句亦必採而集之，名曰《周易集注》。庶讀《易》者開卷豁然，可以少窺四聖宗廟百官于萬一矣。

　　孔子曰："蓋有不知而作之者，我無是也。"孟子曰："予豈好辯哉，予不得已也。"聖賢立言不容不自任類如此。德因四聖之《易》千載長夜，乃將纂修《性理大全》去取于其間，要附以數年所悟之象數，以成明時一代之書，是以忘其愚陋，改正先儒注疏之僭妄，未暇論及云。

　　萬曆戊戌春三月念二日，梁山後學來知德序。

易注雜說諸圖總目

梁山來知德圓圖

伏羲六十四卦圓圖

伏羲八卦方位圖

文王八卦方位圖

伏羲文王錯綜圖

孔子太極生兩儀四象八卦圖

來知德八卦變六十四卦圖

來知德八卦所屬相錯圖

來知德八卦六爻變自相錯圖

來知德八卦次序自相綜圖

來知德八卦所屬相綜文王序卦正綜圖

來知德八卦四正四隅相綜文王序卦雜綜圖

來知德八卦正位圖

來知德上下經篇義

來知德易經字義　象　錯　綜　變　中爻

來知德易學六十四卦啓蒙

來知德考定繫辭上下傳補定說卦傳

來知德周易集注改正分卷圖

來知德發明孔子十翼圖

此聖人作《易》之原也。理氣、象數、陰陽、老少、往來、進退、常變、吉凶，皆寓①乎其中。孔子繫《易》首章至"易簡而天下之理得"，及"一陰一陽之謂道""易有太極""形上形下"數篇，以至"幽贊于神明"一章，卒歸于義命，皆不外此圖。神而明之，一部《易經》，不在四聖，而在我矣。或曰伏羲、文王有圖矣，而復有此圖，何耶？德曰不然。伏羲有圖，文王之圖不同于伏羲，豈伏羲之圖差耶？蓋伏羲之圖，《易》之對待；文王之圖，《易》之流行。而德之圖不立文字，以天地間理氣象數不過如此。此則兼對待、流行、主宰之理而圖之也，故圖于伏羲、文王之前。

①寓：原作"尚"，朝爽堂本、鄭燦本作"寓"，據改。

伏羲六十四卦圓圖

大過 鼎 恆 巽 井 蠱 升 訟 困 未濟 解 渙 坎 蒙 師 遯 咸 旅 小過 漸 蹇 艮 謙 否 萃 晉 豫 觀 比 剝 坤 復 頤 屯 益 震 噬嗑 隨 无妄 明夷 賁 既濟 家人 豐 離 革 同人 臨 損 節 中孚 歸妹 睽① 兌 履 泰 大畜 需 小畜 大壯 大有 夬 乾 姤

① 睽：原誤作"益"，據史念冲本、朝爽堂本、鄭燦本改。

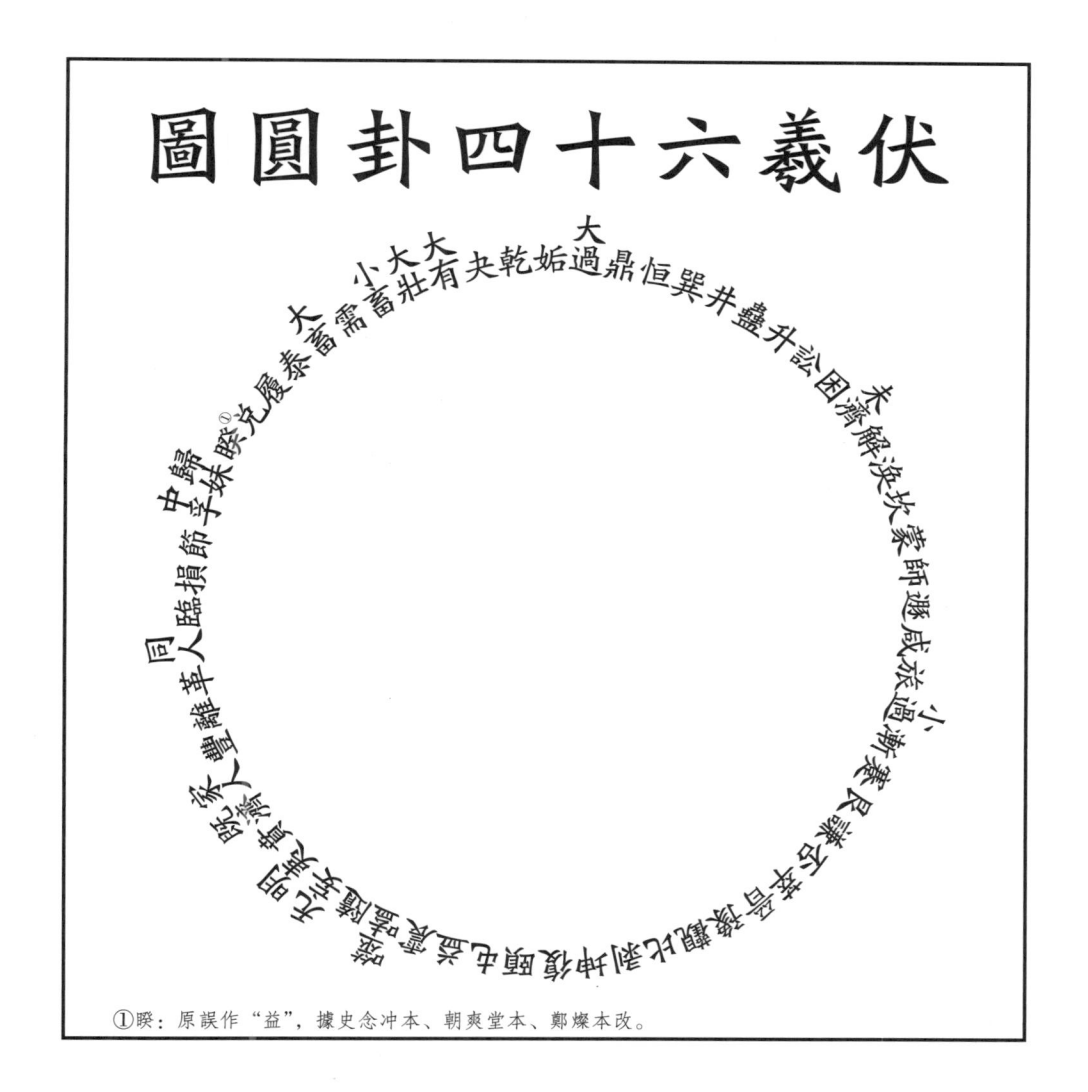

伏羲八卦方位之圖

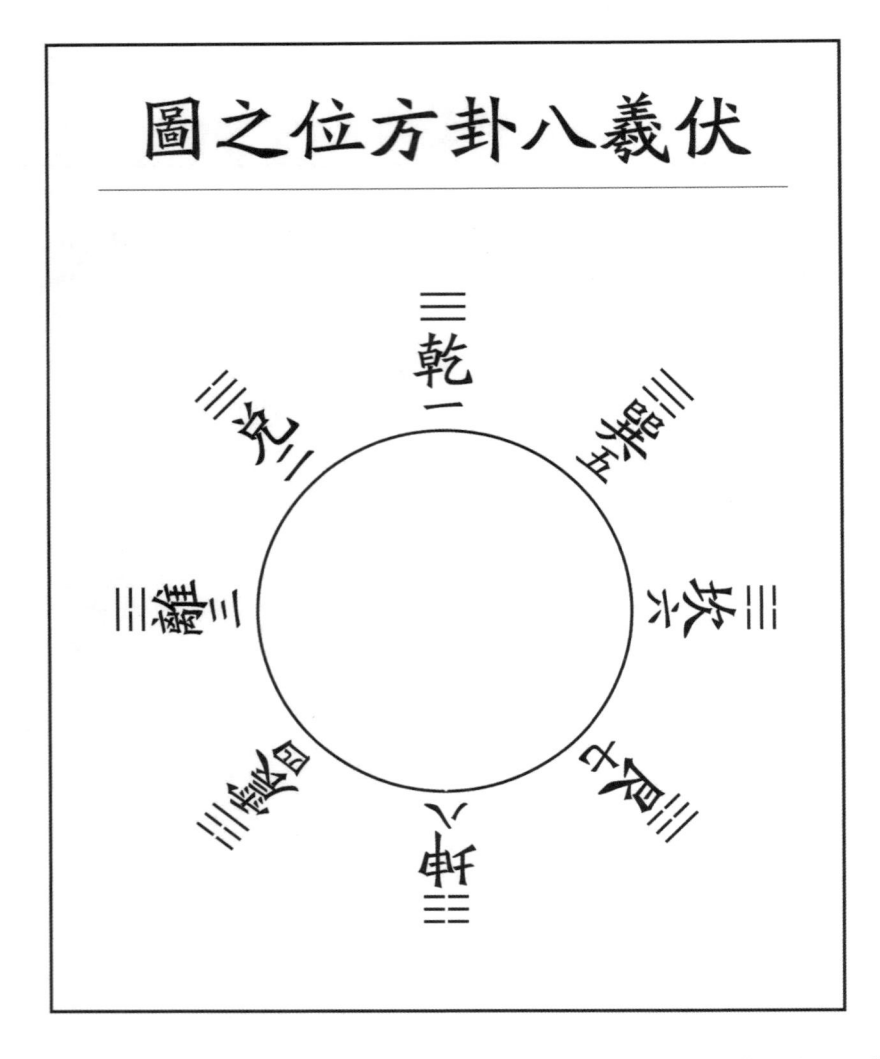

乾一　巽五
兌二　坎六
離三　艮七
震四　坤八

　　此伏羲之《易》也。《易》之數也，對待不移者也。故《伏羲圓圖》皆相錯，以其對待也。所以《上經》首乾坤，乾坤之兩列者，對待也。孔子《繫辭》"天尊地卑"一條，蓋本諸此。

文王八卦方位之圖

　　此文王之《易》也。易之氣也，流行不已者也。自震而離而兌而坎，春夏秋冬，一氣而已。故文王《序卦》一上一下相綜者，以其流行而不已也。所以《下經》首咸、恒。咸、恒之交感者，流行也。孔子《繫辭》"剛柔相摩"一條，蓋本諸此。蓋有對待，其氣運必流行而不已；有流行，其象數必對待而不移。故男女相對待，其氣必相摩蕩；若不相摩蕩，則男女乃死物矣。此處安得有先後？故不分先天、後天。

伏羲文王錯綜圖

伏羲圓圖相錯圖　文王序卦相綜圖

坤八	艮七	坎六	巽五	震四	離三	兌二	乾一
泰 否 錯	萃 大畜 錯	需 晉 錯	豫 小畜 錯	大壯 觀 錯	比 大有 錯	夬 剝 錯	坤 乾 錯

圓圖一左一右相錯
左右開列于後

序卦一上一下相綜
上下開列于後

| 明夷 晉 外也 | 大壯 大過 誅也 | 恒 久也 | 大畜 復 反也 | 貴 無色也 | 觀 或求 | 豫 怠 則飾也 蠱 | 大有 眾也 否 反其類也 | 比 樂 履 不處也 | 訟 不親也 蒙 雜而著 |

① 見：原脫，據史念冲本、朝爽堂本、鄭燦本補。

乾一	兌二	離三	震四	巽五	坎六	艮七	坤八	乾一	兌二
履 謙 錯	兌 艮 錯	睽 蹇 錯	歸妹 漸 錯	中孚 小過 錯	節 旅 錯	咸 損 錯	臨 遯 錯	同人 師 錯	革 蒙 錯

右文王《序卦》。六十四卦除乾、坤、坎、離、大過、頤、小過、中孚八個卦相錯，其餘五十六卦皆相綜。雖四正之卦如否、泰、既濟、未濟，四隅之卦如歸妹、漸、隨、蠱四卦，此八卦可錯可

解緩也
益盛衰之始
姤 遇也柔遇剛也
升 不來也
井 通
鼎 取新也
艮 止也
節 正也
旅 親寡
兌 見
歸妹 女之終也
未濟 男之窮也

26

離三	震四	離三	兌二	乾一	坤八	艮七	坎六	巽五	震四	離三
	震巽	噬嗑井	隨蠱	无妄升	明夷訟	賁困	未濟既濟	家人解	渙豐	離坎
	錯	錯	錯	錯	錯	錯	錯	錯	錯	錯

綜，然文王皆以為綜也。故五十六卦止有二十八卦，向上成一卦，向下成一卦，共相錯之卦三十六卦，《下經》分十八卦，所以《上經》分十八卦。其相綜自然而然之妙，《伏羲圓圖》相錯自然而然之妙，皆不假安排穿鑿，所以孔子贊其為『天下之至變』者以此。漢儒次序，不知緊要與《圓圖》同，諸象皆藏于二圖錯綜之中，惟其不知《序卦》緊要之妙，則《易》不得其門而入矣。因此將二圖并列之。

巽五	坎六	艮七	坤八
恒益	屯鼎	頤大過	復姤
錯	錯	錯	錯

因有此相錯圖，所以不用《伏羲圓圖》。

孔子太極生兩儀四象八卦圖

太極生兩儀之圖

太極

陽儀 ⚊

陰儀 ⚋

四象圖

大陽 ⚌　一陽上加一陽爲大陽
少陰 ⚎　一陽上加一陰爲少陰
少陽 ⚍　一陰上加一陽爲少陽
大陰 ⚏　一陰上加一陰爲大陰

八卦圖

乾一 ☰　大陽上加一陽爲乾
兌二 ☱　大陽上加一陰爲兌
離三 ☲　少陰上加一陽爲離
震四 ☳　少陰上加一陰爲震
巽五 ☴　少陽上加一陽爲巽
坎六 ☵　少陽上加一陰爲坎
艮七 ☶　大陰上加一陽爲艮
坤八 ☷　大陰上加一陰爲坤

來知德八卦變六十四卦圖

☰乾一變
- 姤 初爻變
- 遯 二爻變
- 否 三爻變
- 觀 四爻變
- 剝 五爻變
- 晉 復還四爻變
- 大有 歸本卦

乾尾二卦言火，離尾二卦言天，皆自然之數。

☱兌二變
- 困 初爻變
- 萃 二爻變
- 咸 三爻變
- 蹇 四爻變
- 謙 五爻變
- 小過 復還四爻變
- 歸妹 歸本卦

兌尾二卦言雷，震尾二卦言澤，皆自然之數。

☲離三變
- 旅 初爻變
- 鼎 二爻變
- 未濟 三爻變
- 蒙 四爻變
- 渙 五爻變
- 訟 復還四爻變
- 同人 歸本卦

離尾二卦言天，乾尾二卦言火，皆自然之數。

☳震四變
- 豫 初爻變
- 解 二爻變
- 恒 三爻變
- 升 四爻變
- 井 五爻變
- 大過 復還四爻變
- 隨 歸本卦

震尾二卦言澤，兌尾二卦言雷，皆自然之數。

䷸ 巽五變

- 小畜 初爻變
- 家人 二爻變
- 益 三爻變
- 无妄 四爻變
- 噬嗑 五爻變
- 頤 復還四爻變
- 蠱 歸本卦

巽尾二卦言山,艮尾二卦言風,皆自然之數。

䷜ 坎六變

- 節 初爻變
- 屯 二爻變
- 既濟 三爻變
- 革 四爻變
- 豐 五爻變
- 明夷 復還四爻變
- 師 歸本卦

坎尾二卦言地,坤尾二卦言水,皆自然之數。

䷳ 艮七變

- 賁 初爻變
- 大畜 二爻變
- 損 三爻變
- 睽 四爻變
- 履 五爻變
- 中孚 復還四爻變
- 漸 歸本卦

艮尾二卦言風,巽尾二卦言山,皆自然之數。

䷁ 坤八變

- 復 初爻變
- 臨 二爻變
- 泰 三爻變
- 大壯 四爻變
- 夬 五爻變
- 需 復還四爻變
- 比 歸本卦

坤尾二卦言水,坎尾二卦言地,皆自然之數。

30

右八卦，不過加太極、兩儀、四象、八卦是也。六十四卦不過變，即《繫辭》所謂『八卦成列，象在其中矣』『變在其中』者，如乾爲陽剛，變在其中矣；剛柔相推，變在其中矣。『剛柔相推』也。蓋三畫卦若不重成六畫，則不能變六十四，惟六畫則即變六十四矣。所以每一卦六變即歸本①卦，下爻盡變爲七變，連本①卦成八卦，以八加八即成六十四卦。古之聖人見天地陰陽變化之妙原是如此，所以《易》名之。若依宋儒說，一分二，二分四，四分八，八分十六，十六分三十二，三十二分六十四，是一直死數，何以爲《易》？且通不成卦。惟以八加八，方見陰陽自然造化之妙。

---

① 『本』，原作『木』，虎林本、朝爽堂本、鄭燦本作『本』，據改。

來知德八卦所屬自相錯圖

乾 姤 遯 否 觀 剝 晉 大有	乾坤一與八錯，則所屬自然相錯。	坤 復 臨 泰 大壯 夬 需 比		
兌 困 萃 咸 蹇 謙 小過 歸妹	兌艮二與七錯，則所屬自然相錯。	艮 賁 大畜 損 睽 履 中孚 漸		

| 巽小畜家人益无妄噬嗑頤蠱 | 震巽四與五錯，則所屬自然相錯。 | 震豫解恒升井大過隨 | 坎節屯既濟革豐明夷師 | 離坎三與六錯，則所屬自然相錯。 | 離旅鼎未濟蒙渙訟同人 |

來知德八卦[1]六爻變自相錯圖

| 艮 六變 謙 五變 漸 四變 旅 三變 剝 二變 蠱 初變 賁 | 因兌艮相錯，故六爻變亦相錯。 | 兌 六變 履 五變 歸妹 四變 節 三變 夬 二變 隨 初變 困 | 坤 六變 剝 五變 比 四變 豫 三變 謙 二變 師 初變 復 | 因乾坤相錯，故六爻變亦相錯。 | 乾 六變 夬 五變 大有 四變 小畜 三變 履 二變 同人 初變 姤 |

[1] 八卦：原無，據《易注雜說諸圖總目》補。

離 豐 同人
　六變　五變　四變　噬嗑　三變　大有　二變　旅　初變

坎 渙 師 困 井 比 節
　六變　五變　四變　三變　二變　初變

因離坎相錯，故六爻變亦相錯。

震 噬嗑 隨 復 豐 歸妹 豫
　六變　五變　四變　三變　二變　初變

巽 井 蠱 姤 渙 漸 小畜
　六變　五變　四變　三變　二變　初變

因震巽相錯，故六爻變亦相錯。

來知德八卦次序自相綜圖

乾四正之卦
乾一　乾
兌二　天澤履　綜　風天小畜
離三　天火同人　綜　火天大有
震四　天雷无妄　綜　山天大畜
巽五　天風姤　綜　澤天夬
坎六　天水訟　綜　水天需
艮七　天山遯　綜　雷天大壯
坤八　天地否　綜　地天泰

坤四正之卦
乾一　地天泰　綜　天地否
兌二　地澤臨　綜　風地觀
離三　地火明夷　綜　火地晉
震四　地雷復　綜　山地剝
巽五　地風升　綜　澤地萃
坎六　地水師　綜　水地比
艮七　地山謙　綜　澤地萃
坤八　坤　　　　雷地豫

離四正之卦

乾一	兌二	離三	震四	巽五	坎六	艮七	坤八
火天大有	火澤睽	離	火雷噬嗑	火風鼎	火水未濟	火山旅	火地晉
綜	綜		綜	綜	綜	綜	綜
天火同人	風火家人		山火賁	澤火革	水火既濟	雷火豐	地火明夷

坎四正之卦

乾一	兌二	離三	震四	巽五	坎六	艮七	坤八
水天需	水澤節	水火既濟	水雷屯	水風井	坎	水山蹇	水地比
綜	綜	綜	綜	綜		綜	綜
天水訟	風水渙	火水未濟	山水蒙	澤水困		雷水解	地水師

兌四隅之卦

乾一	兌二	離三	震四	巽五	坎六	艮七	坤八
澤天夬	兌	澤火革	澤雷隨	澤風大過	澤水困	澤山咸	澤地萃
綜		綜	綜	錯	綜	綜	綜
天澤履		火澤睽	雷澤歸妹	山雷頤	水風井	雷風恒	地風升

艮四隅之卦

乾一	兌二	離三	震四	巽五	坎六	艮七	坤八
山天大畜	山澤損	山火賁	山雷頤	山風蠱	山水蒙	艮	山地剝
綜	綜	綜	綜	綜	綜		綜
天雷无妄	風雷益	火雷噬嗑	澤風大過	澤雷隨	水雷屯		地雷復

震四隅之卦

乾一　雷天大壯　綜　天山遯
兌二　雷澤歸妹　綜　風山漸
離三　雷火豐　綜　火山旅
震四　震　綜
巽五　雷風恆　綜　澤山咸
坎六　雷水解　綜　水山蹇
艮七　雷山小過　錯　風澤中孚
坤八　雷地豫　綜　地山謙

巽四隅之卦

乾一　風天小畜　綜　天澤履
兌二　風澤中孚　錯　雷山小過
離三　風火家人　綜　火澤睽
震四　風雷益　綜　山澤損
巽五　巽
坎六　風水渙　綜　水澤節
艮七　風山漸　綜　雷澤歸妹
坤八　風地觀　綜　地澤臨

右乾、坤、水、火四正之卦。故天在上下，如天在上則天在下，如天澤履綜風天小畜是也。地在上則地在下，如地天泰綜天地否是也。水火亦然，其相綜皆自然也。山、澤、雷、風四隅之卦，一陽在上，一陽在下，則山與雷綜，如山天大畜綜天雷无妄是也。一陰在上，一陽在下，則風與澤綜，如風天小畜綜天澤履是也。故山在上則雷在下，風在上則澤在下。雷上山下、澤上風下亦然。其相綜皆自然也。

來知德八卦所自屬相綜圖

綜正卦序王文

乾之屬
姤
遯
否
觀
剝

乾之屬自姤至剝順行，與坤所屬相綜。

綜正卦序王文

坎之屬
節
屯
既濟
革
豐

坎之屬自節至豐順行，與離所屬相綜。

姤綜夬　遯綜大壯　否綜泰　觀綜臨　剝綜復

坤之屬自復至夬逆行，與坎所屬相綜。

節綜渙　屯綜蒙　既濟綜未濟　革綜鼎　豐綜旅

離之屬自旅至渙逆行，

綜正卦序王文

艮之屬
賁
大畜
損
睽
履

艮之屬自賁至履順行，與巽所屬相綜。

綜正卦序王文

震之屬
豫
解
恒
升
井

震之屬自豫至井順行，與兌所屬相綜。

賁綜噬嗑　大畜綜无妄　損綜益　睽綜家人　履綜小畜

巽之屬自小畜至噬嗑逆行，與震所屬相綜。

豫綜謙　解綜蹇　恒綜咸　升綜萃　井綜困

兌之屬自困至謙逆行，與艮所屬相綜。

來知德八卦四正綜四正臨尾二卦圖

綜雜卦序王文

兌	震	巽	艮
歸妹	大過	中孚	
小過	隨	頤	
錯艮之漸	錯巽之蠱	錯兌之歸妹	錯兌之小過
		綜震之隨	
		綜兌之大過	

兌綜震　巽綜艮①

四隅相綜

① 艮：原脱，據史念冲本、朝爽堂本、鄭燦本補。

八卦四隅綜四隅臨尾二卦圖

綜雜卦序王文

離	坎	坤	乾
同人	明夷	比	晉
訟	師	需	大有
綜乾之同人	綜坤之訟	綜坎之師	綜離之明夷
			綜乾之大有

坎綜離　雜綜坎乾

四正相綜

來知德八卦正位圖

來知德八卦正位圖

乾在五，乾屬陽，五以陽居陽位，故爲正位。

兌在六，兌屬陰，六以陰居陰位，故爲正位。

離在二，離屬陰，二以陰居陰位，故爲正位。

震在初，震屬陽，初以陽居陽位，故爲正位。

巽在四，巽屬陰，四以陰居陰位，故爲正位。

坎在五，坎屬陽，五以陽居陽位，故爲正位。

艮在三，艮屬陽，三以陽居陽位，故爲正位。

坤在二，坤屬陰，二以陰居陰位，故爲正位。

正位不可移易。

乾屬陽，其位在五，惟坎可以同之，蓋坎中一畫乃乾也。若艮震之五皆陰矣，故居三、居初乃艮也。

此陽卦正位不可移也。

坤屬陰，其位在二，惟離可以同之，蓋離中一畫乃坤也。若巽兌之二皆陽矣，故居四、居六。

此陰卦正位不可移也。

然《易》惟時而已，不可爲典要。如觀卦下六二止于「闚觀」。知此庶可以識玩《易》之法，因本卦利近不利遠，故六二止于「闚觀」。

來知德上下經篇義

　　《上經》首乾坤者，陰陽之定位，萬物之男女也。《易》之數也，對待不移者也。自乾、坤歷屯、蒙、需、訟、師、比、小畜、履十卦，陰陽各三十畫，則六十矣。陽極于六，陰極于六，至此乾坤變矣。故坤綜乾而爲泰，乾綜坤而爲否，泰、否者，乾、坤上下相綜之卦也。乾坤既迭相否泰，則其間萬物吉凶、消長、進退、存亡，不可悉紀。自同人以下至大畜，無非否泰之相推，無否無泰，非《易》矣。水火者，乾坤所有之物，皆天道也，體也。無水火，則乾、坤爲死物。故必山澤通氣，雷風相薄，而後乾、坤之水火可交。頤、大過者，山澤雷風之卦也。頤有離象，大過有坎象，故《上經》首乾、坤，必乾、坤歷否、泰至頤、大過，而後終之以坎、離。《下經》首咸、恒者，陰陽之交感，一物之乾坤也。《易》之氣也，流行不已者也。自咸、恒歷遯、大壯、晉、明夷、家人、睽、蹇、解十卦，陰陽各三十畫，則六十矣。陽極于六，陰極于六，至此男女變矣。故咸之男女綜而爲損，恒之男女綜而爲益。損、益者，男女上下相綜之卦也。男女既迭相損益，則其間萬事吉凶、消長、進退、存亡，不可悉紀。自夬以下至節，無非損益之相推，無損無益，非《易》矣。既濟、未濟者，男女所交之事，皆人道也，用也。無既濟、未濟，則男女爲死物。故必山澤通氣，雷風相薄，而後男女之水火可交。中孚、小過者，山澤雷風之卦也。中孚有離象，小過有坎象，故《下經》首咸、恒，必咸、恒歷損、益至中孚、小過，而後終之以既濟、未濟。要之，天道之體，雖以否、泰爲主，而未必無人道。人道之用，雖以損、益爲主，而未必無天道。上、下《經》之篇義，蘊畜其妙至此。若以卦爻言之，《上經》陽爻八十六，陰爻九十四，陰多于陽者凡八。《下經》陽爻一百有六，陰爻九十有八，陽多于陰者亦八。《上經》陰多于陽，《下經》陽多于陰，皆同八焉，是卦爻之陰陽均平也。若以綜卦兩卦作一卦論之，《上經》十八卦成三十卦，陽爻五十二，陰爻五十六，陰多于陽者凡四。《下經》十八卦成三十四卦，陽爻五十六，陰爻五十二，陽多于陰者亦四。《上經》陰多于陽，《下經》陽多于陰，皆同四焉，是綜卦之陰陽均平也。上、下經之篇義卦爻，其精至此，孔子贊其至精、至變、至神，厥有由矣。

來知德易經字義

象

　　卦中立象，有不拘《說卦》乾馬坤牛、乾首坤腹之類者。有自卦情而立象者，如乾卦本馬而言龍，以乾道變化，龍乃變化之物，故以龍言之。《朱子語錄》："或問卦之象。朱子曰：便是理會不得，如乾爲馬而說龍，如此之類皆不通。"殊不知以卦情立象也。且《荀九家》亦有乾爲龍。又如咸卦，艮爲少男，兌爲少女，男女相感之情莫如年之少者，故周公立爻象曰"拇"，曰"腓"，曰"股"，曰"憧憧"，曰"脢"，曰"輔頰舌"，一身皆感焉。蓋艮止則感之專，兌悅則應之至。是以四體百骸，從拇而上，自舌而下，無往而非感矣。此則以男女相感之至情而立象也。又如豚魚知風，鶴知秋，雞知旦，三物皆有信，故中孚取之，亦以卦情立象也。又如漸取鴻者，以鴻至有時而群有序，不失其時，不失其序，于漸之義爲切。且鴻又不再偶，于文王卦辭"女歸"之義爲切。此亦以卦情立象也。有以卦畫之形取象者，如剝言宅、言床、言廬者，因五陰在下，列于兩旁，一陽覆于其上，如宅、如床、如廬，此以畫之形立象也。鼎與小過亦然。又有卦體大象之象，凡陽在上者皆象艮巽，陽在下者皆象震兌，陽在上下者皆象離，陰在上下者皆象坎。如益象離，故言龜。大過象坎，故言棟。頤亦象離，故亦言龜也。又如中孚"君子以議獄緩死"，亦取噬嗑火雷之意，以中孚大象離，而中爻則雷也。故凡陽在下者動之象，在中者陷之象，在上者止之象。凡陰在下者入之象，在中者麗之象，在上者說之象。又有以中爻取象者，如漸卦九三"婦孕不育"，以中爻二四合坎中滿也；九五"三歲不孕"，以中爻三五合離中虛也。有將錯卦立象者，如履卦言虎，以下卦兌錯艮也。有因綜卦立象者，如井與困相綜，巽爲市邑，在困爲兌，在井爲巽，則改爲邑矣。有即陰陽而取象者，如乾爲馬，本象也，坎與震皆得乾之一畫，亦言馬。坤爲牛，本象也，離得坤之一畫，亦言牛，皆其類也。有相因而取象者，如革卦九五言虎者，以兑錯艮，艮爲虎也。上六即以豹言之，豹次于虎，故相因而言豹也。故其象多是無此事此理而止立其象。如金車、玉鉉之類，金豈可爲車？玉豈可爲鉉？蓋雖無此事此理而爻内有此象也。《朱子語録》云："卦要看得親切，須是兼象看，但象失其傳了。"殊不知聖人立象，有卦情之象，有卦畫之象，有大象之象，有中爻之象，有錯卦之象，有綜卦之象，有爻變之象，有占中之象。正如釋卦名義，有以卦德釋者，有以卦象釋者，有以卦體釋者，有以卦綜釋者，即此意也。所以説"擬諸其形容，象其物宜"。但形容、物宜可擬可象，即是象矣。自王弼不知文王《序卦》之妙，掃除其象，後儒泥滯《説卦》，所以説象失其傳，而不知未失其傳也。善乎！蔡氏曰："聖人擬諸其形容而立象，至纖至悉，無所不有。所謂'其道甚大，百物不廢'者，此也。其在上古尚此以制器，其在中古觀此以繫辭，而後世之言《易》者，乃曰'得意在忘象，得象在忘言'，一切指爲魚兔、筌蹄。殆非聖人作《易》、前民用以教天下之意矣。"此言蓋有所指而發也。

錯

錯者，陰與陽相對也。父與母錯，長男與長女錯，中男與中女錯，少男與少女錯。八卦相錯，六十四卦皆不外此錯也。天地造化之理，獨陰獨陽不能生成。故有剛必有柔，有男必有女，所以八卦相錯。八卦既相錯，所以象即寓于錯之中。如乾錯坤，乾爲馬，坤即"利牝馬之貞"。履卦兑錯艮，艮爲虎，文王即以虎言之。革卦上體乃兑，周公九五爻亦以虎言之。又睽卦上九純用錯卦，師卦"王三錫命"純用天火同人之錯，皆其證也。又有以中爻之錯言者，如小畜言雲，因中爻離錯坎故也；六四言血者，坎爲血也；言惕者，坎爲加憂也。又如艮卦九三中爻坎，爻辭曰"薰心"。坎水安得薰心？以錯離有火烟也。

綜 子宋切

綜字之義，即織布帛之綜，或上或下、顛之倒之者也。如乾坤坎離四正之卦，則或上或下；巽兑艮震四隅之卦，則巽即爲兑，艮即爲震，其卦名則不同。如屯、蒙相綜，在屯則爲雷、在蒙則爲山是也。如履、小畜相綜，在履則爲澤、在小畜則爲風是也。如損、益相綜，損之六五即益之六二，特倒轉耳，故其象皆十朋之龜。夬、姤相綜，夬之九四即姤之九三，故其象皆臀無膚。綜卦之妙如此，非山中研窮三十年，安能知之？宜乎諸儒以象失其傳也。然文王《序卦》有正綜，有雜綜。如乾初爻變姤，坤逆行五爻變夬，與姤相綜。所以姤綜夬，遯綜大壯，否綜泰，觀綜臨，剝綜復，所謂乾坤之正綜也。八卦通是初與五綜，二與四綜，三與上綜。雖一定之數，不容安排，然陽順行而陰逆行，與之相綜，造化之玄妙可見矣。文王之《序卦》，不其神哉！即陽本①順行，生亥死午；陰本②逆行，生午死亥之意。若乾坤所屬尾二卦，晉大有需比之類③，乃④術家所謂"游魂""歸魂"。出于乾坤之外者，非乾坤五爻之正變，故謂之雜綜。然乾坤水火四正之卦，四正與四正相綜。艮巽震兑四隅之卦，四隅與四隅相綜，雖雜亦不雜也。八卦既相綜，所以象即寓于綜之中。如噬嗑"利用獄"，賁乃相綜之卦，亦以獄言之。旅、豐二卦亦以獄言者，皆以其相綜也。有以上六下初而綜者，剛自外來而爲主于内是也。有以二五而綜者，"柔得中而上行"是也。蓋《易》以道陰陽，陰陽之理，流行不常，原非死物膠固一定者，故顛之倒之、可上可下者，以其流行不常耳。故讀《易》者不能悟文王《序卦》之妙，則《易》不得其門而入。既不入門而宫牆外望，則"改邑不改井"之玄醻，"其人天且劓"之險語，不知何自而來也。噫！文王不其繼伏羲而神哉？

變

變者，陽變陰、陰變陽也。如乾卦初變即爲姤，是就于本卦變之。宋

---

① 本：原作"木"，據鄭燦本改。
② 本：原作"木"，據鄭燦本改。
③ 類：原作"類"，虎林本亦作"類"，鄭燦本作"卦"。
④ 乃：原作"乃"，虎林本亦作"乃"，鄭燦本作"類"。

儒不知文王《序卦》，如屯、蒙相綜之卦，本是一卦，向上成一卦，向下成一卦。詳見前《伏羲文王錯綜圖》。如訟之"剛來而得中"，乃卦綜也，非卦變也。以爲自遯卦變來，非矣。如姤方是變，卦變玄之又玄，妙之又妙。蓋爻一動即變，如漸卦九三，以三爲夫，以"坎中滿"爲"婦孕"，及三爻一變，則陽死成坤，離絕夫位，故有"夫征不復"之象。既成坤，則並"坎中滿"通不見矣，故有"婦孕不育"之象。又如歸妹九四中爻坎月離日，期之象也。四一變則純坤，而日月不見矣，故"愆期"。豈不玄妙？

中爻

中爻者，二三四五所合之卦也。《繫辭》第九章，孔子言甚詳矣。大抵錯者，陰陽横相對也；綜者，陰陽上下相顛倒也；變者，陽變陰、陰變陽也；中爻者，陰陽內外相連屬也。周公作爻辭，不過此錯、綜、變、中爻四者而已。如離卦居三，同人曰"三歲"，未濟曰"三年"，既濟曰"三年"，明夷曰"三日"，皆以本卦三言也。若坎之"三歲"，困之"三歲"，解之"三品"，皆離之錯也；漸之"三歲"，巽之"三品"，皆以中爻合離也；豐之"三歲"，以上六變而爲離也。即離而諸爻用四者可知矣。孔子韋編三絕，于陰陽之理悅心研慮已久，故于《圓圖》看出"錯"字，于《序卦》看出"綜"字，所以說錯綜其數。又恐後人將《序卦》一連，不知有錯綜二體，故雜亂其卦，惟令二體之卦相連，如"乾剛坤柔""比樂師憂"是也。又說出中爻，宋儒不知乎此，將孔子《繫辭》"所居而安者，文王之《序卦》；所樂而玩者，周公之爻辭"，認"序"字爲卦爻所著事理當然之次第，故自孔子沒而《易》已亡至今日矣。

來知德周易集注改正分卷圖

上經分卷

共十八卦。相綜者兩卦止作一卦，相錯者一卦自爲一卦。此即文王《序卦》。

一卷	乾		坤	
二卷	屯、蒙		需、訟	
三卷	師、比		小畜、履	泰、否
四卷	同人、大有		謙、豫	隨、蠱
五卷	臨、觀		噬嗑、賁	剝、復
六卷	无妄、大畜		頤、大過	坎、離

下經分卷

共十八卦。此即文王《序卦》。

七卷	咸、恒	遯、大壯	晉、明夷
八卷	家人、睽	蹇、解	損、益
九卷	夬、姤	萃、升	困、井
十卷	革、鼎	震、艮	
十一卷	漸、歸妹	豐、旅	巽、兌
十二卷	渙、節	中孚、小過	既濟、未濟

右舊分卷。前儒不知文王立《序卦》之意，止以爲上下篇之次序取其多寡均平，乃以屯附坤、需附蒙、小畜附比、泰附復、謙附大有、隨附豫、噬嗑附觀、剝附賁、頤附大畜、坎附大過、遯附恒、晉附井、震附鼎。深失文王立《序卦》之意矣。今依孔子《雜卦傳》改正。

十三卷　繫辭上傳

十四卷　繫辭下傳

十五卷　説卦傳　　　　序卦傳　　　　雜卦傳

十六卷　考定繫辭上下傳　　　　　補定説卦傳

來知德發明孔子十翼圖

《彖》曰"大哉乾元","至哉坤元",此贊乾坤之《彖》,一翼也。

《彖》曰"屯剛柔始交而難生",此解卦辭之《彖》,二翼也。

《象》曰"天行健","地勢坤",此教人學《易》之《大象》,三翼也。

"潛龍勿用,陽在下也",此解爻辭之《小象》,四翼也。

《文言》,五翼也。

《上繫》,六翼也。

《下繫》,七翼也。

《說卦》,八翼也。

《序卦》,九翼也。

《雜卦》,十翼也。

此之謂"十翼"。

易學六十四卦啓蒙

　　《易》自孔子没而亡至今日矣！《易》亡者何？以象失其傳也。故先之以象，此則六爻大象也。諸象則詳見《易經字義》。伏羲之卦主于錯，文王之卦主于綜，故次之以錯綜。文王、周公繫辭，皆不遺中爻，至孔子始發明之，故次之以中爻。同體者，文王之《序卦》皆同體也。一卦有一卦之情性，一爻有一爻之情性。如乾性健，坤性順，此一定不移者也。若有一爻之變，則其情性皆移矣。如乾初爻變則爲姤，姤之情性與乾之情性相去千里。故情性之後，繼之以六爻之變。六爻既變，則即有錯綜中爻矣，故六爻變之下，復注錯綜中爻。六爻變後猶有錯綜中爻，何也？蓋天地間萬物獨陰獨陽不能生成，故必有錯。而陰陽循環之理，陽上則陰下，陰上則陽下，故必有綜。則錯綜二字，不論六爻變與不變，皆不能離者也。若無錯綜，不成易矣。故六爻變後，復注錯綜。而中爻者，亦陰陽也，故繼之。若地位、人位、天位者，乃三才也，故又繼之。四聖千古不傳之秘，盡洩于此。學者能于此而熟玩之，則辭、變、象、占，犁然明白。四聖之《易》，不在四聖而在我矣。

萬曆丁酉秋八月念五日，梁山來知德書于釜山草堂

乾 ☰ 六畫純陽之卦　上經始于此

象	天
錯	坤
綜	
中爻	
同體	
情性	情剛性剛　情健性健
	伏羲《圓圖》
	文王《序卦》亦錯
	孔子《繫辭》

六爻變：
- 初爻變巽　錯震綜兌　成姤　錯復綜夬　中爻下乾上巽　地位
- 二爻變離　錯坎　成同人　錯師綜大有　中爻下離上乾　地位
- 三爻變兌　錯艮綜巽　成履　錯謙綜小畜　中爻下兌上離　人位
- 四爻變巽　錯震綜兌　成小畜　錯豫綜履　中爻下乾上巽　人位
- 五爻變離　錯坎　成大有　錯比綜同人　中爻下乾上兌　天位
- 六爻變兌　錯艮綜巽　成夬　錯剝綜姤　中爻下乾上乾　天位

坤 ☷ 六畫純陰之卦

象	地
錯	乾
綜	
中爻	
同體	
情性	情柔性柔　情順性順
	伏羲《圓圖》
	文王《序卦》
	孔子《繫辭》

六爻變：
- 初爻變震　錯巽綜艮　成復　錯姤綜剝　中爻下坤上坤　地位
- 二爻變坎　錯離　成師　錯同人綜比　中爻下震上坤　地位
- 三爻變艮　錯兌綜震　成謙　錯履綜豫　中爻下坎上震　人位
- 四爻變震　錯巽綜艮　成豫　錯小畜綜謙　中爻下艮上坎　人位
- 五爻變坎　錯離　成比　錯大有綜師　中爻下坤上艮　天位
- 六爻變艮　錯兌綜震　成剝　錯夬綜復　中爻下坤上坤　天位

屯 ䷂　二陽四陰之卦　屬坎

象	伏羲《圓圖》
錯　鼎	文王《序卦》
綜　蒙 正綜，詳見圖解	孔子《繫辭》
中爻　二四合坤 錯乾　三五合艮 錯兌綜震	
同體　觀晉○萃蹇小過○蒙○震解升○頤○坎 明夷艮○臨十四卦同體	
情性　情剛性剛　情險性動	
六爻變	
初爻變坤 錯乾	成比 錯大有綜師　中爻下坤上艮　地位
二爻變兌 錯艮綜巽	成節 錯旅綜渙　中爻下震上艮　地位
三爻變離 錯坎	成既濟 錯未濟綜未濟　中爻下坎上離　人位
四爻變兌 錯艮綜巽	成隨 錯蠱綜蠱　中爻下艮上巽　人位
五爻變坤 錯乾	成復 錯姤綜剝　中爻下震上坤　天位
六爻變巽 錯震綜兌	成益 錯恒綜損　中爻下坤上艮　天位

蒙 ䷃　二陽四陰之卦　屬離

象	伏羲《圓圖》
錯　革	文王《序卦》
綜　屯 正綜	孔子《繫辭》
中爻　二四合震 錯巽綜艮　三五合坤 錯乾	
同體　觀晉○萃蹇小過○○震解升○頤○坎 屯明夷○艮○臨十四卦同體	
情性　情剛性剛　情止性險	
六爻變	
初爻變兌 錯艮綜巽	成損 錯咸綜益　中爻下震上坤　地位
二爻變坤 錯乾	成剝 錯夬綜復　中爻下坤上坤　地位
三爻變巽 錯震綜兌	成蠱 錯隨綜隨　中爻下兌上震　人位
四爻變離 錯坎	成未濟 錯既濟綜既濟　中爻下離上坎　人位
五爻變巽 錯震綜兌	成渙 錯豐綜節　中爻下坎上艮　天位
六爻變坤 錯乾	成師 錯同人綜比　中爻下震上坤　天位

需☰☵	四陽二陰之卦　屬坤
象	伏羲《圓圖》
錯 晉	文王《序卦》
綜 訟 雜綜，詳見圖解	孔子《繫辭》
中爻 二四合兌錯艮綜巽　三五合離錯坎	
同體 遯○兌○離鼎訟○大過○巽家人無妄○革○大畜睽中孚○大壯十四卦同體	
情性 情剛性剛　情險性健	
六爻變	
初爻變巽錯震綜兌	成井錯噬嗑綜困　中爻下坎上離　地位
二爻變離錯坎	成既濟錯未濟綜未濟　中爻下兌上離　地位
三爻變兌錯艮綜巽	成節錯旅綜渙　中爻下震上艮　人位
四爻變兌錯艮綜巽	成夬錯剝綜姤　中爻下乾上乾　人位
五爻變坤錯乾	成泰錯否綜否　中爻下兌上震　天位
六爻變巽錯震綜兌	成小畜錯豫綜履　中爻下兌上離　天位

訟☰☵	四陽二陰之卦　屬離
象	伏羲《圓圖》
錯 明夷	文王《序卦》
綜 需雜綜	孔子《繫辭》
中爻 二四合離錯坎　三五合巽錯震綜兌	
同體 遯○兌○離鼎○大過○巽家人無妄○革○大畜睽中孚○大壯需十四卦同體	
情性 情剛性剛　情健性險	
六爻變	
初爻變兌錯艮綜巽	成履錯謙綜小畜　中爻下離上巽　地位
二爻變坤錯乾	成否錯泰綜泰　中爻下艮上巽　地位
三爻變巽錯震綜兌	成姤錯復綜夬　中爻下乾上巽　人位
四爻變巽錯震綜兌	成渙錯豐綜節　中爻下震上艮　人位
五爻變離錯坎	成未濟錯既濟綜既濟　中爻下離上坎　天位
六爻變兌錯艮綜巽	成困錯賁綜井　中爻下離上巽　天位

師䷆　一陽五陰之卦　屬坎

- 象　坎
- 錯　同人
- 綜　屯（雜綜）
- 中爻　二四合震（錯巽綜艮）　三五合坤（錯乾）
- 同體　剝〇謙〇　〇豫〇　〇復比五卦同體
- 情性　情柔性剛　情順性險

伏羲《圓圖》　文王《序卦》　孔子《繫辭》

- 六爻變
  - 初爻變兌　錯艮綜巽　成臨錯遯綜觀　地位
  - 二爻變坤　錯乾　成坤錯乾　地位
  - 三爻變巽　錯震綜兌　成升錯无妄綜萃　人位
  - 四爻變震　錯巽綜艮　成解錯家人綜蹇　人位
  - 五爻變坎　錯離　成坎錯離　天位
  - 六爻變艮　錯兌綜震　成蒙錯革綜屯　天位
- 中爻下坤上坤
- 中爻下兌上震
- 中爻下離上坎
- 中爻下坤上坤
- 中爻下震上艮
- 中爻下震上坤

比䷇　一陽五陰之卦　屬坤

- 象　坎
- 錯　大有
- 綜　師（雜綜）
- 中爻　二四合坤（錯乾）　三五合艮（錯兌綜震）
- 同體　剝〇謙〇　〇豫〇　〇師〇　〇復五卦同體
- 情性　情剛性柔　情險性順

伏羲《圓圖》　文王《序卦》　孔子《繫辭》

- 六爻變
  - 初爻變震　錯巽綜艮　成屯錯鼎綜蒙　地位
  - 二爻變坎　錯離　成坎錯離　地位
  - 三爻變艮　錯兌綜震　成蹇錯睽綜解　人位
  - 四爻變兌　錯艮綜巽　成萃錯大畜綜升　人位
  - 五爻變坤　錯乾　成坤錯乾　天位
  - 六爻變巽　錯震綜兌　成觀錯大壯綜臨　天位
- 中爻下坤上艮
- 中爻下震上艮
- 中爻下坎上離
- 中爻下艮上巽
- 中爻下坤上坤
- 中爻下坤上艮

小畜 ☰☴　五陽一陰之卦　屬巽

- 象：離
- 錯：豫
- 綜：履（正綜）
- 中爻：二四合兌（錯艮綜巽）　三五合離（錯坎）
- 同體：姤　大有○　○同人○　○○○履○夬　五卦同體
- 情性：情柔性剛　情入性健
- 伏羲《圓圖》　文王《序卦》　孔子《繫辭》

六爻變：
- 初爻變巽（錯震綜兌）　成巽（錯震綜兌）　中爻下兌上離　地位
- 二爻變離（錯坎）　成家人（錯解綜睽）　中爻下坎上離　地位
- 三爻變兌（錯艮綜巽）　成中孚（錯小過）　中爻下震上艮　人位
- 四爻變乾（錯坤）　成乾（錯坤）　中爻下乾上乾　人位
- 五爻變艮（錯兌綜震）　成大畜（錯萃綜无妄）　中爻下兌上震　天位
- 六爻變坎（錯離）　成需（錯晉綜訟）　中爻下兌上離　天位

履 ☱☰　五陽一陰之卦　屬艮

- 象：離
- 錯：謙
- 綜：小畜（正綜）
- 中爻：二四合離（錯坎）　三五合巽（錯震綜兌）
- 同體：姤　大有○　○同人○　○小畜○　○○夬　五卦同體
- 情性：情剛性柔　情健性悅
- 伏羲《圓圖》　文王《序卦》　孔子《繫辭》

六爻變：
- 初爻變坎（錯離）　成訟（錯明夷綜需）　中爻下離上巽　地位
- 二爻變震（錯巽綜艮）　成无妄（錯升綜大畜）　中爻下艮上巽　地位
- 三爻變乾（錯坤）　成乾（錯坤）　中爻下乾上乾　人位
- 四爻變巽（錯震綜兌）　成中孚（錯小過）　中爻下震上艮　人位
- 五爻變離（錯坎）　成睽（錯蹇綜家人）　中爻下離上坎　天位
- 六爻變兌（錯艮綜巽）　成兌（錯艮綜巽）　中爻下離上巽　天位

泰 ☷☰ 三陽三陰之卦　屬坤　又正月卦

象　　震兌

錯　　否

綜　　否

中爻　二四合兌錯艮綜巽　三五合震錯巽綜艮　孔子《繫辭》

同體　否〇困咸歸妹〇旅未濟渙〇恒井隨〇益噬嗑蠱〇節既濟豐〇賁損漸〇〇十九卦同體

情性　情柔性剛　情順性健

六爻變

初爻變巽錯震綜兌　成升錯无妄綜萃　中爻下兌上震　地位

二爻變離錯坎　成明夷錯訟綜晉　中爻下坎上震　地位

三爻變兌錯艮綜巽　成臨錯遯綜觀　中爻下震上坤　人位

四爻變震錯巽綜艮　成大壯錯觀綜遯　中爻下乾上兌　人位

五爻變坎錯離　成需錯晉綜訟　中爻下兌上離　天位

六爻變艮錯兌綜震　成大畜錯萃綜无妄　中爻下兌上震　天位

否 ☰☷ 三陽三陰之卦　屬乾　又七月卦

象　　艮巽

錯　　泰

綜　　泰

中爻　二四合艮錯兌綜震　三五合巽錯震綜兌　孔子《繫辭》

同體　困咸歸妹〇　旅未濟渙〇恒井隨〇益噬嗑蠱〇節既濟豐〇賁損漸〇泰十九卦同體

情性　情剛性柔　情健性順

六爻變

初爻變震錯巽綜艮　成无妄錯升綜大畜　中爻下艮上巽　地位

二爻變坎錯離　成訟錯明夷綜需　中爻下離上巽　地位

三爻變艮錯兌綜震　成遯錯臨綜大壯　中爻下巽上乾　人位

四爻變巽錯震綜兌　成觀錯大壯綜臨　中爻下坤上艮　人位

五爻變離錯坎　成晉錯需綜明夷　中爻下艮上坎　天位

六爻變兌錯艮綜巽　成萃錯大畜綜升　中爻下艮上巽　天位

同人 ☰☲　　五陽一陰之卦　屬離

象	離
錯	師
綜	大有 雜綜
中爻	二四合巽 錯震綜兌　三五合乾 錯坤
同體	姤○　○○○　小畜○　○履○夬　五卦同體
情性	情剛性柔　情健性明
六爻變	
初爻變艮 錯兌綜震	成遯 錯臨綜大壯　地位
二爻變乾 錯坤	成乾 錯坤　地位
三爻變震 錯巽綜艮	成无妄 錯升綜大畜　人位
四爻變巽 錯震綜兌	成家人 錯解綜睽　人位
五爻變離 錯坎	成離 錯坎　天位
六爻變兌 錯艮綜巽	成革 錯蒙綜鼎　天位

伏羲《圓圖》　文王《序卦》　孔子《繫辭》

中爻下離上乾　中爻下乾上乾　中爻下巽上乾　中爻下坎上離　中爻下巽上兌　中爻下艮上乾

大有 ☲☰　　五陽一陰之卦　屬乾

象	離
錯	比
綜	同人 雜綜
中爻	二四合乾 錯坤　三五合兌 錯艮綜巽
同體	姤○　○同人○　○小畜○　○履○夬　五卦同體
情性	情柔性剛　情明性健
六爻變	
初爻變巽 錯震綜兌	成鼎 錯屯綜革　地位
二爻變離 錯坎	成離 錯坎　地位
三爻變兌 錯艮綜巽	成睽 錯蹇綜家人　人位
四爻變艮 錯兌綜震	成大畜 錯萃綜无妄　人位
五爻變乾 錯坤	成乾 錯坤　天位
六爻變震 錯巽	成大壯 錯觀綜兌　天位

伏羲《圓圖》　文王《序卦》　孔子《繫辭》

中爻下乾上兌　中爻下乾上乾　中爻下兌上震　中爻下離上坎　中爻下兌上乾　中爻下兌上兌

謙 ☷☶ 一陽五陰之卦　屬兌

- 象　　坤　艮
- 錯　　履
- 綜　　豫 正綜
- 中爻　二四合坎 錯離　三五合震 錯巽綜艮　　孔子《繫辭》
- 同體　剝〇　〇豫〇　〇師　〇復比
- 　　　五卦同體
- 情性　情柔性剛　情順性止
- 六爻變
  - 初爻變離 錯坎　成明夷 錯訟綜晉　　中爻下坎上震　地位
  - 二爻變巽 錯震綜兌　成升 錯无妄綜萃　中爻下兌上履　地位
  - 三爻變坤 錯乾　成坤 錯乾　　　　　中爻下坤上坤　人位
  - 四爻變震 錯巽綜艮　成小過 錯中孚　中爻下艮上兌　人位
  - 五爻變坎 錯離　成蹇 錯睽綜解　　　中爻下坎上離　天位
  - 六爻變艮 錯兌綜震　成艮 錯兌綜震　中爻下坎上震　天位

豫 ☳☷ 一陽五陰之卦　屬震

- 象　　坤　坎
- 錯　　小畜
- 綜　　謙 正綜
- 中爻　二四合艮 錯兌綜震　三五合坎 錯離　　孔子《繫辭》
- 同體　剝〇謙〇　〇〇〇師　〇復比
- 　　　五卦同體
- 情性　情剛性柔　情動性順
- 六爻變
  - 初爻變震 錯巽綜艮　成震 錯巽綜艮　　中爻下艮上坎　地位
  - 二爻變坎 錯離　成解 錯家人綜蹇　　　中爻下離上坎　地位
  - 三爻變艮 錯兌綜震　成小過 錯中孚　　中爻下巽上兌　人位
  - 四爻變坤 錯乾　成坤 錯乾　　　　　　中爻下坤上坤　人位
  - 五爻變兌 錯艮綜巽　成萃 錯大畜綜升　中爻下艮上巽　天位
  - 六爻變離 錯坎　成晉 錯需綜明夷　　　中爻下艮上坎　天位

隨 ䷐ 三陽三陰之卦　屬震

象	伏羲《圓圖》
錯	蠱
綜	蠱 雜綜
中爻	二四合艮錯兌綜震　三五合巽錯震綜兌
同體	否〇困咸歸妹〇旅未濟渙〇恒井〇益噬嗑蠱〇節既濟豐〇賁損漸〇泰十九卦同體
情性	情柔性剛　情悅性動
六爻變	
初爻變坤錯乾	成萃錯大畜綜升	地位
二爻變兌錯艮綜巽	成革錯蒙綜鼎	地位
三爻變離錯坎	成革錯蒙綜鼎	人位
四爻變坎錯離	成屯錯鼎綜蒙	人位
五爻變震錯巽綜艮	成震錯巽綜艮	天位
六爻變乾錯坤	成無妄錯升綜大畜	天位

孔子《繫辭》　文王《序卦》

（六爻變各條後注「中爻下艮上巽　天位」等，依次為：中爻下艮上巽 天位；中爻下艮上坎 天位；中爻下坤上艮 人位；中爻下巽上乾 人位；中爻下離上巽 地位；中爻下艮上巽 地位）

蠱 ䷑ 三陽三陰之卦　屬巽

象	伏羲《圓圖》
錯	隨
綜	隨 雜綜
中爻	二四合兌錯艮綜巽　三五合震錯巽綜艮
同體	否〇困咸歸妹〇旅未濟渙〇恒井隨〇益噬嗑〇節未濟豐〇賁損漸〇泰十九卦同體
情性	情剛性柔　情止性入
六爻變	
初爻變乾錯坤	成大畜錯萃綜无妄	地位
二爻變艮錯兌綜震	成艮錯兌綜震	地位
三爻變坎錯離	成蒙錯革綜屯	人位
四爻變離錯坎	成鼎錯屯綜革	人位
五爻變巽錯震綜兌	成巽錯震綜兌	天位
六爻變坤錯乾	成升錯无妄綜萃	天位

孔子《繫辭》　文王《序卦》

臨䷒ 二陽四陰之卦　屬坤　又十二月卦

象	震兌	伏羲《圓圖》
錯	遯	文王《序卦》
綜	觀正綜	
中爻	二四合震錯巽綜艮　三五合坤錯乾	孔子《繫辭》
同體	觀晉○萃蹇小過○蒙○震解升○頤○坎屯明夷○艮○　○十四卦同體	
情性	情柔性柔　情順性悅	
六爻變		
初爻變坎錯離	成師錯同人綜比	中爻下兌上坤　地位
二爻變震錯巽綜艮	成復錯姤綜剝	中爻下坤上震　地位
三爻變乾錯坤	成泰錯否綜否	中爻下兌上震　人位
四爻變震錯巽綜艮	成歸妹錯漸綜漸	中爻下離上坎　人位
五爻變坎錯離	成節錯旅綜渙	中爻下兌上艮　天位
六爻變艮錯兌綜震	成損錯咸綜益	中爻下震上坤　天位

觀䷓ 二陽四陰之卦　屬乾　又八月卦

象	巽艮	伏羲《圓圖》
錯	大壯	文王《序卦》
綜	臨正綜	
中爻	二四合坤錯乾　三五合艮錯兌綜震	孔子《繫辭》
同體	晉○萃蹇小過○蒙○震解升○頤○坎屯明夷艮○臨十四卦同體	
情性	情柔性柔　情入性順	
六爻變		
初爻變震錯巽綜艮	成益錯恒綜損	中爻下坤上艮　地位
二爻變坎錯離	成渙錯豐綜節	中爻下坤上艮　地位
三爻變艮錯兌綜震	成漸錯歸妹綜歸妹	中爻下坎上巽　人位
四爻變乾錯坤	成否錯泰綜泰	中爻下震上巽　人位
五爻變艮錯兌綜震	成剝錯夬綜復	中爻下震上坤　天位
六爻變坎錯離	成比錯大有綜師	中爻下坤上艮　天位

噬嗑 ䷔　　三陽三陰之卦　屬巽

象	井
錯	井 正綜
綜	賁 正綜
中爻	三四合艮 錯兌綜震　三五合坎 錯離
同體	否○困咸歸妹○旅未濟渙○恆井隨○益蠱○節既濟豐○賁損漸○泰十九卦同體
情性	情柔性剛　情明性動
六爻變	
初爻變坤 錯乾	成晉 錯需綜明夷　中爻下艮上坎　地位
二爻變兌 錯艮綜巽	成睽 錯蹇綜家人　中爻下離上坎　地位
三爻變離 錯坎	成離 錯坎　中爻下巽上兌　人位
四爻變頤 錯兌綜震	成頤 錯大過　中爻下坤上艮　人位
五爻變乾 錯坤	成无妄 錯升綜大畜　中爻下艮上巽　天位
六爻變震 錯巽綜艮	成震 錯巽綜艮　中爻下艮上坎　天位

賁 ䷕　　三陽三陰之卦　屬艮

象	困
錯	噬嗑 正綜
綜	
中爻	二四合坎 錯離　三五合震 錯巽綜艮
同體	否○困咸歸妹○旅未濟渙○恆井隨○益噬嗑蠱○節既濟豐○損漸○泰十九卦同體
情性	情剛性柔　情止性明
六爻變	
初爻變艮 錯兌綜震	成艮 錯兌綜震　中爻下坎上震　地位
二爻變乾 錯坤	成大畜 錯萃綜无妄　中爻下兌上震　地位
三爻變震 錯巽綜艮	成頤 錯大過　中爻下坤上震　人位
四爻變離 錯坎	成離 錯坎　中爻下巽上兌　人位
五爻變巽 錯震綜兌	成家人 錯解綜睽　中爻下坎上離　天位
六爻變坤 錯乾	成明夷 錯訟綜晉　中爻下坎上震　天位

剝䷖ 一陽五陰之卦　屬乾　又九月卦

象	巽艮
錯	夬
綜	復 正綜
中爻	二四合坤 錯乾　三五合坤 錯乾
同體	○謙○　○豫○　○師○　○復比
情性	情剛性柔　情止性順
	五卦同體
六爻變	
初爻變震 錯巽綜艮	成頤 錯大過
二爻變坎 錯離	成蒙 錯革綜屯
三爻變艮 錯兌綜震	成晉 錯需綜明夷
四爻變離 錯坎	成觀 錯大壯綜臨
五爻變巽 錯震綜兌	成坤 錯乾
六爻變坤 錯乾	

伏羲《圓圖》　文王《序卦》　孔子《繫辭》

中爻下坤上坤　天位
中爻下艮上坤　天位
中爻下艮上艮　人位
中爻下坎上震　人位
中爻下震上坤　地位
中爻下坤上坤　地位

復䷗ 一陽五陰之卦　屬坤　又十一月卦

象	震兌
錯	姤
綜	剝 正綜
中爻	二四合坤 錯乾　三五合坤 錯乾
同體	剝○謙○　○豫○　○師○　比
情性	情柔性剛　情順性動
	五卦同體
六爻變	
初爻變坤 錯乾	成坤 錯乾
二爻變兌 錯艮綜巽	成臨 錯遯綜觀
三爻變離 錯坎	成明夷 錯訟綜晉
四爻變震 錯巽綜艮	成震 錯巽綜艮
五爻變坎 錯離	成屯 錯鼎綜蒙
六爻變艮 錯兌綜震	成頤 錯大過

伏羲《圓圖》　文王《序卦》　孔子《繫辭》

中爻下坤上坤　天位
中爻下坤上艮　天位
中爻下艮上坎　人位
中爻下坎上震　人位
中爻下震上坤　地位
中爻下坤上坤　地位

59

无妄䷘ 四陽二陰之卦 屬巽

象	離
錯	升
綜	大畜 正綜
中爻	二四合艮 錯兌綜震　三五合巽 錯震綜兌
同體	遯○兌○離鼎訟○大過○巽家人○革○大畜睽　中孚○大壯需十四卦同體
情性	情剛性剛　情健性動
六爻變	
初爻變坤 錯乾	成否 錯泰綜泰	地位
二爻變兌 錯艮綜巽	成履 錯謙綜小畜	地位
三爻變離 錯坎	成同人 錯師綜大有	人位
四爻變巽 錯震綜兌	成益 錯恒綜損	人位
五爻變艮 錯兌綜震	成噬嗑 錯井綜賁	天位
六爻變兌 錯艮綜巽	成隨 錯蠱綜蠱	天位

伏羲《圓圖》　文王《序卦》　孔子《繫辭》　中爻下艮上巽

大畜䷙ 四陽二陰之卦 屬艮

象	離
錯	萃
綜	无妄 正綜
中爻	二四合兌 錯艮綜巽　三五合震 錯巽綜艮
同體	遯○兌○離鼎訟○大過○巽家人无妄革○睽　中孚○大壯需十四卦同體
情性	情剛性剛　情止性健
六爻變	
初爻變巽 錯震綜兌	成蠱 錯隨綜隨	地位
二爻變離 錯坎	成賁 錯困綜噬嗑	地位
三爻變兌 錯艮綜巽	成損 錯咸綜益	人位
四爻變離 錯坎	成大有 錯比綜同人	人位
五爻變巽 錯震綜兌	成小畜 錯豫綜履	天位
六爻變坤 錯乾	成泰 錯否綜否	天位

伏羲《圓圖》　文王《序卦》　孔子《繫辭》　中爻下兌上震

60

頤 ䷚　二陽四陰之卦　屬巽

象	離
錯	大過
綜	頤
中爻	二四合坤錯乾　三五合坤錯乾
同體	觀晉○萃蹇小過○蒙○震解升○屯明夷○艮○臨十四卦同體
情性	情剛性剛　情止性動
六爻變	
初爻變坤錯乾	成剝錯夬綜復　中爻下坤上坤　地位
二爻變兌錯艮綜巽	成損錯咸綜益　中爻下震上坤　地位
三爻變離錯坎	成賁錯困綜噬嗑　中爻下坎上震　人位
四爻變離錯坎	成噬嗑錯井綜賁　中爻下艮上坎　人位
五爻變巽錯震綜兌	成益錯恒綜損　中爻下坤上艮　天位
六爻變坤錯乾	成復錯姤綜剝　中爻下坤上坤　天位

伏羲《圓圖》
文王《序卦》
孔子《繫辭》

○坎

大過 ䷛　四陽二陰之卦　屬震

象	坎
錯	頤
綜	大過
中爻	二四合乾錯坤　三五合乾錯坤
同體	遯○兌○離鼎訟○○巽家人无妄○革○大畜睽中孚○大壯需十四卦同體
情性	情柔性柔　情悅性入
六爻變	
初爻變乾錯坤	成夬錯剝綜姤　中爻下乾上乾　地位
二爻變艮錯兌綜震	成咸錯損綜恒　中爻下巽上乾　地位
三爻變坎錯離	成困錯賁綜井　中爻下離上巽　人位
四爻變坎錯離	成井錯噬嗑綜困　中爻下兌上離　人位
五爻變震錯巽綜艮	成恒錯益綜咸　中爻下乾上兌　天位
六爻變乾錯坤	成姤錯復綜夬　中爻下乾上乾　天位

伏羲《圓圖》
文王《序卦》
孔子《繫辭》

坎 ☵ 二陽四陰之卦

象	離 伏羲《圓圖》
錯	離
綜	
中爻	二四合震錯巽綜艮　三五合艮錯兌綜震　孔子《繫辭》
同體	觀晉○萃蹇小過○蒙○震解升○頤○屯明夷○艮○臨十四卦同體 文王《序卦》亦錯
情性	情剛性剛　情險性險
六爻變	
初爻變兌錯艮綜巽	成節錯旅綜渙	中爻下震上艮	地位
二爻變坤錯乾	成比錯大有綜師	中爻下坤上艮	地位
三爻變巽錯震綜兌	成井錯噬嗑綜困	中爻下兌上離	人位
四爻變兌錯艮綜巽	成困錯賁綜井	中爻下離上巽	人位
五爻變坤錯乾	成師錯同人綜比	中爻下震上坤	天位
六爻變巽錯震綜兌	成渙錯豐綜節	中爻下震上艮	天位

離 ☲ 四陽二陰之卦 上經終于此

象	坎 伏羲《圓圖》
錯	坎
綜	
中爻	二四合巽錯震綜兌　三五合兌錯艮綜巽　孔子《繫辭》
同體	遯○兌○鼎訟○大過○巽家人无妄○革○大畜睽中孚○大壯需十四卦同體 文王《序卦》
情性	情柔性柔　情明性明
六爻變	
初爻變艮錯兌綜震	成旅錯節綜豐	中爻下艮上兌	地位
二爻變乾錯坤	成大有錯比綜同人	中爻下乾上兌	地位
三爻變震錯巽綜艮	成噬嗑錯井綜賁	中爻下坎上震	人位
四爻變艮錯兌綜震	成賁錯困綜噬嗑	中爻下艮上巽	人位
五爻變乾錯坤	成同人錯師綜大有	中爻下巽上乾	天位
六爻變震錯巽綜艮	成豐錯渙綜旅	中爻下巽上兌	天位

咸 ䷞　三陽三陰之卦　屬兌　下經始于此

象	坎
錯	損
綜	恒 正綜
中爻	二四合巽 錯震綜兌　三五合乾 錯坤　孔子《繫辭》
同體	否○困歸妹○旅未濟渙○恒井隨○益噬嗑蠱節
情性	情柔性剛　情悅性止
六爻變	
初爻變離 錯坎	成革 錯蒙綜鼎　中爻下乾上巽　地位
二爻變巽 錯震綜兌	成大過 錯頤　中爻下乾上乾　地位
三爻變坤 錯乾	成萃 錯大畜綜升　中爻下艮上巽　人位
四爻變坎 錯離	成蹇 錯睽綜解　中爻下坎上離　人位
五爻變震 錯巽綜艮	成小過 錯中孚　中爻下巽上兌　天位
六爻變乾 錯坤	成遯 錯臨綜大壯　中爻下巽上乾　天位

伏羲《圓圖》　文王《序卦》　孔子《繫辭》

恒 ䷟　三陽三陰之卦　屬震

象	坎
錯	益
綜	咸 正綜
中爻	二四合乾 錯坤　三五合兌 錯艮綜巽　孔子《繫辭》
同體	否○困咸歸妹○旅未濟渙○井隨○益噬嗑蠱○節既濟豐○賁損漸○泰十九卦同體
情性	情剛性柔　情動性入
六爻變	
初爻變乾 錯坤	成大壯 錯觀綜遯　中爻下乾上兌　地位
二爻變艮 錯兌綜震	成小過 錯中孚　中爻下巽上兌　地位
三爻變坎 錯離	成解 錯家人綜蹇　中爻下離上坎　人位
四爻變坤 錯乾	成升 錯無妄綜萃　中爻下兌上震　人位
五爻變兌 錯艮綜巽	成大過 錯頤　中爻下乾上乾　天位
六爻變離 錯坎	成鼎 錯屯綜革　中爻下乾上兌　天位

伏羲《圓圖》　文王《序卦》　孔子《繫辭》

遯 ䷠ 四陽二陰之卦 屬乾 又六月卦

象	巽
錯	臨
綜	大壯 正綜
中爻	二四合巽 錯震綜兌　三五合乾 錯坤　孔子《繫辭》
同體	遯○兌○離鼎訟○大過○巽家人无妄○革○大畜睽中孚○大壯需十四卦同體
情性	情剛性剛　情健性止
六爻變	
初爻變離 錯坎	成同人 錯師綜大有	中爻下巽上乾	地位
二爻變巽 錯震綜兌	成姤 錯復綜夬	中爻下乾上巽	地位
三爻變坤 錯乾	成否 錯泰綜泰	中爻下艮上巽	人位
四爻變巽 錯震綜兌	成漸 錯歸妹綜歸妹	中爻下坎上離	人位
五爻變離 錯坎	成旅 錯節綜豐	中爻下乾上兌	天位
六爻變兌 錯艮綜巽	成咸 錯巽綜恆	中爻下巽上乾	天位

大壯 ䷡ 四陽二陰之卦 屬坤 又二月卦

象	兌
錯	觀
綜	遯 正綜
中爻	二四合乾 錯坤　三五合兌 錯艮綜巽　孔子《繫辭》
同體	遯○兌○離鼎訟○大過○巽家人无妄○革○大畜睽中孚○需十四卦同體
情性	情剛性剛　情動性健
六爻變	
初爻變巽 錯震綜兌	成恆 錯益綜咸	中爻下乾上兌	地位
二爻變離 錯坎	成豐 錯渙綜旅	中爻下巽上兌	地位
三爻變兌 錯艮綜巽	成歸妹 錯漸綜漸	中爻下離上坎	人位
四爻變坤 錯乾	成泰 錯否綜否	中爻下兌上震	人位
五爻變兌 錯艮綜巽	成夬 錯剝綜姤	中爻下乾上兌	天位
六爻變離 錯坎	成大有 錯比綜同人	中爻下乾上兌	天位

晉䷢　二陽四陰之卦　屬乾

象	伏羲《圓圖》
錯	需
綜	明夷 雜綜
中爻	二四合艮錯兌綜震　三五合坎錯離　文王《序卦》
同體	觀〇萃蹇小過〇蒙〇震解升〇頤〇坎屯明夷〇　孔子《繫辭》
情性	情柔性柔　情明性順
	艮〇臨十四卦同體
六爻變	
初爻變震錯巽綜艮	成噬嗑錯井綜賁　中爻下艮上坎　地位
二爻變坎錯離	成未濟錯既濟綜既濟　中爻下巽上坎　地位
三爻變艮錯兌綜震	成旅錯節綜豐　中爻下巽上兌　人位
四爻變艮錯兌綜震	成剝錯夬綜姤　中爻下坤上艮　人位
五爻變乾錯坤	成否錯泰綜泰　中爻下艮上巽　天位
六爻變震錯巽綜艮	成豫錯小畜綜謙　中爻下艮上坎　天位

明夷䷣　二陽四陰之卦　屬坎

象	伏羲《圓圖》
錯	訟
綜	晉 雜綜
中爻	二四合坎錯離　三五合震錯巽綜艮　文王《序卦》
同體	觀晉〇萃坎小過〇蒙〇震解升〇頤〇坎屯〇　孔子《繫辭》
情性	情柔性柔　情順性明
	艮〇臨十四卦同體
六爻變	
初爻變艮錯兌綜震	成謙錯履綜豫　中爻下兌上震　地位
二爻變乾錯坤	成泰錯否綜否　中爻下兌上震　地位
三爻變震錯巽綜艮	成復錯姤綜剝　中爻下坤上坤　人位
四爻變震錯巽綜艮	成豐錯渙綜旅　中爻下巽上兌　人位
五爻變坎錯離	成既濟錯未濟綜未濟　中爻下坎上離　天位
六爻變艮錯兌綜震	成賁錯困綜噬嗑　中爻下坎上震　天位

家人 ䷤　四陽二陰之卦　屬巽

象　伏羲《圓圖》

錯　解

綜　睽 正綜

中爻　二四合坎 錯離　三五合離 錯坎　文王《序卦》

同體　遯○兌○離鼎訟○大過○巽无妄○革○大畜睽　孔子《繫辭》

情性　情柔性柔　情人性明

中爻　中孚○大壯需十四卦同體

六爻變

初爻變艮 錯兌綜震　成漸 錯歸妹綜歸妹　中爻下坤上離　地位

二爻變艮 錯困　成小畜 錯豫綜履　中爻下兌上離　地位

三爻變震 錯巽綜艮　成益 錯恒綜巽　中爻下坤上艮　人位

四爻變乾 錯坤　成同人 錯師綜大有　中爻下巽上乾　人位

五爻變艮 錯兌綜震　成賁 錯困綜噬嗑　中爻下坎上震　天位

六爻變坎 錯離　成既濟 錯未濟綜未濟　中爻下坎上離　天位

睽 ䷥　四陽二陰之卦　屬艮

象　伏羲《圓圖》

錯　蹇

綜　家人 正綜

中爻　二四合離 錯坎　三五合坎 錯離　文王《序卦》

同體　遯○兌○離鼎訟○大過○巽家人无妄○革○　孔子《繫辭》

大畜中孚○大壯需十四卦同體

情性　情柔性柔　情明性悅

六爻變

初爻變坎 錯離　成未濟 錯既濟綜既濟　中爻下離上坎　地位

二爻變震 錯巽綜艮　成噬嗑 錯井綜賁　中爻下艮上坎　地位

三爻變乾 錯坤　成大有 錯比綜同人　中爻下乾上兌　人位

四爻變艮 錯兌綜震　成損 錯咸綜益　中爻下震上兌　人位

五爻變乾 錯坤　成履 錯謙綜小畜　中爻下離上巽　天位

六爻變震 錯巽綜艮　成歸妹 錯漸綜漸　中爻下離上坎　天位

蹇 ䷦　二陽四陰之卦　屬兌

象 睽	伏羲《圓圖》
錯 解_{正綜}	
綜	
中爻 二四合坎_{錯離} 三五合離_{錯坎}	文王《序卦》
同體 觀晉〇萃小過〇蒙〇震解升〇頤〇坎屯明夷艮〇臨十四卦同體	孔子《繫辭》
情性 情剛性剛 情險性止	
六爻變	
初爻變離_{錯坎} 成既濟_{錯未濟綜未濟} 中爻下兌上離 地位
二爻變巽_{錯震綜兌} 成井_{錯噬嗑綜困} 中爻下兌上離 地位
三爻變坤_{錯乾} 成比_{錯大有綜師} 中爻下坤上艮 人位
四爻變兌_{錯艮綜巽} 成咸_{錯巽綜恆} 中爻下巽上乾 人位
五爻變坤_{錯乾} 成謙_{錯履綜豫} 中爻下坎上震 天位
六爻變巽_{錯震綜兌} 成漸_{錯歸妹綜歸妹} 中爻下坎上離 天位

解 ䷧　二陽四陰之卦　屬震

象 家人	伏羲《圓圖》
錯 蹇_{正綜}	
綜	
中爻 二四合離_{錯坎} 三五合坎_{錯離}	文王《序卦》
同體 觀晉〇萃蹇小過〇蒙〇震升〇頤〇坎屯明夷艮〇臨十四卦同體	孔子《繫辭》
情性 情剛性剛 情動性險	
六爻變	
初爻變兌_{錯艮綜巽} 成歸妹_{錯漸綜漸} 中爻下離上坎 地位
二爻變坤_{錯乾} 成豫_{錯小畜綜謙} 中爻下艮上坎 地位
三爻變巽_{錯震綜兌} 成恆_{錯益綜咸} 中爻下乾上兌 人位
四爻變坤_{錯乾} 成師_{錯同人綜比} 中爻下震上坤 人位
五爻變兌_{錯艮綜巽} 成困_{錯賁綜井} 中爻下離上巽 天位
六爻變離_{錯坎} 成未濟_{錯既濟綜既濟} 中爻下離上坎 天位

損 ☷☶ 三陽三陰之卦 屬艮

象	離
錯	咸
綜	益 _{正綜}
中爻	二四合震 _{錯巽綜艮}　三五合坤 _{錯乾}
同體	否○困咸歸妹○旅未濟渙○恒井隨○益噬嗑蠱○節既濟豐○賁漸○泰十九卦同體
情性	情剛性柔　情止性悅
六爻變	
初爻變坎 _{錯離}	成蒙 _{錯革綜屯}　中爻下震上坤　地位
二爻變震 _{錯巽綜艮}	成頤 _{錯大過}　中爻下坤上坤　地位
三爻變乾 _{錯坤}	成大畜 _{錯萃綜无妄}　中爻下兌上震　人位
四爻變離 _{錯坎}	成睽 _{錯蹇綜家人}　中爻下離上坎　人位
五爻變巽 _{錯震綜兌}	成中孚 _{錯小過}　中爻下震上艮　天位
六爻變坤 _{錯乾}	成臨 _{錯遯綜觀}　中爻下震上坤　天位

伏羲《圓圖》　文王《序卦》　孔子《繫辭》

益 ☴☳ 三陽三陰之卦 屬巽

象	離
錯	恒
綜	損 _{正綜}
中爻	二四合坤 _{錯乾}　三五合艮 _{錯兌綜震}
同體	否○困咸歸妹○旅未濟渙○恒井隨○噬嗑蠱○節既濟豐○賁損漸○泰十九卦同體
情性	情柔性剛　情入性動
六爻變	
初爻變坤 _{錯乾}	成觀 _{錯大壯綜臨}　中爻下坤上艮　地位
二爻變兌 _{錯艮綜巽}	成中孚 _{錯小過}　中爻下震上艮　地位
三爻變離 _{錯坎}	成家人 _{錯解綜睽}　中爻下坎上離　人位
四爻變乾 _{錯坤}	成无妄 _{錯升綜大畜}　中爻下艮上巽　人位
五爻變艮 _{錯兌綜震}	成頤 _{錯大過}　中爻下坤上坤　天位
六爻變坎 _{錯離}	成屯 _{錯鼎綜蒙}　中爻下坤上艮　天位

伏羲《圓圖》　文王《序卦》　孔子《繫辭》

夬 ☰ 五陽一陰之卦　屬坤　又三月卦

象	震
錯	剝
綜	姤 正綜
中爻	二四合乾錯坤　三五合乾錯坤
同體	姤大有○　○同人○　○小畜○　○履五卦
情性	情柔性剛　情悅性健
六爻變	
初爻變巽 錯震綜兌	成大過錯頤　中爻下乾上乾　地位
二爻變離 錯坎	成革錯蒙綜鼎　中爻下巽上乾　地位
三爻變兌 錯艮綜巽	成兌錯艮綜巽　中爻下離上乾　人位
四爻變坎 錯離	成需錯晉綜訟　中爻下乾上兌　人位
五爻變震 錯巽綜艮	成大壯錯觀綜遯　中爻下乾上兌　天位
六爻變乾 錯坤	成乾錯坤　中爻下乾上乾　天位

伏羲《圓圖》
文王《序卦》
孔子《繫辭》

姤 ☴ 五陽一陰之卦　屬乾　又五月卦

象	艮
錯	復
綜	夬 正綜
中爻	二四合乾錯坤　三五合乾錯坤
同體	大有○　○同人○　○小畜○　○履○夬五卦
情性	情剛性柔　情健性入
六爻變	
初爻變乾 錯坤	成乾錯坤　中爻下乾上乾　地位
二爻變艮 錯兌綜震	成遯錯臨綜大壯　中爻下巽上乾　地位
三爻變坎 錯離	成訟錯明夷綜需　中爻下離上乾　人位
四爻變巽 錯震綜兌	成巽錯震綜兌　中爻下乾上兌　人位
五爻變離 錯坎	成鼎錯屯綜革　中爻下乾上兌　天位
六爻變兌 錯艮綜巽	成大過錯頤　中爻下乾上乾　天位

伏羲《圓圖》
文王《序卦》
孔子《繫辭》

萃☷☱ 二陽四陰之卦 屬兌

象	坎
錯	大畜
綜	升 正綜
中爻	二四合艮錯兌綜震 三五合巽錯震綜兌
同體	觀晉○蹇小過○蒙○震解升○頤○坎屯明夷○艮○臨十四卦同體
情性	情柔性柔 情悅性順
六爻變	
初爻變震錯巽綜艮	成隨錯蠱綜蠱 中爻下艮上巽 地位
二爻變坎錯離	成困錯賁綜井 中爻下離上巽 地位
三爻變艮錯兌綜震	成咸錯巽綜恒 中爻下巽上乾 人位
四爻變坎錯離	成比錯大有綜師 中爻下坤上艮 人位
五爻變震錯巽綜艮	成豫錯小畜綜謙 中爻下艮上坎 天位
六爻變乾錯坤	成否錯泰綜泰 中爻下艮上巽 天位

伏羲《圓圖》 文王《序卦》 孔子《繫辭》

升☷☴ 二陽四陰之卦 屬震

象	坎
錯	无妄
綜	萃 正綜
中爻	二四合兌錯艮綜巽 三五合震錯巽綜艮
同體	觀晉○萃蹇小過○蒙○震解○頤○坎屯明夷○艮○臨十四卦同體
情性	情柔性柔 情順性入
六爻變	
初爻變乾錯坤	成泰錯否綜否 中爻下兌上震 地位
二爻變艮錯兌綜震	成謙錯履綜豫 中爻下坎上震 地位
三爻變坎錯離	成師錯同人綜屯 中爻下震上坤 人位
四爻變震錯巽綜震	成恒錯益綜咸 中爻下乾上兌 人位
五爻變坎錯離	成井錯噬嗑綜困 中爻下離上兌 天位
六爻變艮錯兌綜震	成蠱錯隨綜隨 中爻下兌上震 天位

伏羲《圓圖》 文王《序卦》 孔子《繫辭》

困䷮　三陽三陰之卦　屬兌

象		伏羲《圓圖》
錯	賁	
綜	井正綜	文王《序卦》
中爻	二四合離錯坎　三五合巽錯震綜兌	孔子《繫辭》
同體	否〇咸歸妹〇旅未濟渙〇恒井隨〇益噬嗑蠱〇節既濟豐〇賁損漸〇泰十九卦同體	
情性	情柔性剛　情悅性險	
六爻變		
初爻變兌錯艮綜巽	成兌錯艮綜巽	地位
二爻變坤錯乾	成萃錯大畜綜升	地位
三爻變巽錯震綜兌	成大過錯頤	人位
四爻變坎錯離	成坎錯離	人位
五爻變震錯巽綜艮	成解錯家人綜蹇	天位
六爻變乾錯坤	成訟錯明夷綜需	天位

中爻下離上巽
中爻下艮上巽
中爻下乾上艮
中爻下震上艮
中爻下離上坎
中爻下離上巽

井䷯　三陽三陰之卦　屬震

象		伏羲《圓圖》
錯	噬嗑	
綜	困正綜	文王《序卦》
中爻	二四合兌錯艮綜巽　三五合離錯坎	孔子《繫辭》
同體	否〇困咸歸妹〇旅未濟渙〇恒隨〇益噬嗑蠱〇節〇豐〇賁損漸〇泰十九卦同體	
情性	情剛性柔　情險性入	
六爻變		
初爻變乾錯坤	成需錯晉綜訟	地位
二爻變艮錯兌綜震	成蹇錯睽綜解	地位
三爻變坎錯離	成坎錯離	人位
四爻變兌錯艮綜巽	成大過錯頤	人位
五爻變坤錯乾	成升錯无妄綜革	天位
六爻變巽錯震綜兌	成巽錯震綜兌	天位

中爻下兌上離
中爻下坎上離
中爻下震上艮
中爻下乾上乾
中爻下兌上震
中爻下兌上離

革 ䷰	四陽二陰之卦　屬坎	
象	伏羲《圓圖》	
錯	蒙	
綜	鼎 正綜	
中爻	二四合巽 錯震綜兌　三五合乾 錯坤[①]	文王《序卦》
同體	遯○兌○離鼎訟○大過○巽家人无妄○大畜睽中孚○大壯需十四卦同體	孔子《繫辭》
情性	情柔性柔　情悅性明	
六爻變		
初爻變艮 錯兌綜震	成咸 錯損綜恒	中爻下巽上乾　地位
二爻變乾 錯坤	成夬 錯剝綜姤	中爻下乾上乾　地位
三爻變震 錯巽綜艮	成隨 錯蠱綜蠱	中爻下艮上巽　人位
四爻變坎 錯離	成既濟 錯未濟綜未濟	中爻下坎上離　人位
五爻變震 錯巽綜艮	成豐 錯渙綜旅	中爻下巽上兌　天位
六爻變乾 錯坤	成同人 錯師綜大有	中爻下巽上乾　天位

① 錯坤：原脫，據史念冲本、朝爽堂本、鄭燦本補。

鼎 ䷱	四陽二陰之卦　屬離	
象	伏羲《圓圖》	
錯	屯	
綜	革 正綜	
中爻	二四合乾 錯坤　三五合兌 錯艮綜巽	文王《序卦》
同體	遯○兌○離訟○大過○巽家人无妄○革○大畜睽中孚○大壯需十四卦同體	孔子《繫辭》
情性	情柔性柔　情明性入	
六爻變		
初爻變乾 錯坤	成大有 錯比綜同人[②]	中爻下乾上兌　地位
二爻變艮 錯兌綜震	成旅 錯節綜豐	中爻下巽上兌　地位
三爻變坎 錯離	成未濟 錯既濟綜既濟	中爻下離上坎　人位
四爻變艮 錯兌綜震	成蠱 錯隨綜隨	中爻下兌上震　人位
五爻變乾 錯坤	成姤 錯復綜夬	中爻下乾上乾　天位
六爻變震 錯巽綜艮	成恒 錯益綜咸	中爻下乾上兌　天位

② 大有：原誤作"大畜"，據史念冲本、朝爽堂本、鄭燦本改。

震 ☳ 二陽四陰之卦

象	伏羲《圓圖》
錯	巽
綜	艮 正綜
中爻	二四合艮錯兌綜震　三五合坎錯離　文王《序卦》
同體	觀晉○萃蹇小過○蒙○解升○頤○坎屯明夷○　孔子《繫辭》
情性	情剛性剛　情動性動
六爻變	艮○臨十四卦同體
初爻變坤錯乾	成豫錯小畜綜謙　中爻下艮上坎　地位
二爻變兌錯艮綜巽	成歸妹錯漸綜漸　中爻下離上坎　地位
三爻變離錯坎	成豐錯渙綜旅　中爻下巽上兌　人位
四爻變坤錯乾	成復錯姤綜剝　中爻下坤上坤　人位
五爻變兌錯艮綜巽	成隨錯蠱綜蠱　中爻下艮上巽　天位
六爻變離錯坎	成噬嗑錯井綜賁　中爻下艮上坎　天位

艮 ☶ 二陽四陰之卦

象	伏羲《圓圖》
錯	兌
綜	震 正綜
中爻	二四合坎錯離　三五合震錯巽綜艮　文王《序卦》
同體	觀晉○萃蹇小過○蒙○震解升○頤○坎　孔子《繫辭》
情性	屯明夷○　○臨十四卦同體
六爻變	情剛性剛　情止性止
初爻變離錯坎	成賁錯困綜噬嗑　中爻下坎上震　地位
二爻變巽錯震綜兌	成蠱錯隨綜隨　中爻下兌上兌　地位
三爻變坤錯乾	成剝錯夬綜復　中爻下坤上坤　人位
四爻變坎錯離	成旅錯節綜豐　中爻下巽上兌　人位
五爻變巽錯震綜兌	成漸錯歸妹綜歸妹　中爻下坎上離　天位
六爻變坤錯乾	成謙錯履綜豫　中爻下坎上震　天位

漸 ䷴ 三陽三陰之卦　屬艮		
象	歸妹	伏羲《圓圖》
錯	歸妹雜綜	文王《序卦》
綜	二四合坎錯離　三五合離錯坎	孔子《繫辭》
中爻		
同體	否〇困咸歸妹〇旅未濟渙〇恒井隨〇益噬嗑蠱〇節既濟豐〇賁損〇泰十九卦同體	
情性	情柔性剛　情入性止	
六爻變		
初爻變離錯坎	成家人錯解綜睽	中爻下坎上離　地位
二爻變巽錯震綜兌	成巽錯震綜兌	中爻下兌上離　地位
三爻變坤錯乾	成觀錯大壯綜臨	中爻下坤上艮　人位
四爻變乾錯坤	成遯錯臨綜大壯	中爻下巽上乾　人位
五爻變艮錯兌綜震	成艮錯兌綜震	中爻下坎上震　天位
六爻變坎錯離	成蹇錯睽綜解	中爻下離上離　天位

歸妹 ䷵ 三陽三陰之卦　屬兌		
象	漸	伏羲《圓圖》
錯	漸雜綜	文王《序卦》
綜	二四合離錯坎　三五合坎錯離	孔子《繫辭》
中爻		
同體	否〇困咸〇旅未濟渙〇恒井隨〇益噬嗑蠱〇節既濟豐〇賁損漸〇泰十九卦同體	
情性	情剛性柔　情動性悅	
六爻變		
初爻變坎錯離	成解錯家人綜蹇	中爻下離上坎　地位
二爻變震錯巽綜艮	成震錯巽綜艮	中爻下艮上坎　地位
三爻變乾錯坤	成大壯錯觀綜遯	中爻下乾上兌　人位
四爻變坤錯乾	成臨錯遯綜觀	中爻下震上坤　人位
五爻變兌錯艮綜巽	成兌錯艮綜巽	中爻下離上巽　天位
六爻變離錯坎	成睽錯蹇綜家人	中爻下離上坎　天位

豐 ䷶ 三陽三陰之卦 屬坎

象	渙	伏羲《圓圖》
錯	渙	
綜	旅 正綜	文王《序卦》
中爻	二四合巽 錯震綜兌　三五合兌 錯艮綜巽	孔子《繫辭》
同體	否〇困咸歸妹〇旅未濟渙〇恒井隨〇益噬嗑蠱	
	節既濟〇賁損漸〇泰十九卦同體	
情性	情剛性柔　情動性明	

六爻變		
初爻變艮 錯兌綜震	成小過 錯中孚	中爻下巽上兌　地位
二爻變乾 錯坤	成大壯 錯觀綜遯	中爻下乾上兌　地位
三爻變震 錯巽綜艮	成震 錯巽綜艮	中爻下乾上震　人位
四爻變坤 錯乾	成明夷 錯訟綜晉	中爻下坎上震　人位
五爻變兌 錯艮綜巽	成革 錯蒙綜鼎	中爻下巽上乾　天位
六爻變離 錯坎	成離 錯坎	中爻下巽上兌　天位

旅 ䷷ 三陽三陰之卦 屬離

象	節	伏羲《圓圖》
錯	節	
綜	豐 正綜	文王《序卦》
中爻	二四合巽 錯震綜兌　三五合兌 錯艮綜巽	孔子《繫辭》
同體	否〇困咸歸妹〇未濟渙〇恒井隨〇益噬嗑蠱	
	節既濟豐〇賁損漸〇泰十九卦同體	
情性	情柔性剛　情明性止	

六爻變		
初爻變離 錯坎	成離 錯坎	中爻下巽上兌　地位
二爻變巽 錯震綜兌	成鼎 錯屯綜革	中爻下乾上兌　地位
三爻變坤 錯乾	成晉 錯需綜明夷	中爻下乾上坎　人位
四爻變艮 錯兌綜震	成艮 錯兌綜震	中爻下艮上坎　人位
五爻變乾 錯坤	成遯 錯臨綜大壯	中爻下巽上乾　天位
六爻變震 錯巽綜艮	成小過 錯中孚	中爻下巽上兌　天位

巽☴ 四陽二陰之卦

象	伏羲《圓圖》
錯 震	
綜 兌 正綜	
中爻 二四合兌錯艮綜巽 三五合離錯坎	文王《序卦》
同體 遘○兌○離鼎訟○大過○家人无妄○革○大畜睽中孚○大壯需十四卦同體	孔子《繫辭》
情性 情柔性柔 情入性入	
六爻變	
初爻變乾錯坤	成小畜錯豫綜履 中爻下兌上離 地位
二爻變艮錯兌綜震	成漸錯歸妹綜歸妹 中爻下坎上離 地位
三爻變坎錯離	成渙錯豐綜節 中爻下震上艮 人位
四爻變乾錯坤	成姤錯復綜夬 中爻下乾上乾 人位
五爻變艮錯兌綜震	成蠱錯隨綜隨 中爻下兌上震 天位
六爻變坎錯離	成井錯噬嗑綜困 中爻下兌上離 天位

兌☱ 四陽二陰之卦

象	伏羲《圓圖》
錯 艮	
綜 巽 正綜	
中爻 二四合離錯坎 三五合巽錯震綜兌	文王《序卦》
同體 遘○○離鼎訟○大過○巽家人无妄○革○大畜睽中孚○大壯需十四卦同體	孔子《繫辭》
情性 情柔性柔 情悅性悅	
六爻變	
初爻變坎錯離	成困錯賁綜井 中爻下艮上巽 地位
二爻變震錯巽	成隨錯蠱綜蠱 中爻下艮上巽 地位
三爻變乾錯坤	成夬錯剝綜姤 中爻下乾上乾 人位
四爻變坎錯離	成節錯旅綜渙 中爻下震上艮 人位
五爻變震錯巽綜艮	成歸妹錯漸綜漸 中爻下離上坎 天位
六爻變乾錯坤	成履錯謙綜小畜 中爻下離上巽 天位

渙 ䷺	三陽三陰之卦　屬離
象	伏羲《圓圖》
錯 豐	文王《序卦》
綜 節 正綜	
中爻	三四合震錯巽綜艮　三五合艮錯兌綜震　孔子《繫辭》
同體	否〇困咸歸妹〇旅未濟〇恒井隨〇益噬嗑蠱〇節既濟豐〇賁損漸〇泰十九卦同體
情性	情柔性剛　情入性險
六爻變	
初爻變兌錯艮綜巽①	成中孚錯小過　中爻下震上艮　地位
二爻變坤錯乾	成觀錯大壯綜臨　中爻下坤上艮　地位
三爻變巽錯震綜兌	成巽錯震綜兌　中爻下兌上離　人位
四爻變乾錯坤	成訟錯明夷綜需　中爻下離上巽　人位
五爻變艮錯兌綜震	成蒙錯革綜屯　中爻下震上坤　天位
六爻變坎錯離	成坎錯離　中爻下震上艮　天位

① 艮：原誤作"兌"，據史念冲本、朝爽堂本、鄭燦本改。

節 ䷻	三陽三陰之卦　屬坎
象	伏羲《圓圖》
錯 旅	文王《序卦》
綜 渙 正綜	
中爻	二四合震錯巽綜艮　三五合艮錯兌綜震　孔子《繫辭》
同體	否〇困咸歸妹〇旅未濟渙〇恒井隨〇益噬嗑蠱〇既濟豐〇賁損漸〇泰十九卦同體
情性	情剛性柔　情險性悅
六爻變	
初爻變坎錯離	成坎錯離　中爻下震上艮　地位
二爻變震錯巽綜艮	成屯錯鼎綜蒙　中爻下坤上艮　地位
三爻變乾錯坤	成需錯晉綜訟　中爻下兌上離　人位
四爻變兌錯艮綜巽	成兌錯艮綜巽　中爻下離上巽　人位
五爻變坤錯乾	成臨錯遯綜觀　中爻下震上坤　天位
六爻變巽錯震綜兌	成中孚錯小過　中爻下震上艮　天位

中孚䷼ 四陽二陰之卦 屬艮

象	離
錯	小過
綜	中孚
中爻	二四合震錯巽綜艮 三五合艮錯兌綜震
同體	遯○兌○離鼎訟○大過○巽家人无妄○革○大畜睽○大壯需十四卦同體
情性	情柔性柔 情入性悅
六爻變	
初爻變離錯坎	成渙錯節 中爻下坤上艮 地位
二爻變震錯巽綜艮	成益錯恒綜損 中爻下坤上艮 地位
三爻變乾綜坤	成小畜錯豫綜履 中爻下離上巽 人位
四爻變乾綜坤	成履錯謙綜小畜 中爻下兌上離 人位
五爻變艮錯兌綜震	成損錯咸綜益 中爻下震上坤 天位
六爻變坎錯離	成節錯旅綜渙 中爻下震上艮 天位

伏羲《圓圖》 文王《序卦》 孔子《繫辭》

小過䷽ 二陽四陰之卦 屬兌

象	坎
錯	中孚
綜	小過
中爻	二四合巽錯震綜兌 三五合兌錯艮綜巽
同體	觀晉○萃蹇○蒙○震解升○頤○坎屯明夷○艮○臨十四卦同體
情性	情剛性剛 情動性止
六爻變	
初爻變離錯坎	成豐錯渙綜旅 中爻下艮上兌 地位
二爻變巽錯震綜兌	成恒錯益綜咸 中爻下乾上兌 地位
三爻變坤錯乾	成豫錯旅綜謙 中爻下坎上震 人位
四爻變坤錯乾	成謙錯履綜豫 中爻下坎上震 人位
五爻變兌錯艮綜巽	成咸錯損綜恒 中爻下巽上乾 天位
六爻變離錯坎	成旅錯節綜豐 中爻下巽上兌 天位

伏羲《圓圖》 文王《序卦》 孔子《繫辭》

既濟 ䷾　　三陽三陰之卦　屬坎

象	未濟　　伏羲《圓圖》
錯	未濟 正綜
綜	
中爻	二四合坎錯離　三五合離錯坎　文王《序卦》
同體	否〇困咸歸妹〇旅未濟渙〇恒井隨〇益噬嗑蠱〇節豐〇賁損漸〇泰十九卦同體　孔子《繫辭》
情性	情剛性柔　情險性明
六爻變	
初爻變艮 錯兌綜震	成蹇 錯睽綜解	中爻下坎上離	地位
二爻變乾 錯坤	成需 錯晉綜訟	中爻下兌上離	地位
三爻變震 錯巽綜艮	成屯 錯鼎綜蒙	中爻下坤上艮	人位
四爻變兌 錯艮綜巽	成革 錯蒙綜鼎	中爻下巽上乾	人位
五爻變坤 錯乾	成明夷 錯訟綜晉	中爻下坎上震	天位
六爻變巽 錯震綜兌	成家人 錯解綜睽	中爻下坎上離	天位

未濟 ䷿　　三陽三陰之卦　屬離

象	既濟　　伏羲《圓圖》
錯	既濟 正綜
綜	
中爻	二四合離錯坎　三五合坎錯離　文王《序卦》
同體	否〇困咸歸妹〇旅渙〇恒井隨〇益噬嗑蠱〇節既濟豐〇賁損漸〇泰十九卦同體　孔子《繫辭》
情性	情柔性剛　情明性險
六爻變	
初爻變兌 錯艮綜巽	成睽 錯家人綜家人	中爻下離上坎	地位
二爻變坤 錯乾	成晉 錯需綜明夷	中爻下艮上坎	地位
三爻變巽 錯震綜兌	成鼎 錯屯綜革	中爻下乾上兌	人位
四爻變艮 錯兌綜震	成蒙 錯革綜屯	中爻下震上坤	人位
五爻變乾 錯坤	成訟 錯明夷綜需	中爻下離上巽	天位
六爻變震 錯巽綜艮	成解 錯家人綜蹇	中爻下離上坎	天位

梁山來知德先生易經集注卷之一

平山後學崔華重訂　　男孿齊①、岱齊、矗齊同校

周易上經

　　"周",代名;"易",書名;卦則伏羲所畫也。伏羲仰觀俯察,見陰陽有奇耦之數,故畫一奇以象陽,畫一耦以象陰。見一陰一陽有各生之象,故自下而上,再倍而三,以成八卦。又于八卦之上,各變八卦,以成六十四卦。六十四卦皆重而爲六畫者,以陽極于六,陰極于六。故聖人作《易》,六畫而成卦,六變而成爻,兼三才而兩之,皆因天地自然之數,非聖人之安排也。以"易"名書者,以字之義有交易、變易之義。交易以對待言,如天氣下降以交于地,地氣上騰以交于天也;變易以流行言,如陽極則變陰,陰極則變陽也。陰陽之理,非交易則變易,故以"易"名之。所以其書"不可爲典要,惟變所適"②也。夏易名《連山》,首艮。商易名《歸藏》,首坤。曰"周"者,以其辭成于文王、周公,故以"周"名之,而分爲上、下二篇云。

---

① 崔孿齊曾於雍正二年任梁山知縣。
② 語見《繫辭下》。

䷀ 乾下乾上 （乾）

乾，元亨利貞。

乾，卦名。元亨利貞者，文王所繫之辭，以斷一卦之吉凶，所謂"彖辭"也。"乾"者，健也。陽主于動，動而有常，其動不息，非至健不能。奇者陽之數，天者陽之體，健者陽之性，如火性熱、水性寒也。六畫皆奇，則純陽而至健矣，故不言天而言乾也。"元"，大；"亨"，通；"利"，宜；"貞"，正而固也。"元亨"者，天道之本然，數也；"利貞"者，人事之當然，理也。《易經》理、數不相離，因乾道陽明純粹，無纖毫陰柔之私，惟天與聖人足以當之，所以斷其必"大亨"也。故數當大亨，而必以"貞"處之，方與乾道相合。若其不貞，少有人欲之私，則人事之當然者廢，又安能"元亨"乎？故文王言筮得此卦者，大亨而宜于正固，此則聖人作《易》，"開物成務，冒天下之道"①，教人以"反身""修省"之切要也。學者能于此四字潛心焉，傳心之要不外是矣。此文王占卜所繫之辭，不可即指爲"四德"。至孔子《文言》純以義理論，方指爲四德也。蓋占卜不論天子，不論庶人，皆利于貞。若即以爲四德，失文王設教之意矣。

初九，潛龍勿用。

此周公所繫之辭，以斷一爻②之吉凶，所謂"爻辭"也。凡畫卦者，自下而上，故謂下爻爲"初"。"初九"者，卦下陽爻之名也。陽曰九、陰曰六者，《河圖》、《洛書》五皆居中，則五者數之祖也。故聖人起數，止于一二三四五，"參天兩地而倚數"。"參天"者，天之三位也，天一天三天五也；"兩地"者，地之二位也，地二地四也。"倚"者，依也，天一依天三、天三依天五而爲九，所以陽皆言九；地二依地四而爲六，所以陰皆言六。一二三四五者，生數也；六七八九十者，成數也。然生數者成之端倪，成數者生之結果，故止以生數起

---

① 見《繫辭上》。
② 爻：史念冲本、朝爽堂本、鄭燦本亦作"爻"，虎林本作"卦"。

之，過揲之數皆以此九六之參兩，所以爻言九六也。"潛"，藏也，象"初"。"龍"，陽物，變化莫測，亦猶乾道變化，故象"九"。且此爻變巽錯震，亦有龍象，故六爻即以龍言之，所謂"擬諸形容，象其物宜"①者此也。"勿用"者，未可施用也。象爲"潛龍"，占爲"勿用"，故占得乾而遇此爻之變者，當觀此象而玩此占。諸爻倣此。《易》不似別經，不可爲典要，如占得潛龍之象，在天子則當傳位，在公卿則當退休，在士子則當靜修，在賢人則當隱逸，在商賈則當待價，在戰陣則當左次，在女子則當愆期，萬事萬物，莫不皆然。若不知象，一爻止一事，則三百八十四爻，止作得三百八十四件事矣，何以彌綸天地？此訓象、訓字、訓錯綜之義，圈外方是正意。三百八十四爻倣此。○初九陽氣方萌，在于卦下，蓋龍之潛藏而未出者也，故有"潛龍"之象。龍②未出潛，則未可施用矣，故教占者"勿用"，養晦以待③時可也。

九二，見龍在田，利見大人。"見龍"之"見"，賢遍反。

"二"，謂自下而上第二爻也。"九二"非正，然剛健中正，本乾之德，故舊注亦以正言之。"見"者，初爲潛，二則離潛而出見也。"田"者，地之有水者也。以六畫卦言之，二于三才爲地道，地上即田也。"大人"者，大德之人也。陽大陰小，乾卦六爻皆陽，故爲大。以三畫卦言之，二于三才爲人道，大人之象也，故稱大人。所以應爻九五，亦曰大人。二、五得稱大人者，皆以三畫卦言也。"利見大人"者，利見九五之君以行其道也。如仕進則利見君，如雜占則即今占卜利見貴人之類。此爻變離，有同人象，故"利見大人"。○九二以陽剛中正之德，當出潛離隱之時，而上應九五之君，故有此象，而其占則"利見大人"也。占者有是德，方應是占矣。

九三，君子終日乾乾，夕惕若，厲，无咎。

"君子"指占者。以六畫卦言之，三于三才爲人道，以乾德而居人道，君子之象也，故三不言龍。三變則中爻爲離，離日在下卦之終④，"終日"之象也。下乾終而上乾繼，"乾乾"之象，乃健而不息也。"終日"是晝，"夕"則

---

① 《繫辭上》："聖人有以見天下之賾，而擬諸其形容，象其物宜，是故謂之象。"
② 龍：虎林本亦作"龍"，史念冲本、朝爽堂本、鄭燦本作"既"。
③ 待：虎林本亦作"待"，史念冲本、朝爽堂本、鄭燦本作"俟"。
④ 終：原作"中"，據鄭燦本改。

將夜。"惕",憂也,變離錯坎,憂之象也。"若",助語辭。"夕"對日言,"終日乾乾,夕惕若"者,言終日乾乾,雖至于夕,而兢惕之心猶夫終日也。"厲"者,危厲不安也。九,陽爻。三,陽位。過剛不中,多凶之地也,故言"厲"。"无咎"者,以危道處危地,操心危,慮患深,則終于不危矣。此不易之理也,故"无咎"。〇九三過剛不中,若有咎矣。然性體剛健,有能朝夕兢惕不已之象。占者能憂懼如是,亦无咎也。

九四,或躍在淵,无咎。

"或"者,欲進未定之辭,非猶豫狐疑也。"或躍在淵"者,欲躍,猶在淵也。九爲陽,陽動,故言"躍"。四爲陰,陰虛,故象"淵"。此爻變巽,爲進退,爲不果,又四多懼,故"或躍在淵"。〇九四以陽居陰,陽則志于進,陰則不果于進。居上之下,當改革之際,欲進未定之時也,故有"或躍在淵"之象。占者能隨時進退,斯"无咎"矣。

九五,飛龍在天,利見大人。

五,天位,龍飛于天之象也。占法與九二同者,二、五皆中位,特分上下耳。"利見大人",如堯之見舜、高宗之見傅說是也。下此如沛公之見張良,昭烈之見孔明,亦庶幾近之。六畫之卦,五爲天;三畫之卦,五爲人,故曰"天"曰"人"。〇九五剛健中正,以聖人之德居天子之位,而下應九二,故其象占如此。占者如無九五之德位,必不應"利見"之占矣。

上九,亢龍有悔。

"上"者,最上一爻之名。"亢",以户唐切,人頸也;以苦浪切,高也。吴幼清以人之喉骨剛而居高,是也。蓋上而不能下、信而不能屈之意。陰陽之理,極處必變。陽極則生陰,陰極則生陽,消長盈虛,此一定之理數也。龍之爲物,始而潛,繼而見,中而躍,終而飛。既飛于天,至秋分又蟄而潛于淵,此知進知退,變化莫測之物也。"九五,飛龍在天",位之極中正者,得時之極,乃在于此。若復過于此,則極而亢矣。以時則極,以勢則窮,安得不悔?〇上九,陽剛之極,有"亢龍"之象,故占者"有悔"。知進知退,不與時偕極，斯無悔矣。伊尹之"復政厥辟"①，周公之"罔以寵利居成功"②，皆無悔者也。

用九，見群龍无首，吉。

此因上九"亢龍有悔"而言之。"用九"者，猶言處此上九之位也。上九"貴而無位，高而無民，賢人在下位而無輔，動而有悔矣"，到此何以處之哉？惟"見群龍無首"則吉。"群龍"者，潛、見、躍、飛之龍也。"首"者，頭也。乾爲首。凡卦，初爲足，上爲首，則上九即群龍之首也。不見其首，則陽變爲陰，剛變爲柔，知進知退，知存知亡，知得知喪，不爲窮災，不與時偕極，乃見天則，而天下治矣，所以無悔而吉。此聖人開遷善之門，教占者用此道也。故陽極則教以"見群龍無首，吉"，陰極則教以"利永貞"。蓋居九而爲九所用，我不能用九，故至于亢。居六而爲六所用，我不能用六，故至于戰。惟"見群龍無首""利永貞"，此用九、用六之道也。乾主知，故言"見"。坤主能，故言"利永貞"。用《易》存乎人，故聖人教之以此。昔王介甫常欲繫"用九"于"亢龍有悔"之下，得其旨矣。

《彖》曰：大哉乾元，萬物資始，乃統天。

"乾，元亨利貞"者，文王所繫之辭，《彖》之經也。此則孔子贊經之辭，《彖》之傳也，故亦以"彖曰"起之。"彖者，材也"③，言一卦之材也。後人解"彖者，斷也"，又解"豕走悦"，又解爲"茅犀之名"，不如只依孔子"材"之一字可也。下文"象曰""象"字亦然。《易》本占卜之書，曰"元亨利貞"者，文王主于卜筮以教人也。至于孔子之傳，則專于義理矣，故以"元亨利貞"分爲四德。此則專以天道發明乾義也。"大哉"，嘆辭。"乾元"者，乾之元也。元者，大也，始也。"始"者物之始，非以萬物之始即元也，言萬物所資以始者，乃此四德之元也。此言氣而不言形，若涉于形，便是坤之資生矣。"統"，包括也。乾元乃天德之大始，故萬物之生皆資之以爲始。又爲四德之首，而貫乎天德之始終，故"統天"。天之爲天，出乎震，而生長收藏不過

---

① 《書·商書·咸有一德》："伊尹既復政厥辟。"
② 見《書·商書·太甲下》，亦伊尹事。
③ 見《繫辭下》。

此四德而已，統四德則統天矣。"資始"者，無物不有也；"統天"者，無時不然也。無物不有，無時不然，此乾元之所以爲大也。此釋"元"之義。

雲行雨施，品物流形。施，始智反①。

有是氣即有是形。"資始"者，氣也。氣發泄之盛，則"雲行雨施"矣。"品"者，物各分類。"流"者，物各以類而生生不已，其機不停滯也。"雲行雨施"者，氣之亨；"品物流形"者，物隨造化以亨也。雖物之亨通，而其實乾德之亨通。此釋乾之"亨"。"施"有二義：平聲者，用也，加也，設也；去聲者，布也，散也，惠也，與也。此則去聲之義。

大明終始，六位時成，時乘六龍以御天。

"大明"者，默契也。"終"謂上爻，"始"謂初爻，即"初辭擬之，卒成之終"，"原始要終，以爲質也"，觀下句"六位"二字可見矣。"六位"者，六爻也。"時"者，"六爻相雜，惟其時物"之"時"也。爻有定位，故曰"六位"。"六龍"者，潛與亢之六龍，六陽也。陽有變化，故曰"六龍"。"乘"者，憑據也。"御"者，御車之御，猶運用也。上文言"統"者，統治綱領，"統天"之"統"，如身之統四體。此節言"御"者，分治條目，"御天"之"御"，如心之御五官。"六位時成"者，如位在初時，當爲潛；位在上時，當爲亢也。"御天"者，行天道也。當處之時，則乘潛龍；當出之時，則乘飛龍。時當勿用，聖人則勿用；時當知悔，聖人則知悔也。乘龍御天，只是時中。乘六龍便是御天，謂之曰"乘龍御天"，則是聖人一身常駕馭乎乾之六龍，而乾之六龍常在聖人運用之中矣。學者當觀其時成時乘，聖人時中變化、行無轍迹之妙可也。然言天道而配以聖人，何也？蓋"天下之理得而成位乎中"，則參天地者，惟聖人也。故頤卦曰"聖人養賢，以及萬民"，咸卦曰"聖人感人心而天下和平"，恒卦曰"聖人久于其道而天下化成"，皆此意。〇言聖人默契乾道六爻終始之理，見六爻之位，各有攸當，皆以時自然而成，則六陽淺深、進退之時，皆在吾運用之中矣。由是"時乘六龍"以行天道，則聖即天也。上一節專贊乾元，此一節則贊聖人。知乾元六爻之理，而行乾元之事，則澤及于

---

① 小注"始智反"下，朝爽堂本有"音是"二字、鄭燦本有"又音是"三字。

物，足以爲萬國咸寧之基本矣，乃聖人之"元亨"也。

乾道變化，各正性命，保合太和，乃利貞。

"變"者化之漸，"化"者變之成。"各"者，各自也，即"一物原來有一身"，各有族類，不混淆也；"正"者，不偏也，言萬物受質，各得其宜，即"一身還有一乾坤"，不相倚附妨害也。物所受爲性，天所賦爲命。"保"者，常存而不虧；"合"者，翕聚而不散。"太和"，陰陽會合，冲和之氣也。"各正"者，各正于萬物向實之初；"保合"者，保合于萬物向實之後。就"各正"言，則曰"性命"，性命雖以理言，而不離乎氣；就"保合"言，則曰"太和"，太和雖以氣言，而不離乎理。其實非有二也。〇言乾道變化不窮，固"品物流形"矣。至秋則物皆向實，各正其所受所賦之性命；至冬則保全其太和，生意隨在飽足，無少缺欠。凡資始于元、流形于亨者，至此告其終、斂其迹矣。雖萬物之利貞，實乾道之利貞也，故曰"乃利貞"。

首出庶物，萬國咸寧。

乘龍御天，乃聖人王道之始，爲天下開太平。至此則惟端拱首出于萬民之上，如乾道變化，無所作爲，而萬國咸寧，亦如物之"各正""保合"也，乘龍御天之化至此成其功矣。此則聖人之利貞也。"咸寧"之"寧"，即"各正""保合"也，其文、武、成、康之時乎？漢文帝亦近之。如不能"各正""保合"，則紛紜煩擾矣，豈得寧？

《象》曰：天行健，君子以自彊不息。

"象"者，伏羲卦之上下兩象，周公六爻所繫辭之象也，即《彖辭》之下即以"象①曰"起之是也。"天行"者，天之運行，一日一周也。"健"者，運而不息也。其不息者，以陽之性至健，所以不息也。"以"者，用也，有所因而用之之辭，即"箕子以之"之"以"也。體《易》而用之，乃孔子示萬世學者用《易》之方也。"自彊"者，一念一事莫非天德之剛也。"息"者，間以人欲也。天理周流，人欲退聽，故"自彊不息"。若少有一毫陰柔之私以間之，則息矣。彊與息反，如公與私反。自彊不息，猶云至公無私。"天行健"者，

---

① 象：原作"彖"，據鄭燦本改。

在天之乾也；"自彊不息"者，在我之乾也。上句以卦言，下句以人事言。諸卦倣此。

"潛龍勿用"，陽在下也。

"陽在下"者，陽爻居于下也。"陽"，故稱龍；"在下"，故"勿用"。此以下舉周公所繫六爻之辭而釋之。乾初曰"陽在下"，坤初曰"陰始凝"，扶陽抑陰之意見矣。

"見龍在田"，德施普也。①

"德"即剛健中正之德，出潛離隱，則君德已著，周遍于物，故曰"德施普"。"施"字如《程傳》作去聲。

"終日乾乾"，反復道也。

"反復"猶往來，言君子之所以朝夕兢惕，汲汲皇皇，往來而不已者，無非此道而已。動循天理，所以處危地而無咎。道外無德，故二爻言德。

"或躍在淵"，進无咎也。

量可而進，適其時則无咎。故孔子加一"進"字以斷之。

"飛龍在天"，大人造也。

"造"，作也。言作而在上也，非"制作"之"作"。"大人"，龍也。飛在天，作而在上也。"大人"釋"龍"字，"造"釋"飛"字。此止言"飛龍在天"，下"同聲相應"一節則言"利見大人"，"上治"一節方言大人之事，"乃位乎天德"一節則見其非無德而據尊位，四意自別。

"亢龍有悔"，盈不可久也。

此陰陽盈虛一定之理。"盈"即亢。"不可久"，致悔之由。

"用九"，天德不可爲首也。

"天德"二字，即"乾道"二字。"首"，頭也，即"見群龍無首"之"首"也。言周公《爻辭》"用九，見群龍无首，吉"者，何也？以天德不可爲首而見其首也。蓋陽剛之極，亢則有悔，故用其九者，剛而能柔，有"群龍無首"之象則吉矣。"天行"以下，先儒謂之《大象》；"潛龍"以下，先儒謂之

---

① 朝爽堂本、鄭燦本此處有音注："施音是"。

《小象》。後倣此。

《文言》曰：**元者，善之長也。亨者，嘉之會也。利者，義之和也。貞者，事之幹也**。長，丁丈反。下"長人"同。

孔子於《彖》、《象》既作之後①，猶以爲未盡其蘊也，故又設《文言》以明之。"文言"者，依文以言其理，亦有文之言辭也。乾道所包者廣，有在天之元亨利貞，有聖人之元亨利貞，有在人所具之元亨利貞，此則就人所具而言也。"元"，大也，始也，即在人之仁也。仁、義、禮、智，皆善也，但仁則善端初發，義、禮、智皆所從出，故爲善之長。"亨"者，自理之顯著亨通而言，即在人之禮也。"嘉"，美。"會"，聚。三千、三百②，"左準繩，右規矩"③，乃嘉美之會聚也。利有二義，以人心言之，義爲天理，利爲人欲，此以利欲而言也。以天理言之，義者利之理，和者義之宜，以合宜而言也。故利即吾性之義，義安處即是利也。如上下彼此各得其當然之分，不相乖戾，此利也，乃"義之和"也。"貞"有三意：知也，正也，固也。如《孟子》所謂"知斯二者弗去是也"④：知者，知之意也；惟知"事親""從兄"，正之意也；"弗去"，固之意也，故貞即吾性之智。"幹"者，莖幹也，木之身也。其義意則能事也，如木之身而枝葉所依以立也。築墻，兩旁木制板者爲榦，从木，此字則从干。元，就其理之發端而言；亨，就其理之聚會而言；利，就其理之各歸分願而言；貞，就其理之確實而言。名雖有四，其實一理而已，皆天下之至公而無一毫人欲之私者也。此四句說天德之自然，下"體仁"四句說人事之當然。

君子體仁足以長人，嘉會足以合禮，利物足以和義，貞固足以幹事。

"體"者，所存所發無不在于仁，一身皆是仁也。能體其仁，則"欲立""欲達"⑤，無所往而莫非其愛，自足以長人矣。"長"者，"克君克長"之"長"，蓋仁者宜在高位也。既足以長人，則善之長在我矣。下三句倣此。"嘉

---

① 既作之後：虎林本亦作"既作之後"，史念冲本、朝爽堂本、鄭燦本作"既有傳矣"。
②《中庸》："禮儀三百，威儀三千。"
③ 見《大戴禮·五帝德》，孔子語。
④《孟子·離婁上》：孟子曰："仁之實，事親是也；義之實，從兄是也；智之實，知斯二者弗去是也。"
⑤《論語·雍也》："夫仁者，己欲立而立人，己欲達而達人。"

"會"者，嘉美其會聚于一身也。禮之方行，升降上下，進退屈伸，辭讓授受，往來酬酢，未有單行獨坐而可以行禮者，此之謂"會"。然其聚會，必至善恰好，皆天理人情自然之至，而無不嘉美焉，此之謂"嘉"。嘉美會聚于一身，則動容周旋，無不中禮，自有以合乎天理之節文、人事之儀則矣。蓋此理在日用間隨處充足，無少欠缺。"禮儀三百，威儀三千"，無一事而非仁。若少有一毫欠缺，非美會矣，安能合禮？不相妨害之謂利，利則必和；無所乖戾之謂和，和則必利。蓋義，公天下之利，本有自然之和也。物者義之體，義者物之用，乃處物得宜之謂也。物雖萬有不齊，然各有自然之定理，故能處物得宜而不相妨害，則上下尊卑之間自恩義洽浹，無所乖戾，而義無不和矣。"固"者，堅固不搖，乃"貞"之恒久功夫①也。蓋事有未正，必欲其正，事之既正，必守其正，此"貞""固"二字之義也。貞而又固，故"足以幹事"。幹者，事之幹也，賴之為依據也，亦猶木有幹而枝葉可依也。凡事或不能貞，或貞而不固，皆知不能及之，是以不能擇而守之。故非至靈至明、是非確然不可移易者，決不能貞固，所以貞固為智之事。

君子行此四德者，故曰"乾，元亨利貞"。

"故曰"，古語也。"行此四德"，即體仁、嘉會、利物、貞固也。行此四德則與乾元合其德矣，故曰"乾，元亨利貞"，所以明君子即乾也。

初九曰"潛龍勿用"，何謂也？子曰："龍德而隱者也，不易乎世，不成乎名，遯世无悶。不見是而无悶，樂則行之，憂則違之，確乎其不可拔，潛龍也。"

"初九曰'潛龍勿用'，何謂也"，此文章問答之祖也，後儒如屈原《漁父》"見而問之"、揚雄《法言》用"或問"，皆祖于此。聖人神明不測，故曰"龍德"。"隱"，在下位也。"易"，移也。"不易乎世"者，邪世不能亂，不爲世所移，而能拔於流俗風靡之中也。"不成乎名"者，務實不務名，有一才一藝之長，不求知于世以成就我之名也。"遯世無悶"者，不見用于世而不悶也。"不見是而無悶"者，不見信于人而不悶也。事有快樂于心者，則奮然而行之，

---

① 功夫：虎林本、史念冲本亦作"功夫"，朝爽堂本、鄭燦本作"正大"。

"忘食""忘憂"①之類是也。事有拂逆于心者，則順適而背之，伐木②、絕糧之類是也。"違"者，背也，言不以拂逆爲事，皆置之度外而背之，背後不見之意，如困于陳蔡猶援琴而歌是也。蓋不易乎世而不爲世所用，不成乎名而不爲世所取，則必遁世而不見信于人矣。而聖人皆無悶焉，是以日用之間，莫非此道之游衍。凡一切禍福毀譽，如太虛浮雲，皆處之泰然，無意、必、固、我之私，此所以樂則行，憂則違，憂樂皆無與于己，而安于所遇矣，非龍德何以有此！"拔"者，擢也，舉而用之也。"不可拔"，即"勿用"也，言堅確不可舉用也。蓋"不易乎世"六句，龍德也，確乎不可拔而隱也。龍德而隱，此所以爲潛龍也。乾卦六爻，《文言》皆以聖人明之，有隱顯，無淺深。

九二曰"見龍在田，利見大人"，何謂也？子曰："龍德而正中者也。庸言之信，庸行之謹，閑邪存其誠，善世而不伐，德博而化。《易》曰：'見龍在田，利見大人。'君德也。"

"正中"者，以下卦言。初居下，三居上，二正當其中也。"庸"，常也。邪自外入，故防閑之；誠自我有，故存主之。庸言必信者，無一言之不信也；庸行必謹者，無一行之不謹也。庸言庸行，亦信亦謹，宜無事于閑邪矣，而猶閑邪存誠。"閑邪存其誠"者，無一念之不誠也。念念皆誠，則發之言行，愈信謹矣。如此則其德已盛，善蓋一世矣。然心不自滿，不自以爲善，其信謹閑邪存誠，猶夫其初也，皆純一不已之功也。"德博而化"者，言行爲人所取法也。言"君德"者，明其非君位也。

九三曰"君子終日乾乾，夕惕若，厲，无咎"，何謂也？子曰："君子進德修業。忠信所以進德也。修辭立其誠，所以居業也。知至至之，可與幾也；知終終之，可與存義也。是故居上位而不驕，在下位而不憂，故乾乾因其時而惕，雖危无咎矣。"

"幾"與"義"非二事。"幾"者，心之初動也，當欲忠信、修辭、立誠之初，心之萌動必有其幾，幾微之際，乃義之發源處也。"義"者，事之得宜也。方忠信、修辭、立誠之後，事之成就，必見乎義，允蹈之宜，乃幾之結果處也。

---

①《論語·述而》：子曰："女奚不曰，其爲人也，發憤忘食，樂以忘憂，不知老之將至云爾。"
②《史記·孔子世家》：孔子去曹適宋，與弟子習禮大樹下，宋司馬桓魋欲殺孔子，拔其樹，孔子去。

"與"者，許也。"可與幾"者，幾有善惡，許其幾之，如此方不差也。"存"者，守而不失也。三爻變，則中爻爲巽，有進象；又爲兌，有言辭象；又爲離明，有知象。以三畫卦論，三居上，居上位象；以六畫卦論，三居下，在下位象。○"君子終日乾乾，夕惕若"者，非無事而徒勤也，勤于進德修業也。然以何者爲德業？德業何以用功？蓋德者，即貞實之理，誠之涵于心者也。人不忠信，則此心不實，安能進德？惟忠信而内無一念之不實，則心不外馳，而有以復還其貞實之理，所進之德自日新而不窮矣，故所以進德業者，即貞實之事，誠之發于事者也。言不顧行，則事皆虛僞，安能居業？惟修省其辭以立誠，而外無一言之不實，則言行相顧，有以允蹈其貞實之事，所居之業自居安而不遷矣，故"所以居業"。夫德業之進修，固在于忠信、修辭、立誠矣，然其入門用功，當何如哉？亦知行并進而已。蓋其始也，知德業之所當至，此心必有其幾，當幾之初，下此實心，而必欲其至，知至即至之，則念念不差，意可得而誠矣。幾動不差，此其所以"可與幾也"。其終也，知德業之所當終，此事必有其義，見義之時，行此實事，而必欲其終。知終即終之，則事事皆當，身可得而修矣。義守不失，此其所以可與存義也。如此用功，則反身而誠，德崇而業廣矣，又焉往而不宜哉？故以之居上，高而不驕；以之在下，卑而不戚，"雖危无咎矣"。此君子所以"終日乾乾"也。

　　九四曰"或躍在淵，无咎"，何謂也？子曰："上下无常，非爲邪也。進退无恒，非離群也。君子進德修業，欲及時也。故'无咎'。"

　　在田者安于下，在天者安于上，有常者也；進而爲飛，退而爲見，有恒者也。恒即常字。九四之位，逼九五矣。以上進爲常，則覬覦而心邪，今或躍或處，"上下无常"，而"非爲邪也"；以下退爲常，則離群而德孤，今去就從宜，"進退無常"，而"非離群也"。惟及時以進修，而不干時以行險，此其所以无咎也。"上""進"，釋"躍"字義；"下""退"，釋"淵"字義；"无常""无恒"，釋"或"字義；"非爲邪""非離群"，釋"无咎"義。

　　九五曰"飛龍在天，利見大人"，何謂也？子曰："同聲相應，同氣相求。水流濕，火就燥。雲從龍，風從虎。聖人作而萬物覩。本乎天者親上，本乎地者親下，則各從其類也。"

"同聲相應"，如鶴鳴而子和、雄鳴而雌應之類是也。"同氣相求"，如日，火之精，而取火于日，月，水之精，而取水于月之類是也。濕者下地，故水之流趨之；燥者乾物，故火之然就之。雲，水氣也，龍興則雲生，故"雲從龍"；風，陰氣也，虎嘯則風烈，故"風從虎"。然此特一物親一物也，惟聖人以聖人之德居天子之位，則三才之主而萬物之天地矣。是以天下萬民莫不瞻仰其德而快睹其光，所謂"首出庶物，萬國咸寧"，而萬物皆親矣，蓋不特一物之親而已也。所以然者，以天地陰陽之理，皆"各從其類"也。如天在上，輕清者也，凡本乎天，日月星辰，輕清成象者，皆親之；地在下，重濁者也，凡本乎地，蟲獸草木，重濁成形者，皆親之。蓋天屬陽，輕清者屬陽，故從其陽之類；地屬陰，重濁者屬陰，故從其陰之類。陽從其陽，故君子與君子同類而相親；陰從其陰，故小人與小人同類而相親。然則以九五之德位，豈不利見同類之大人？所以利見者以此。

上九曰"亢龍有悔"，何謂也？子曰："貴而无位，高而无民，賢人在下位而无輔，是以動而'有悔'也。"

六龍之首，故曰"高""貴"。非君非臣，故曰"無位"；純陽無陰，故曰"無民"。五居九五之位，又有快睹之民，九四以下，龍德之賢，皆相從九五以輔相矣。是以上九非不貴也，貴宜乎有位而無位；非不高也，高宜乎有民而無民；非不有賢人也，賢人宜輔而莫爲之輔。無位、無民、無輔則離群孤立。如是而動，其誰我與？有悔必矣。此第二節，申《象傳》之意。

"潛龍勿用"，下也。

言在下位也。

"見龍在田"，時舍也。舍，去聲。

"舍"，止息也。出潛離隱，而止息于田也。

"終日乾乾"，行事也。

非空憂惕，乃行所當行之事也，即進德修業也。

"或躍在淵"，自試也。

"試可乃已"之，"試"，非"試其德"，"試其時"也。非"自試"，則必妄動矣。

"飛龍在天"，上治也。

居上以治下。

"亢龍有悔"，窮之災也。

窮者亢，災者悔。

"乾元用九"，天下治也。

用九"見群龍无首，吉"。此周公教占者當如此也。孔子此則專以人君言，"元"者仁也，即"體仁以長人"也。言人君體乾之元，用乾之九，至誠惻怛之愛常流行于剛果嚴肅之中，則張弛有則，寬猛得宜，不剛不柔，敷政優優，而天下治矣。此第三節，再申前意。

"潛龍勿用"，陽氣潛藏。

"陽在下也"，以爻言。"潛龍勿用，下也"，以位言。此則以氣言，言"陽氣潛藏"，正陰氣極盛之時，天地閉，賢人隱，所以"勿用"。此以下，又聖人歌咏乾道之意，觀其句皆四字，有音韵可知矣。

"見龍在田"，天下文明。

雖在下位，然天下已被其德化，而成文明之俗矣。因此爻變離，故以"文明"言之。

"終日乾乾"，與時偕行。

天之健，終日不息，九三之進修亦與之偕行而不息，故曰"與時偕行"。

"或躍在淵"，乾道乃革。

"革"者，離下內卦之位升上外卦之位也。

"飛龍在天"，乃位乎天德。

"天德"即天位。有是天德，而居是天位，故曰"乃位乎天德"。若無德以居之者，可謂之天位，不可謂之天德之位也。惟聖人在天子之位，斯可言"乃位乎天德"也。

"亢龍有悔"，與時偕極。

當亢極而我不能變通，亦與時運俱極，所以"有悔"。

"乾元用九"，乃見天則。

龍之爲物，春分而升于天，秋分而蟄于淵。曰亢龍者，言秋分亢舉于上而不能蟄也。以春夏秋冬配四德，元者，春也，利者，秋也，亢龍在此秋之時矣。天之爲天，不過生殺而已。春既生矣，至秋又殺，秋既殺矣，至春又生，此天道一定自然之法則也。今爲人君者，體春生之元而用之于秋殺之亢，則是陰慘之後繼之以陽舒，肅殺之餘繼之以生育。一張一弛，一剛一柔，不惟天下可治，而天道之法則亦于此而見矣，故曰"乃見天則"。此四節，又申前意。

乾元者，始而亨者也。利貞者，性情也。乾始能以美利利天下，不言所利，大矣哉。

"始而亨"者，言物方資始之時已亨通矣。蓋出乎震則必齊乎巽，見乎離，勢之必然也。若不亨通，則生意必息，品物不能流形矣。是"始"者元也，"亨"之者亦元也。"性"者，百物具足之理；"情"者，百物出入之機。春作夏長，百物皆有性情，非必利貞而後見。但此時生意未足，實理未完，百物尚共同一性情。至秋冬，則百穀草木各正性命，保合太和，一物各具一性情，是收斂歸藏，乃見性情之的確。故利貞者，即乾元之性情也，則利貞之未始不爲元也。"乾始"者，即"乾元者始而亨"之"始"也。"以美利利天下"者，元能始物，能使庶物生成，無物不嘉美，亦無物不利賴也。"不言所利"者，自成其形，自成其性，泯機緘于不露，莫知其所以然也。"大哉"，贊乾元也。○孔子于《文言》，既分元亨利貞爲四德矣，此又合而爲一也。言乾之元者，始而即亨者也；利貞者，則元之性情耳。然何以知其元始即亨、利貞即元之性情也？惟自其乾元之所能者，則可見矣。蓋百物生于春，非亨利貞之所能也，惟元爲生物之始。"以美利利天下"者，則乾元之能也。夫"以美利利天下"，其所能之德業亦盛大矣。使造化可以言焉，則曰此某之美利也，庶乎可以各歸功于四德矣。今不言所利，人不得而測之。既不可得而測，則是四德渾然一理，不可分而言也。元本爲四德之長，故謂亨乃元之始亨可也，謂利貞乃元之性情可也，所以謂"乾元始而亨""利貞性情"者以此。乾元之道，不其大哉！四德本一理，孔子贊《易》，或分而言之以盡其用，或合而言之以著其體，其實一理而已，所以可分可合也。

大哉乾乎！剛健中正，純粹精也。六爻發揮，旁通情也。時乘六龍，以御天也。雲行雨施，天下平也。

"剛"以體言；"健"以性言；"中"者，無過不及也；"正"者，不偏也。此四者，乾之德也。"純"者，純陽而不雜以陰也；"粹"者，不雜而良美也；"精"者，不雜之極至也。總言乾德"剛健中正"之至極，所謂"純粹精者"，非出于剛健中正之外也。但乾德之妙，非一言所能盡，故于"剛健中正"之外，復以"純粹精"贊之。"情"者，事物至賾至動之情也。"發揮"者，每一畫有一爻辭以發揮之也。"旁通"者，曲盡也，如初之潛以至上之亢，凡事有萬殊，物有萬類，時有萬變，皆該括曲盡其情而無遺也。前"品物流形"乃乾之"雲行雨施"，此言"雲行雨施"，乃聖人"乘六龍而御天"之功。德澤流行敷布，所以天下平也。○言乾道剛健中正、純粹以精，乾道固大矣。惟聖人立六爻以通乎乾之情，乘六龍以行乎乾之道，雲行雨施以沛乎乾之澤，以至天下太平，則乾道之大不在乾而在聖人矣。此第五節，復申首章之意。

君子以成德爲行，日可見之行也。潛之爲言也，隱而未見，行而未成，是以君子弗用也。

"德"者行①之本，"行"者德之用，蓋有有其德而不見諸行者，未有有其行而不本諸德者，故曰"君子以成德爲行"。"成德"者，已成之德也。"日可見"者，猶言指日可待之意。此二句泛論其理也。"潛"者，周公爻辭也。"未見"者，"天地閉，賢人隱"，阨於潛之機會而未見也。"未成"者，因其厄而事業未成就也，如伊尹耕于有莘之時②是也。○君子以已成之德，舉而措之于行，則其事業之所就指日可見矣。初九，其德已成，則"日可見之行"也，而占者乃曰"勿用"，何也？蓋聖人出世，必有德有時。人之所能者德，所不能者時。今初九雖德已成，然時當乎潛也。"潛之爲言也，隱而未見也"。惟其"隱而未見"，故"行而未成"，時位阨之也。是以占者之君子，亦當如之而勿用也。

君子學以聚之，問以辨之，寬以居之，仁以行之。《易》曰"見龍在田，利見大人"，君德也。

"之"者，正中之理也。龍德正中，雖以爻言，然聖人之德，不過此至正

---

① 行：原作"時"，史念冲本、朝爽堂本、鄭燦本作"行"，據改。
② 時：虎林本、史念冲本亦作"時"，朝爽堂本、鄭燦本作"野"。

大中而已。蓋乾道"剛健中正",民受天地之中以生,惟中庸不可能,苟非學聚、問辨,有此致知功夫,寬居、仁行,有此力行功夫,安能體此龍德之正中哉?"聚"者,多聞多見,以我會聚此正中之理也。"辨"者,講學也,親師取友,辨其理之精粗、本末、得失、是非,擇其正中之善者而從之,即"講學以耨之"也。"寬"者,優游厭飫,勿忘勿助,俾所聚所辨此理之畜於我者,融會貫通,渣滓渾化,無強探力索、凌節欲速之患也。蓋寬字以久遠言,有從容不迫之意,非專指包含①也。"居"者,守也,據也。"仁以行之"者,無適而莫非天理正中之公,而無一毫意、必、固、我之私也。② 蓋辨者辨其所聚,居者居其所辨,行者行其所居,故必寬以居之,而後方可仁以行之。若學聚問辨之餘,涵養未久,粗心浮氣,而驟欲見之于實踐,則居之不安,資之不深,安能左右逢原而大公以順應哉?此為學一定之序也。有是四者,宜乎正中之德博而化矣。曰"君德"者,即前九二之君德也。

九三重剛而不中,上不在天,下不在田,故乾乾因其時而惕,雖危无咎矣。

三居下卦之上,四居上卦之下,交接處以剛接剛,故曰"重剛",非陽爻居陽位也,所以九四居陰位者,亦曰"重剛"。位非二、五,故曰"不中",即下文"上不在天,下不在田"也。九三以時言,九四以位言,故曰"乾乾因其時"。○"九三重剛不中,上不在天,下不在田",宜有咎矣,而乃"无咎",何哉?蓋既重剛又不中,剛之極矣,以時論之,蓋危懼之時也。故九三因其時而兢惕不已,則德日進,業日修,所以雖處危地,亦"無咎"矣。

九四重剛而不中,上不在天,下不在田,中不在人,故"或"之。或之者,疑之也,故无咎。

在人,謂三也,四、三雖皆人位,然四則居人之上而近君矣,非三之不近君,故曰"不在人"。"重剛不中"之"中",二、五之"中"也。"中不在人"之"中","六爻中間"之"中"也。○"九四重剛不中,上不在天,下不在田,中不在人",宜有咎矣,而乃"无咎",何哉?蓋九四之位,"不在天,不在田"雖與九三同,而人位則不如九三之居下卦也,所居之位獨近九五,蓋

---

① 含:虎林本亦作"含",史念冲本、朝爽堂本、鄭燦本作"涵"。
②《論語·子罕》:"子絕四:毋意,毋必,毋固,毋我。"

"或之"之位也，故"或"之。"或之者，疑之也"，惟其疑，必審時而進矣，所以"无咎"也。

夫大人者，與天地合其德，與日月合其明，與四時合其序，與鬼神合其吉凶。先天而天弗違，後天而奉天時，天且弗違，而況於人乎？況於鬼神乎？夫，音扶。

"合德"以下，總言大人所具之德，皆天理之公，而無一毫人欲之私。若少有一毫人欲之私，即不合矣。"天地"者造化之主，"日月"者造化之精，"四時"者造化之功，"鬼神"者造化之靈。覆載無私之謂"德"，照臨無私之謂"明"，生息無私之謂"序"，禍福無私之謂"吉凶"。"合序"者，如賞以春夏、罰以秋冬之類也。"合吉凶"者，福善禍淫也。"先天不違"，如禮，雖先王所未有，以義起之。凡制耒耜、作書契之類，雖天之所未為，而吾意之所為，默與道契，天亦不能違乎我，是天合大人也。"奉天時"者，奉天理也。後天奉天時，謂如"天叙有典而我惇之，天秩有禮而我庸之"①之類，雖天之所已為，我知理之如是，奉而行之，而我亦不能違乎天，是大人合天也。蓋以理為主，天即我，我即天，故無後先彼此之可言矣。天且不違于大人，而況于人？乃得天地之理以生，鬼神不過天地之功用，雖欲違乎大人，自不能違乎天矣。乾之九五，以剛健中正之德，與此大人相合，所以宜利見之，以其同德相應也。

亢之為言也，知進而不知退，知存而不知亡，知得而不知喪。其唯聖人乎？知進退存亡而不失其正者，其唯聖人乎！

進退者身，存亡者位，得喪者物。消長之理，知之既明，不失其正，處之又當，故唯聖人能之。再言"其唯聖人"，始若設問，而卒自應之，見非聖人不能也。初九"隱而未見"二句，釋一"潛"字而言"君子"者再，蓋必君子而後能安于潛也。上九"亢之為言"三句，釋一"亢"字而言"聖人"者再，蓋唯聖人而後能不至于亢也。此第六節，復申前數節未盡之意。

---

① 《書·虞書·皋陶謨》："天叙有典，敕我五典五惇哉！天秩有禮，自我五禮有庸哉！"

坤下坤上 （坤）

坤，元亨，利牝馬之貞。君子有攸往，先迷後得主，句。**利。**句。**西南得朋，東北喪朋，安貞吉。**①

偶者，陰之數也。"坤"者，順也，陰之性也。六畫皆偶，則純陰而順之至矣，故不言地而言坤。"馬"象乾，"牝馬"取其爲乾之配。牝馬屬陰，柔順而從陽者也，馬能行順而健者也，非順外有健也，其健亦是順之健也。坤"利牝馬之貞"，與乾不同者，何也？蓋乾以剛固爲貞，坤以柔順爲貞，言如牝馬之順而不息，則正矣。牝馬地類，安得同乾之貞？此占辭也，與乾卦元亨利貞同，但坤則貞利牝馬耳。程子泥于四德，所以將"利"字作句。"迷"者，如迷失其道路也。坤爲迷②，故曰迷。言占者君子，先乾而行，則失其主而迷錯，後乾而行，則得其主而利矣。蓋造化之理，陰從陽以生物，待唱而和者也。君爲臣主，夫爲妻主，後乾即得所主矣，利孰大焉？其理本如此。觀《文言》"後得主而有常"，此句可見矣。"西南""東北"，以文王《圓圖》卦位言。陽氣始于東北而盛于東南，陰氣始于西南而盛于西北。"西南"乃坤之本鄉，兌、離、巽三女，同坤居之，故爲"得朋"。震、坎、艮三男，同乾居"東北"，則非女之朋矣，故"喪朋"。陰從其陽，謂之正，惟喪其三女之朋，從乎其陽，則有生育之功，是能安于正也。安于其正，故吉。

《彖》曰：至哉坤元！萬物資生，乃順承天。

"至"者，極也。天包乎地，故以"大"贊其天，而地止以"至"贊之。蓋言地之"至"，則與天同，而"大"則不及乎天也。"元"者，四德之元，非乾有元而坤復又有一元也。乾以施之，坤則受之，交接之間，一氣而已。始者氣之始，生者形之始。萬物之形，皆生于地，然非地之自能爲也，天所施之，氣至則生矣。故曰"乃順承天"。乾健，故一而施；坤順，故兩而承。此釋

---

① 朝爽堂本、鄭燦本此處有音注："喪，去聲。"
② 迷：原作"地"，據史念冲本、朝爽堂本、鄭燦本改。

《卦辭》之"元"。

坤厚載物，德合无疆，含弘光大，品物咸亨。

"坤厚載物"，以德言，非以形言。"德"者，"載物""厚德""含弘光大"是也。"無疆"者，乾也。"含"者，包容也；"弘"，則是其所含者無物不有，以蘊畜而言也。"其静也翕"，故曰"含弘"。"光"者，昭明也；"大"則是其所光者，無遠不屆，以宣著而言也。"其動也闢"，故曰"光大"。言"光大"而必曰"含弘"者，不翕聚則不能發散也。"咸亨"者，"齊乎巽，相見乎離"之時也。此釋卦辭之"亨"。

牝馬地類，行地无疆，柔順利貞。

地屬陰，牝陰物，故曰"地類"，又行地之物也。"行地無疆"，則順而不息矣。此則柔順所利之貞也，故"利牝馬之貞"。此釋《卦辭》"牝馬之貞"。

君子攸行，先迷失道，後順得常。西南得朋，乃與類行。東北喪朋，乃終有慶。安貞之吉，應地无疆。

"君子攸行"，即文王《卦辭》"君子有攸往"，言占者君子有所往也。"失道"者，失其坤順之道也。坤道主成，成在後，若先乾而動，則迷而失道。"得常"者，得其坤順之常，惟後乾而動，則順而得常。○夫惟坤貞利在柔順，是以君子有所往也。先則迷，後則得。西南雖得朋，不過與巽、離、兑三女同類而行耳，未足以為慶也。若喪乎三女之朋，能從乎陽，則有生物之功矣，終必有慶也。何也？蓋柔順從陽者，乃坤道之安于其正也。能安于其正，則陽施陰受，生物無疆。應乎地之無疆矣，所以"乃終有慶"也。此釋《卦辭》"君子有攸往"至"安貞吉"。

《象》曰：地勢坤，君子以厚德載物。

西北高，東南低，順流而下，地之勢，本坤順者也，故曰"地勢坤"。且天地間持重載物，其勢力無有厚於地者，故下文曰"厚"。天以氣運，故曰"天行"。地以形載，故曰"地勢"。"厚德載物"者，以深厚之德容載庶物也。若以厚德載物體之身心，豈有他道哉？惟體吾"長人"之仁也，使一人得其願，推而人人各得其願；和吾"利物"之義也，使一事得其宜，推而事事各得其宜，則我之德厚而物無不載矣。此則孔子未發之意也。

初六，履霜，堅冰至。

"六"，詳見乾卦初九。"霜"，一陰之象。"冰"，六陰之象。方"履霜"而知"堅冰至"者，見占者防微杜漸，圖之不可不早也。《易》爲君子謀：乾言"勿用"，即復卦"閉關"之義，欲君子之難進也；坤言"堅冰"，即姤卦"女壯"之戒，防小人之易長也。

《象》曰："**履霜**""**堅冰**"，**陰始凝也。馴致其道，至堅冰也。**

《易舉正》"履霜"之下無"堅冰"二字。陰始凝而爲霜，漸盛必至于堅冰。小人雖微，長則漸至于盛。"馴"者，擾也，順習也。"道"者，"小人道長"之"道"也，即上六"其道窮也"之"道"。馴習因循，漸致其陰道之盛，理勢之必然也。

六二，直方大，不習无不利。

"直"字，即"坤至柔而動也剛"之"剛"也。"方"字，即"至靜而德方"之"方"也。"大"字，即"含弘光大"之"大"也。孔子《彖辭》、《文言》、《小象》皆本于此，前後之言皆可相証。以本爻論，六二得坤道之正，則無私曲，故"直"；居坤之中，則無偏黨，故"方"。"直"者在內，所存之柔順中正也；"方"者在外，所處之柔順中正也。惟柔順中正，在內則爲直，在外則爲方。內而直，外而方，此其所以"大"也。不揉而直，不矩而方，不恢而大，此其所以"不習"也。若以人事論，"直"者內而天理爲之主宰，無邪曲也；"方"者外而天理爲之裁制，無偏倚也；"大"者無一念之不直，無一事之不方也。"不習无不利"者，直者自直，方者自方，大者自大，不思不勉而中道也。"利"者，"利有攸往"之"利"，言不待學習而自然直方大也。蓋八卦正位，乾在五，坤在二，皆聖人也。故乾剛健中正，則"飛龍在天"；坤柔順中正，則"不習无不利"。占者有是德，方應是占矣。

《象》曰：**六二之動，直以方也。不習无不利，地道光也。**

"以"字即"而"字。言直方之德，惟動可見，故曰"坤至柔而動也剛"。此則承天而動，生物之機也。若以人事論，心之動直而無私，事之動方而當理是也。"地道光"者，六二之柔順中正，即地道也，地道柔順中正，光之所發者，自然而然，不俟勉強，故曰"不習无不利"。光，即"含弘光大"之

"光"。

六三，含章可貞，或從王事，无成有終。

坤爲吝嗇，"含"之象也。剛柔相雜曰文，文之成者曰章。陽位而以陰居之，又坤爲文，"章"之象也。三居下卦之終，"終"之象也。"或"者，不敢自決之辭。"從"者，不敢造始之意。〇三居下卦之上，有位者也。其道當含，晦其章美，有美則歸之于君，乃可常久而得正。或從上之事，不敢當其成功，惟奉職以終其事而已。爻有此象，故戒占者如此。

《象》曰："含章可貞"，以時發也。"或從王事"，知光大也。知，平聲。

"以時發"者，言①非終于韜晦，含藏不出，而有所爲也。"或從王事"，帶下一句説，孔子《小象》多是如此。"知光大"者，正指其无成有終也。蓋含弘光大，无成而代有終者，地道也。地道與臣道相同。六三"或從王事，无成有終"者，蓋知地道之光大當如是也。

六四，括囊，无咎无譽。

坤爲囊。陰虛能受，"囊"之象也。"括"者，結囊口也。四變而奇，居下卦之上，結囊上口之象也。四近乎君，居多懼之地，不可妄咎妄譽，戒其作威福也。蓋"譽"則有逼上之嫌，"咎"則有敗事之累，惟晦藏其智，如結囊口，則不害矣。〇六四柔順得正，蓋慎密不出者也，故有"括囊"之象，"无咎"之道也。然既不出，則亦無由稱贊其美矣。故其占如此。

《象》曰："括囊无咎"，慎不害也。

括囊者，"慎"也。无咎者，"不害"也。

六五，黄裳，元吉。

坤爲黄，爲裳，"黄裳"之象也。"黄"，中色，言其中也。"裳"，下飾，言其順也。"黄"字從"五"字來，"裳"字從"六"字來。〇六五以陰居尊，中順之德充諸内而見諸外，故有是象，而其占則"元吉"也。剛自有剛德，柔自有柔德，《本義》是。

《象》曰："黄裳，元吉"，文在中也。

---

① 言：虎林本、史念冲本亦作"言"，朝爽堂本、鄭燦本作"吉"。

坤爲文，"文"也。居五之中，"在中"也。"文在中"，言居坤之中也。所以"黃裳，元吉"。

上六，龍戰于野，其血玄黃。

六陽爲龍，坤之錯也，故陰陽皆可以言龍。且變艮綜震，亦"龍"之象也。變艮爲剝，陰陽相剝，"戰"之象也。戰于卦外，"野"之象也。"血"者，龍之血也。堅冰至者，所以防龍戰之禍于其始。"龍戰野"者，所以著"堅冰之至"于其終。○上六陰盛之極，其道窮矣。窮則其勢必爭，至與陽戰，兩敗俱傷，故有此象，凶可知矣。

《象》曰："龍戰于野"，其道窮也。

極則必窮，理勢之必然也。

用六，利永貞。

用六與用九同，此則以上六"龍戰于野"言之。陰極則變陽矣，但陰柔，恐不能固守。既變之後，惟長"永貞"，而①不爲陰私所用，則亦如乾之無不利矣。

《象》曰：用六永貞，以大終也。

此美其善變也。陽大陰小。"大"者，陽明之公，君子之道也；"小"者，陰濁之私，小人之道也。今始陰濁而終陽明，始小人而終君子，何大如之？故曰"以大終也"。

《文言》曰：坤至柔而動也剛，至靜而德方，後得主而有常，含萬物而化光。坤道其順乎，承天而時行。

"動"者，生物所動之機；"德"者，生物所得之質。乾剛坤柔，定體也。坤固至柔矣，然乾之施一至，坤即能翕受而敷施之，其生物之機不可止遏屈撓，此又柔中之剛矣。乾動坤靜，定體也。坤固至靜矣，及其承乾之施，陶鎔萬類，各有定形，不可移易，有息者不可變爲草木，無息者不可變爲昆蟲，此又靜中之方矣。柔無爲矣，而剛則能動；靜無形矣，而方則有體。柔靜者，順也，體也；剛方者，健也，用也。"後得主而有常"者，後乎乾則得乾爲主，乃坤道

---

① 而：虎林本亦作"而"，史念冲本、朝爽堂本、鄭燦本作"固"。

之常也。"含萬物而化光"者，静翕之時，含萬物生意于其中，及其動闢，則化生萬物而有光顯也。"坤道其順乎"，此句乃贊之也。坤之于乾，猶臣妾之與夫君，亦惟聽命而已。一施一受，不敢先時而起，亦不敢後時而不應，此所以贊其順也。此以上，申《象傳》之意。

　　積善之家，必有餘慶；積不善之家，必有餘殃。臣弑其君，子弑其父，非一朝一夕之故，其所由來者漸矣，由辨之不早辨也。《易》曰"履霜，堅冰至"，蓋言順也。

　　天下之事未有不由積而成。家之所積者善，則福慶及于子孫；所積者不善，則災殃及①于後世。其大至于弑逆之禍，皆積累而至，非朝夕所能成也。由來者漸，言臣子也；辨之不早，責君父也。"辨"，察也。在下者不可不察之于己，在上者不可不察之于人。察之早，勿使之漸，則禍不作矣。"順"字即"馴"字。馴者，順也，即"馴致其道"也，言順習因循，以至于堅冰也。前言"馴致其道"，此言"蓋言順也"，皆一意也。《程傳》是。

　　"直"，其正也。"方"，其義也。君子敬以直内，義以方外。敬義立而德不孤。"直方大，不習无不利"，則不疑其所行也。

　　"直"者何也？言此心無邪曲之私，從繩墨而正之之謂也；"方"者何也？言此事無差謬之失，得裁制而宜之之謂也。此六二"直方"之所由名也。下則言求"直方"之功。人心惟有私，所以不直，如知其敬乃吾性之禮存諸心者，以此敬爲之操持，必使此心廓然大公，而無一毫人欲之私，則不期直而自直矣；人事惟有私，所以不方，如知其義乃吾性之義見諸事者，以此義爲之裁制，必使此事物來順應，而無一毫人欲之私，則不期方而自方矣。德之偏者謂之"孤"，孤則不大，不孤則大矣。蓋敬之至者外必方，外不方不足謂之敬，不足謂敬，是德之孤也；義之至者内必直，内不直不足謂之義，不足謂義，是德之孤也。今既有敬以涵義之體，又有義以達敬之用，則内外夾持，表裏互養，日用之間，莫非天理之流行，德自充滿盛大而不孤矣，何大如之？内而念念皆天理，則内不疑；外而事事皆天理，則外不疑。内外坦然而無疑，則"暢于四

---

① 及：虎林本亦作"及"，史念冲本、朝爽堂本、鄭燦本作"流"。

支"，"不言而喻"①，"發于事業"，無所處而不當，何利如之？此所以"不習无不利"也。乾言進修，坤言敬義。學聖人者由于進修，欲進修者先于敬義，乾坤二卦備矣。

陰雖有美，含之或從王事，弗敢成也。地道也，妻道也，臣道也。地道无成而代有終也。

"陰雖有美，含之"，可以時發而從王事矣。"或從王事不敢有其成"者，非其才有所不足不能成也，乃其分之之不敢成也。何也？法象莫大于天地，三綱莫重于夫妻、君臣。天統乎地，夫統乎妻，君統乎臣，皆尊者唱而卑者和之，故地道也，妻道也，臣道也，皆不敢先自主也，皆如地之無成，惟代天之終耳。蓋天能始物，不能終物，地繼其後而終之，則地之所以有終者，終天之所未終也。地不敢專其成而有其終，故曰"无成而代有終也"。六三爲臣，故當如此。

天地變化，草木蕃。天地閉，賢人隱。《易》曰"括囊，无咎无譽"，蓋言謹也。

"天地變化"二句，乃引下文之辭。言天地變化，世道開泰，則草木之無知者且蕃茂，況于人乎？則賢人之必出而不隱，可知矣。若天地閉，則賢人必斂德以避難，此其所以隱也。坤本陰卦，六四②重陰，又不中，則陰之極矣，正天地閉塞，有陰而無陽，不能變化之時也，故當謹守不出者，以此。

君子黃中通理，正位居體。美在其中，而暢於四支，發於事業，美之至也。

"黃"者，中德也；"中"者，內也。"黃中"者，中德之在內也。"通"者，豁然脉絡之貫通，無一毫私欲之滯塞也；"理"者，井然文章之條理，無一毫私欲之混淆也。本爻既變，坎爲通，通之象也；本爻未變，坤爲文，理之象也。故六五小象曰"文在中"。德之在内者，通而且理，爻之言"黃"者以此。正位，居尊位也；體者，乾坤之定體也。乾陽乃上體，坤陰乃下體，言雖在尊位而居下體，故不曰衣而曰裳，爻之所以言"裳"者以此。以人事論，有居尊位而能謙下之意。此二句盡"黃裳"之義矣，又嘆而贊之，以見"元吉"

---

①《孟子·盡心上》："君子所性，仁義禮智根於心，其生色也睟然，見於面，盎於背，施於四體，四體不言而喻。"

② 六四：原作"四六"，據鄭燦本改。

之故。言黃中"美在其中",豈徒美哉?美既在中,則"暢于四支"爲"日新之德"①,"四體不言而喻"者,此美也;"發于事業"爲"富有之業"②,天下國家無所處而不當者,此美也。不其"美之至"乎?爻之所以不止言吉,而言"元吉"者,以此。

陰疑於陽必戰,爲其嫌於无陽也,故稱龍焉。猶未離其類也,故稱血焉。夫玄黃者,天地之雜也,天玄而地黃。 爲,于僞反。離,力智反。夫,音扶。

"疑"者,似也,似其與己均敵,無大小之差也。陰本不可與陽戰,今陰盛,似敢與陽敵,故以戰言。陰盛已"無陽"矣,本不可以"稱龍",而不知陽不可一日無也,故周公以"龍"言之,以存陽也。雖稱爲龍,猶未離陰之類也,"故稱血",以別其爲陰。血,陰物也,曰其色玄黃,則天地之色雜矣。而不知"天玄""地黃"者,兩間之定分也。今曰"其色玄黃",疑于無分別矣,夫豈可哉?言陰陽皆傷也。以上皆申言周公《爻辭》。③

---

①《繫辭上》:"日新之謂盛德。"
②《繫辭上》:"富有之謂大業。"
③ 史念冲本此注作"禮決嫌疑,嫌也,疑也,皆似之之謂也。陰盛似陽,不能從陽,必戰。方其盛也,似無陽焉。故雖陰而稱龍,然實本坤卦,猶未離其陰之類也。故稱血,血,陰屬。玄黃者,戰則兩敗俱傷,而陰陽之色雜矣。然玄自還天,黃自還地,玄黃之色,一定不移,雜者豈終雜哉?作《易》者扶抑之深心也。爲字、稱字皆指周公言。本卦坤爲地,黃者天地之色,有黃象。錯乾爲天,玄者天之色,又上爲天位,有玄象。此爻變艮綜震,震爲玄黃,亦玄黃之象。其血玄黃,坎爲血,此乾坤以後入震之意也。此以上申《象傳》之意"。

梁山來知德先生易經集注卷之二

平山後學崔華重訂　男巒齊、岱齊、巁齊同校

䷂ 震下坎上（屯）

"屯"者，難也。萬物始生，鬱結未通，似有險難之意，故其字從屮。屮音徹，初生草穿地也。《序卦》："有天地，然後萬物生焉。盈天地之間者唯萬物。屯者，盈也；物之始生也。"天地生萬物。屯，物之始生，故次乾坤之後。

屯，元亨利貞。勿用有攸往，利建侯。

乾坤始交而遇險陷，故名爲"屯"。所以氣始交未暢曰屯，物勾萌未舒曰屯，世多難未泰曰屯，造化人事皆相同也。震動在下，坎陷在上，險中能動，是有撥亂興衰之才者，故占者"元亨"。然猶在險中，則宜守正而未可遽進，故"勿用有攸往"。"勿用"者，以震性多動，故戒之也。然大難方殷，無君則亂，故當立君以統治。初九，陽在陰下而爲成卦之主，是能以賢下人、得民而可君者也。占者必從人心之所屬望，立之爲主，斯利矣，故"利建侯"。"建侯"者，立君也。險難在前，中爻艮止，"勿用攸往"之象。震，一君二民，"建侯"之象。

《彖》曰：屯，剛柔始交而難生，動乎險中，大亨，貞。雷雨之動滿盈，天造草昧，宜建侯而不寧。①

以二體釋卦名，又以卦德、卦象釋《卦辭》。"剛柔"者，乾坤也。"始交"

---

① 朝爽堂本、鄭燦本此處有音注："難，去聲。"

者,震也。一索得震,故爲乾坤始交。"難生"者,坎也。言萬物始生,即①遇坎難,故名爲"屯"。"動乎險中"者,言震動之才,足以奮發有爲,時當大難,能動則其險可出,故"大亨"。然猶在險中,時猶未易爲,必從容以謀,其出險方可,故利貞。"雷",震象。"雨",坎象。"天造"者,天時使之然,如天所造作也。"草"者,如草不齊。震爲蕃,"草"之象也。"昧"者,如天未明。坎爲月,天尚未明,"昧"之象也。坎水內景,不明于外,亦"昧"之象也。雷雨交作,雜亂晦冥,充塞盈滿于兩間,天下大亂之象也。當此之時,以天下則未定,以名分則未明,正宜立君以統治。君既立矣,未可遽謂安寧之時也,必爲君者憂勤兢畏,不遑寧處,方可撥亂反正,以成靖難之功。如更始既立,日夜縱情于聲色,則非不寧者矣。此則聖人濟屯之深戒也。動而雷雨滿盈,即勿用攸往。"建侯而不寧",即"利建侯"。然《卦》言"勿用攸往",而《彖》言"雷雨之動"者,"勿用攸往"非終不動也,審而後動也。屯之元亨利貞,非如乾之四德,故曰"大亨,貞"。

《象》曰:雲雷屯,君子以經綸。

《彖》言"雷雨",《象》言"雲雷",《彖》言其動,《象》著其體也。上坎爲雲,故曰"雲雷屯"。下坎爲雨,故曰"雷雨解"。"經綸"者②,治絲之事。草昧之時,天下正如亂絲,經以引之,綸以理之,俾大綱皆正,萬目畢舉,正君子撥亂有爲之時也,故曰"君子以經綸"。

初九,磐桓,利居貞,利建侯。

"磐",大石也。"鴻漸于磐"之"磐"也。中爻艮,石之象也。"桓",大柱也,《檀弓》所謂"桓,楹也"。震,陽木,桓之象也。張橫渠以"磐桓猶言柱石",是也。自馬融以"盤旋"釋"磐桓",後來儒者皆如馬融之釋,其實非也。八卦正位,震在初,乃爻之極善者。國家屯難,得此剛正之才,乃倚之以爲柱石者也,故曰磐桓,唐之郭子儀是也。震爲大塗,柱石在于大塗之上,震本欲動而艮止不動,有柱石欲動不動之象,所以"居貞",而又"利建侯",非難進之貌也,故《小象》曰"雖磐桓,志行正也",曰心志在于行,則欲動不

---

① 即:虎林本、史念冲本亦作"即",朝爽堂本、鄭燦本作"而"。
② 者:虎林本、史念冲本、朝爽堂本、鄭燦本皆作"皆"。

動，可知矣。○九當屯難之初，有此剛正大才生于其時，故有磐桓之象。然險陷在前，本爻居其正，故占者利於居正以守己。若爲民所歸，勢不可辭，則又宜建侯以從民望，救時之屯可也。"居貞"者，利在我；"建侯"者，利在民。故占者兩有所利。

《象》曰：雖磐桓，志行正也。以貴下賤，大得民也。

當屯難之時，大才雖磐桓不動，然拳拳有濟屯之志，行一不義、殺一不辜而得天下，不爲。既有救人之心，而又有守己之節，所以占者"利居貞"而守己也。蓋居而不貞則無德，行而不正則無功。周公言"居貞"，孔子言"行正"，然後濟屯之功德備矣。陽貴陰賤，"以貴下賤"者，一陽在二陰之下也。當屯難之時，得一大才，衆所歸附，更能自處卑下，"大得民"矣。此占者所以又利建侯而救民也。

六二，屯如邅如，乘馬班如，匪寇婚媾，女子貞不字，十年乃字。邅，張連反。

"屯""邅"，皆不能前進之意。"班"與《書》"班師"并"岳飛班師""班"字同，回還不進之意。震，於馬爲馵足，爲作足，"班如"之象也。應爻爲坎，坎爲"盜寇"之象也，指初也。婦嫁曰婚，再嫁曰媾，婚媾，指五也。變兌爲少女，女子之象也。"字"者，許嫁也。禮，女子許嫁，笄而字。此女子則指六二也。"貞"者，正也。"不字"者，不字于初也。"乃字"者，乃字于五也。中爻艮止，"不字"之象也。中爻坤土，土數成于十，十之象也。若以人事論，光武當屯難之時，竇融割據，志在光武，爲隗囂所隔，"乘馬班如"也。久之終歸于漢，"十年乃字"也。○六二柔順中正，當屯難之時，二與五應，但乘初之剛，故爲所難，有屯邅、班如之象，不得進與五合。使非初之寇難，即與五成其婚媾，不至十年之久矣。惟因初之難，六二守其中正，不肯與之苟合，所以"不字"至于十年之久。難久必通，乃反其常而字，正應矣，故又有此象也。占者當如是則可。

《象》曰：六二之難，乘剛也。十年乃字，反常也。

六二居屯之時，而又"乘剛"，是其患難也。"乘"者，居其上也，故曰"六二之難"。"反常"者，二、五陰陽相應，理之常也，爲剛所乘，則乖其常矣。難久必通，故"十年乃字而反其常"。

六三，即鹿无虞，惟入于林中。君子幾，不如舍，往吝。舍，音捨。①

即者，就也。"鹿"當作"麓"爲是。舊注亦有作"麓"者。蓋此卦有麓之象，故當作"麓"，非無據也。中爻艮爲山，山足曰"麓"。三居中爻，艮之足，麓之象也。"虞"者，虞人也。三、四爲人位，虞人之象也。入山逐獸，必有虞人發縱指示。"無虞"者，無正應之象也。震錯巽，巽爲入，"入"之象也。上艮爲木堅多節，下震爲竹，林中之象也。言就山足逐獸，無虞人指示，乃陷入于林中也。坎錯離明，見"幾"之象也。"舍"者，舍而不逐也，亦艮止之象也。○六三陰柔，不中不正，又無應與，當屯難之時，故有"即麓無虞，入于林中"之象。君子見幾，不如舍去，若往逐而不舍，必致羞吝。其象如此，戒占者當如是也。

《象》曰：即鹿无虞，以從禽也。君子舍之，往吝窮也。

孔子恐後學不知"即鹿无虞"之句，故解之曰"乃從事于禽也"。則"鹿"當作"麓"也無疑矣。舍則不往，往則必吝。"吝窮"者，羞吝窮困也。

六四，乘馬班如，求婚媾。往吉，无不利。

坎爲馬，又②有馬象。"求"者，四求之也。"往"者，初往之也。自內而之外曰往，如"小往大來""往蹇來反"是也。本爻變，中爻成巽，則爲長女，震爲長男，"婚媾"之象也。非真婚媾也，求賢以濟難，有此象也。舊説陰無求陽之理，可謂不知象旨者矣。○六四陰柔，居近君之地，當屯難之時，欲進而復止，故有"乘馬班如"之象。初能得民，可以有爲，四乃陰陽正應，未有蒙大難而不求其初者，故又有"求婚媾"之象。初于此時若欣然即往，資其剛正之才，以濟其屯，其吉可知矣。而四近其君者，亦"無不利"也，故其占又如此。

《象》曰：求而往，明也。

"求"者，資濟屯之才，有知人之明者也。"往"者，展濟屯之才，有自知之明者也。坎錯離，有明之象，故曰"明"。

---

① 朝爽堂本、鄭燦本此後有音注："幾，音機。"
② 又：疑當作"故"。

九五，屯其膏。小貞吉，大貞凶。

"膏"者，膏澤也，以坎體有膏澤沾潤之象，故曰膏，《詩》"陰雨膏之"是其義也。本卦名屯，故曰"屯膏"。陽大陰小，六居二，九居五，皆得其正，故皆稱"貞"。"小貞"者，臣也，指二也；"大貞"者，君也，指五也。故六二言"女子貞"，而此亦言"貞"。六爻惟二、五言屯。〇九五以陽剛中正居尊，亦有德有位者。但當屯之時，陷于險中，爲陰所掩，雖有六二正應，而陰柔不足以濟事，且初九得民于下，民皆歸之，無臣無民，所以有"屯其膏"，不得施爲之象。故占者所居之位如六二爲臣，小貞則吉，如九五爲君，大貞則凶也。

《象》曰："屯其膏"，施未光也。

陽德所施本光大，但陷險中，爲陰所掩，故"未光"。

上六，乘馬班如，泣血漣如。

六爻皆言"馬"者，震、坎皆爲馬也。皆言"班如"者，當屯難之時也。坎爲加憂，爲血卦，爲水，"泣血漣如"之象也。才柔不足以濟屯，去初最遠，又無應與，故有此象。

《象》曰："泣血漣如"，何可長也。

既無其才，又無其助，喪亡可必矣，豈能長久。

坎下艮上 （蒙）

"蒙"，昧也。其卦以坎遇艮，山下有險，艮山①在外，坎水在內。水乃必行之物，遇山而止。內既險陷不安，外又行之不去，莫知所往，昏蒙之象也。《序卦》："屯者，物之始生也。物生必蒙，故受之以蒙。"所以次屯。

---

① 山：原作"止"，據朝爽堂本、鄭燦本改。

蒙，亨。匪我求童蒙，童蒙求我。初筮告，再三瀆，瀆則不告。利貞。 告，古毒反。

"蒙亨"者，言蒙者亨也，不終于蒙也。"匪我求童蒙"二句，正理也。"再"指四，陽一陰二，二再則四矣。"三"指三。"瀆"者，煩瀆也。初筮者，初筮下卦得剛中也。比①卦坎之剛中在上卦，故曰"再筮"。"告"者，二告乎五也。"不告"者，二不告乎三、四也。凡陽則明，陰則暗，所以九二發六五之蒙。"利貞"者，教之以正也。

《彖》曰：蒙，山下有險，險而止，蒙。"蒙亨"，以亨行時中也。"匪我求童蒙，童蒙求我"，志應也。初筮告，以剛中也。再三瀆，瀆則不告，瀆蒙也。蒙以養正，聖功也。

以卦象、卦德釋卦名，又以卦體釋《卦辭》。"險而止"，退則困于其險，進則阻于其山，兩無所適，所以名"蒙"也。"以"者，用也。"以亨"者，以我之亨通也。"時中"者，當其可之謂。憤悱啟發，即"志應"也，言我先知先覺，先以亨通矣。而後以我之亨，行時中之教，此蒙者所以亨也。"匪我求童蒙，童蒙求我"，乃教人之正道也。何也？"禮聞來學，不聞往教"②，童蒙求我，則彼之心志應乎我而相孚契矣，此其所以可教也。"初筮則告"者，以剛中也。我有剛中之德，而五又以中應之，則心志應乎我而相孚契矣，所以當告之也。"初筮"二字只作"下卦"二字，指教者而言。觀比卦"再筮"可見矣。蓋三則應乎其上，四則隔乎其三，與剛中、發蒙之二不相應與。又乘陽不敬，則心志不應乎我而不相孚契矣。既不相孚契，而强告之，是徒煩瀆乎蒙矣，亦何益哉？教之利于正者，幼而學之，學爲聖人而已。聖人之所以爲聖者，正而已矣。入聖之域雖在後日，作聖之功就在今日，當蒙時養之以正，雖未即至于聖，聖域由此而漸入矣。此其所以利貞也。"發蒙"即"養蒙"。"聖功"乃"功夫"之"功"，非"功效"之"功"。

《象》曰：山下出泉，蒙。君子以果行育德。③

---

① 比：原作"此"，據史念冲本、朝爽堂本、鄭燦本改。
② 見《禮記·曲禮》。
③ 朝爽堂本、鄭燦本此處有音注："行，去聲。"

"泉"乃必行之物，始出而未通達，猶物始生而未明，蒙之象也。"果行"者，體坎之剛中，以果決其行，見善必遷，聞義必徙，不畏難而苟安也。"育德"者，體艮之静止以養育其德，不欲速，寬以居之，優游以俟①其成也。要之，"果"之、"育"之者，不過蒙養之正而已。是故楊、墨之行，非不果也，而非吾之所謂行；佛、老之德，非不育也，而非吾之所謂德。所以"蒙養以正爲聖功"。

初六，發蒙，利用刑人，用説桎梏，以往吝。説，吐活反。②

"蒙"者，下民之蒙也，非又指童蒙也。"發蒙"者，啓發其初之蒙也。"刑人"者，以人刑之也，刑罰立而後教化行。治蒙之初，故"利用刑人"以正其法。"桎梏"者，刑之具也。坎爲桎梏，桎梏之象也。在足曰桎，在手曰梏，中爻震爲足，外卦艮爲手，用桎梏之象也。因坎有桎梏，故用刑之具即以桎梏言之，非必主于桎梏也。"朴作教刑"③，不過夏楚而已。本卦坎錯離，艮綜震，有噬嗑折獄用刑之象，故豐、旅、賁三卦有此象，皆言獄。"説"者，脱也。"用脱桎梏"，即不用刑人也。變兑爲毀折，脱之象也。"往"者，往發其蒙也。"吝"者，"利"之反。變兑則和悦矣。和悦安能發蒙？故吝。○初在下，近比九二剛中之賢，故有啓發其蒙之象。然發之初，利用刑人以正其法，庶小懲而大誡，蒙斯可發矣。若舍脱其刑人，惟和悦以往教之，蒙豈能發哉？吝之道也。故其象占如此，細玩小象自見。

《象》曰：利用刑人，以正法也。

教之法不可不正，故用刑懲戒之，使其有所④嚴憚也。

九二，包蒙，吉。納婦吉。子克家。

包者，裹也。婦人懷妊，包裹其子，即"胞"字也。凡《易》中言"包"者，皆外包乎内也。泰曰"包荒"，否曰"包承""包羞"，姤曰"包魚"，皆外包乎内。"包蒙"者，包容其初之蒙⑤也。曰"包"，則有含弘之量，敷教在

---

① 俟：史念冲本、朝爽堂本、鄭燦本亦作"俟"，虎林本作"伺"。
② 朝爽堂本、鄭燦本此後有音注："音脱。"
③ 見《書·虞書·舜典》。
④ 所：原無，據朝爽堂本、鄭燦本補。
⑤ 蒙：原作"象"，史念冲本、朝爽堂本、鄭燦本作"蒙"，據改。

寬矣。初曰"刑"者，不中不正也。上曰"擊"者，上過剛也。此爻剛中，統治群陰，極善之爻，故于初曰"包"，于三、四、五曰"納"，于五曰"克家"。"納婦吉"者，新納之婦，有諧和之吉也。中爻坤順在上，一陽在下，納受坤順之陰，"納婦"之象也。"子克家"者，能任父之事也。坎爲中男，有剛中之賢，能幹五母之蠱，"子克家"之象也。納婦"吉"字，與上"吉"字不同，上"吉"字，占者之吉也。下"吉"字，夫婦諧和之吉也。坤順，故吉。○九二以陽剛爲內卦之主，統治群陰，當發蒙之任者，其德剛而得中，故有"包蒙"之象，占者得此固吉矣。然所謂吉者，非止于包容其初之象也，凡三、四、五之爲蒙者，二皆能以剛中之德化之。如新納之婦有諧和之吉，承考之子有克家之賢，其吉其賢，皆自然而然，不待勉強諄諄訓誨于其間，如此而謂之吉也。故其占中之象又如此。

《象》曰："子克家"，剛柔接也。

二剛五柔，二有主①蒙之功。五之信任專，所以二得廣②布其敷教之才，亦如賢子不待訓誨，自然而克家也，所以占者有"子克家"之象。周公《爻辭》以剛中言，孔子《象辭》并應與言。

六三，勿用取女，見金夫，不有躬，无攸利。取，七具反。

變巽，女之象也。九二陽剛，乾爻也。乾爲金，金，夫之象，故稱"金夫"。"金夫"者，以金賂己者也。六三正應在上，然性本陰柔，坎體順流趨下，應爻艮體常止，不相應于下，九二爲群蒙之主，得時之盛，蓋③近而相比，在納婦之中者，故捨其正應而從之，此"見金夫，不有躬"之象也。且中爻順體震動，三居順動之中，比于其陽，亦"不有躬"之象也。若以蒙論，乃自暴自棄，昏迷于人欲，終不可教者，因三變長女，故即以女象之。曰"勿用取""无攸利"，皆其象也。○六三陰柔，不中不正，又居艮止坎陷之中，蓋蒙昧無知之極者也，故有此象。占者遇此，如有發蒙之責者，弃而不教可也。

《象》曰："勿用取女"，行不順也。

---

① 主：虎林本、史念冲本亦作"主"，朝爽堂本、鄭燦本作"正"。
② 廣：虎林本亦作"廣"，史念冲本、朝爽堂本、鄭燦本作"展"。
③ 蓋：虎林本、史念冲本亦作"蓋"，朝爽堂本、鄭燦本作"三"。

婦人以順從其夫爲正，捨正應之夫而從"金夫"，安得爲順？

六四，困蒙，吝。

"困蒙"者，困于蒙昧而不能開明也。六四上下既遠隔於陽，不得賢明之人以近之，又無正應賢明者以爲之輔助，則蒙無自而發，而困于蒙矣，故有"困蒙"之象。占者如是，終于下愚，故可羞。

《象》曰：**困蒙之吝，獨遠實也。**

陽實陰虛，實謂陽也。六四上下皆陰，蒙之甚者也。欲從九二則隔三，欲從上九則隔五，遠隔于實者也，故曰"獨遠實"。"獨"者，言本卦之陰皆近乎陽，而四"獨遠"也。

六五，童蒙，吉。

"童蒙"者，純一未散，專心資于人者也。艮爲少男，故曰童。"匪我求童蒙"，言童之蒙昧也。此則就其純一未散、專聽于人而言。蓋中爻爲坤順，五變爲巽，有此順巽之德，所以專心資剛明之賢也。○六五以順巽居尊，遠應乎二，近比乎上，蓋專心資剛明之賢者，故有"童蒙"之象。占者如是，則吉也。

《象》曰："**童蒙之吉**"，**順以巽也。**

中爻爲順，變爻爲巽。仰承親比上九者，順也；俯應聽從九二者，巽也。親比聽從乎陽，正"遠實"之反，所以吉。

上九，擊蒙，不利爲寇，利禦寇。

"擊蒙"者，擊殺之也。應爻坎爲盜，錯雜爲戈兵。艮爲手，手持戈兵，擊殺之象也。三與上九爲正應，故擊殺之也。"寇"者，即坎之寇盜也。二"寇"字相同。"不利爲寇"者，教三爻在下蒙昧之人也；"利禦寇"者，教上九在上治蒙之人也。六三在本爻爲淫亂，在上九爲寇亂，蒙昧之極，可知矣。○上九與三之寇盜相爲正應，過剛不中，治蒙太猛，故有"擊蒙"之象。聖人教占者，以占得此爻者，若乃在下蒙昧之人，則不利爲寇，爲寇則有擊殺之凶矣；占得此爻者，若乃在上治蒙之人，惟利禦止其寇而已，不可即擊殺之。聖人哀矜愚蒙之人，故兩有所戒也。

《象》曰："**利用禦寇**"，**上下順也。**

上九剛，止于禦寇，上之順也；六三柔，隨其所止，下之順也。艮有止象，變坤有順象。漸卦①"利禦寇",小象亦曰"順相保",可見矣。

䷄ 乾下坎上（需）

"需"者,須也,有所待也。理勢不得不需者,以卦象論,水在天上,未遽下于地,必待陰陽之交,薰蒸而後成,需之象也;以卦德論,乾性主于必進,乃處坎陷之下,未肯遽進,需之義也。《序卦》:"蒙者,物之稚也。物稚不可不養也。""需者,飲食之道也。"養物以飲食,所以次蒙。

需,有孚,光亨。貞吉,利涉大川。

"需"雖有所待,乃我所當待也,非不當待而待也。"孚"者,信之在中者也。坎體誠信,充實于中,"孚"之象也。"光"者,此心光明,不爲私欲所蔽也。中爻離,光明之象也。"亨"者,此心亨泰,不爲私欲所窒也。坎爲通,亨通之象也。"貞"者,事之正也。八卦正位,坎在五,陽剛中正,爲需之主,正之象也。皆指五也。坎水在前,乾健臨之,乾知險,"涉大川"之象也。又中爻兌綜巽,坎水在前,巽木臨之,亦"涉大川"之象。詳見頤卦上九。"孚"貞者,盡所需之道;"光亨"吉利者,得所需之效。需若無實,必無光亨之時;需若不正,豈有吉利之理？〇言事若有所待而心能孚信,則光明而亨②通矣。而事又出于其正,不行險以僥幸,則吉矣,故"利涉大川"。

《彖》曰:需,須也。險在前也。剛健而不陷,其義不困窮矣。需有孚,光亨貞吉,位乎天位,以正中也。利涉大川,往有功也。

以卦德釋卦名,以卦綜釋《卦辭》。需者,須也。理勢之所在,正欲其有所待也,故有"需"之義。險在前,不易于進,正當需之時也。乾臨之③,毅然有守,不冒險以前進,故不陷于險。既不陷于險,則終能出其險,其義不至

---

① 卦:原作"自",史念冲本、朝爽堂本、鄭燦本作"卦",據改。
② 亨:原作"事",虎林本、史念冲本、朝爽堂本、鄭燦本皆作"亨",據改。
③ 乾臨之:虎林本、史念冲本亦作"乾臨之",朝爽堂本、鄭燦本作"以乾之剛健"。

于困窮矣，所以名"需"。需、訟二卦同體，文王綜爲一卦，故《雜卦》曰："需，不進也。訟，不親也。""位天位以正中"者，訟下卦之坎，往居需之上卦九五，又正而又中也。五爲天位，因自訟之地位往居之，故曰"位乎天位"。如在訟下卦，止可言中，不可言正矣。正則外無偏倚，中則心無夾雜，所以"有孚，光亨貞吉"。往有功，與漸、蹇、解三卦《彖辭》"往有功"同，言訟下卦往而居需之上卦九五，正中，所以有"利涉大川"之功也。

《象》曰：雲上於天，需。君子以飲食宴樂。

雲氣蒸而上升，必得陰陽和洽，然後成雨，故爲需待之義。君子事之當需者，亦不容更有所爲，惟內有孚，外守正，"飲食"以養其氣體而已，"宴樂"以娛其心志而已，此外別無所作爲也。曰"飲食宴樂"者，乃居易俟命、涵養待時之象也，非真必飲食宴樂也。若伯夷、太公需待天下之清，窮困如此，豈能飲食宴樂哉？

初九，需于郊，利用恒，无咎。

"郊"者，曠遠之地，未近于險之象也。乾爲郊，郊之象也，故同人、小畜皆言"郊"。"需于郊"者，不冒險以前進也。"恒"者，常也，安常守靜以待時，不變所守之操也。"利用恒，无咎"者，戒之也，言若無恒，猶有咎也。○初九陽剛得正，未近於險，乃不冒險以前進者，故有"需郊"之象。然需于始者，或不能需于終，故必義命自安，恒于郊而不變，乃其所利也。戒占者，能如此則无咎矣。

《象》曰："需于郊"，不犯難行也。"利用恒，无咎"，未失常也。<small>難，乃旦反。</small>

"不犯難行"者，超然遠去，不冒犯險難以前進也。"未失常"者，不失需之常道也。需之常道，不過以義命自安，不冒險以前進而已。

九二，需于沙，小有言，終吉。

坎爲水。水近則有沙，沙則近于險矣。漸近于險，雖未至于患害，已"小有言"矣。"小言"者，衆人見譏之言也。避世之士，知前有坎陷之險，責之以潔身；用世之士，知九二剛中之才，責之以拯溺也。中爻爲兌，口舌"小言"之象也。終吉者，變爻離明，明哲保身，終不陷于險也。○二以陽剛之才而居柔守中，蓋不冒險而進者，故有"需于沙"之象。占者如是，雖不免小有言，終得其吉也。

《象》曰："需于沙"，衍在中也。雖"小有言"，以吉終也。

水行朝宗曰"衍"，即水字也。凡江河，水在中而沙在邊，"衍在中"者，言水在中央也。沙在水邊，則近于險矣，雖近于險而"小有言"，然以剛中處需，故不陷于險而"以吉終也"。

九三，需于泥，致寇至。

泥逼于水，將陷于險矣，寇之地也。坎爲盜，在前，寇之象也。○九三居健體之上，才、位俱剛，進不顧前，邇①于坎盜，故有"需泥寇至"之象。健體敬慎惕若，故占者不言凶。

《象》曰："需于泥"，災在外也。自我致寇，敬慎不敗也。

"外"謂外卦。"災在外"者，言災已切身而在目前也。災在外而我近②之，是"致寇自我"也。"敬慎不敗"者，三得其正，乾乾惕若，敬而且慎，所以不敗于寇也。故占者不言凶。

六四，需于血，出自穴。

坎爲血，"血"之象也。又爲隱伏，"穴"之象也。偶居左右，上下皆陽，亦"穴"之象也。"血"即坎字，非見傷也。出自穴者，觀上六"入于穴""入"字，此言"出"字，即"出""入"二字自明矣。言雖"需于血"，然猶"出自穴外"，未入于穴之深也。需卦"近于坎""致寇至"及"入于坎"，三爻皆吉者，何也？蓋六四順于初之陽，上六陽來救援，皆應與有力，九五中正，所以皆吉也。凡看周公《爻辭》，要玩孔子《小象》。若以血爲殺傷之地，失《小象》順聽之旨矣。○四交于坎，已入于險，故有"需于血"之象。然四與初爲正應，能順聽乎初，初乃乾剛，至健而知險，惟知其險，是出自穴外，不冒險以進，雖險而不險矣。故其象占如此。

《象》曰："需于血"，順以聽也。

坎爲耳，聽之象也。"聽"者，聽乎初也。六四柔得其正，順也，順聽乎

---

① 史念冲本"邇"上有"密"字。
② 近：虎林本亦作"近"，史念冲本、朝爽堂本、鄭燦本作"逼"。

初，故入險不險。

九五，需于酒食，貞吉。

坎水，"酒"象；中爻兌，"食"象。詳見困卦。"酒食"，宴樂之具。"需于酒食"者，安于日用飲食之常，以待之而已。"貞吉"者，正而自吉也，非戒也。○九五陽剛中正，居于尊位，蓋優游和平，不多事以自擾，無爲而治者也，故有"需于酒食"之象。其"貞吉"可知矣。占者有是貞，亦有是吉也。

《象》曰："酒食貞吉"，以正中也。

即《彖》"正中"。①

上六，入于穴，有不速之客三人來，敬之終吉。

陰居險陷之極，"入于穴"之象也。變異爲入，亦入之象也。下應九三，陽合乎陰，陽主上進，"不召請而自來"之象也。我爲主，應爲客，三陽同體，有"三人"之象也。入穴窮困，望人救援之心甚切，喜其來而"敬之"之象也。"終吉"者，以三陽至健知險，可以拯溺也。○上六居險之極，下應九三，故其象如此，占者之吉可知矣。

《象》曰："不速之客來，敬之終吉"。雖不當位，未大失也。當，去聲。

"位"者，爻位也。三乃人位，應乎上六，故曰"人來"。初與二皆地位，上六所應者，乃人位，非地位。今初與二皆來，故"不當位"也。以一陰而三陽之來，上六敬之，似爲失身矣，而不知入于其穴，其時何時也，來救援于我者，猶擇其位之當否而敬有分別，是不知權變者矣。故初與二雖"不當位"，上六敬之，亦未爲大失也。曰"未大失"者，言雖失而未大也。若不知權變，自經于溝瀆，其失愈大矣。《易》中之時，正在于此。

---

① 即《彖》"正中"：虎林本、史念冲本亦作"即《彖》'正中'"，朝爽堂本、鄭燦本作"即《彖》'位乎天位，以正中也'，八卦正位，坎在五"。

䷅ 坎下乾上（訟）

"訟"者，爭辨也。其卦坎下乾上。以二象論，天運乎上，水流乎下，其行相違，所以成訟；以卦德論，上以剛陵乎下，下以險伺乎上。以一人言，内險而外健；以二人言，己險而彼健。險與健相持，皆欲求勝，此必訟之道也。《序卦》："飲食者，人之大欲存焉。"① 既有所需，必有所爭，訟所由起也。所以次需。

訟，有孚，窒，惕，中，吉。終，凶。利見大人，不利涉大川。

"有孚"者，心誠實而不詐僞也；"窒"者，窒塞而能含忍也；"惕"者，戒懼而畏刑罰也；"中"者，中和而不狠愎也。人有此四者，必不與人爭訟，所以"吉"。若可已不已，必求其勝而"終"其訟，則"凶"。"利見大人"者，見九五以決其訟也。"不利涉大川"者，不論事之淺深，冒險入淵以興訟也。九二中實，"有孚"之象。一陽沉溺于二陰之間，"窒"之象。坎爲加憂，"惕"之象。陽剛來居二，"中"之象。上九過剛，"終"之象。九五中正以居尊位，"大人"之象。中爻巽木，下坎水，本可"涉大川"，值②三剛在上，陽實陰虛，遇巽風，舟重遇風，則舟危矣，舟危豈不入淵？故《象辭》曰"入淵"，"不利涉"之象也，與"棟撓"同。文王《卦辭》，其精妙至絶。③

《彖》曰：訟，上剛下險，險而健訟。訟"有孚，窒，惕，中，吉"，剛來而得中也。"終凶"，訟不可成也。"利見大人"，尚中正也。"不利涉大川"，入于淵也。

以卦德、卦綜、卦體、卦象釋卦名、《卦辭》。險健詳見前卦。下若④健而

---

① 《禮記·禮運》："飲食男女，人之大欲存焉。"此句不見於《序卦》。
② 值：虎林本亦作"值"，史念冲本、朝爽堂本、鄭燦本作"但"。
③ "與'棟撓'同。文王《卦辭》，其精妙至絶"：原本與虎林本同，朝爽堂本、鄭燦本無。"絶"，史念冲本作"此"。
④ 下若：虎林本、朝爽堂本、鄭燦本亦作"下若"，史念冲本作"凡人若"。

不險，必不生訟；險而不健，必不能訟。惟二者俱全，所以名訟。① 剛來得中者，需訟相綜，需上卦之坎，來居訟之下卦九二，得中也。前儒不知《序卦》、《雜卦》，所以依虞翻以爲卦變。剛來居柔地，得中，故能有孚，能窒，能惕，能中。終者，極而至于成也。訟已非美事，若訟之不已，至于其極，其凶可知矣。"尚"者，"好尚"之"尚"，主也，言九五所主在"中正"也。惟"中正"，所以能辨人是非。"入淵"者，舟重遇風，其舟危矣。故入淵與冒險興訟必陷其身者，一而已矣。

《象》曰：天與水違行，訟。君子以作事謀始。

"天"上蟠，"水"下潤；"天"西轉，"水"東注，故其行相違。謀之于始，則訟端絕矣。"作事謀始"，工夫不在訟之時，而在于未訟之時也，與其病後能服藥，不若病前能自調之意。天下之事，莫不皆然。故曰：曹、劉②共飯，地分于匕箸之間；蘇、史滅宗，忿起于談笑之頃。蘇逢吉，史弘肇③，俱爲令，見《五代史》。

初六，不永所事。小有言，終吉。

"不永所事"者，不能永終其訟之事也。"小有言"者，但小有言語之辯④白而已。變兌爲口舌，言之象也。應爻乾爲言，亦言之象也。因居初，故曰小。"終吉"者，得辨明也。○初六，才柔位下，不能永終其訟之事，雖在我不免小有言語之辨，然溫柔和平，自能釋人之忿怨，所以得以辨明。故其象如此，而占者終得吉也。

《象》曰："不永所事"，訟不可長也。雖"小有言"，其辯明也。

訟不可長，以理言也。言雖是初六陰柔之故，然其理亦如此。"長""永"二字相同。雖不免小有言語之辯，然終因此言辨明。

九二，不克訟，歸而逋其邑人三百户，无眚。

"克"，勝也。自下訟上，不克而還，故曰"歸"。"逋"，逃避也。坎爲隱

---

① "惟二者俱全，所以名訟"：原本"所以名訟"前無"惟二者俱全"五字，據史念冲本補。
② "曹、劉"，曹操、劉備事。
③ 史弘肇：原本、虎林本、史念冲本皆誤作"史弘文"，據《新五代史》改。按：朝爽堂本、鄭燦本無"蘇逢吉，史弘肇，俱爲令，見《五代史》"一句。
④ 辯：原作"辨"，史念冲本、朝爽堂本、鄭燦本作"辯"，據改。

伏，"逋"之象也。"邑人"，詳見謙卦。中爻爲離，坎錯離，離居三，"三百"之象也。二變下卦爲坤，坤則闔户之象也。"三百"，言其邑之小也。言以下訟上，歸而逋竄是矣。然使所逋竄之邑爲大邑，則猶有據邑之意，迹尚可疑。必如此小邑，藏避不敢與五爲敵，方可免眚。需訟相綜，訟之九二，即需之九五，曰"剛來而得中"，曰"歸而逋"，皆因自上而下，故曰"來"曰"歸"，其字皆有所本。如此玄妙，豈粗浮者所能解？坎爲眚，變坤則"無眚"矣。○九二陽剛爲險之主，本欲訟者也，然以剛居柔之中，既知其理之不當訟，而上應九五之尊，又知其勢不可訟，故自處卑小以免災患。其象如此，占者如是則"无眚"矣。

《象》曰："不克訟"，歸逋竄也。自下訟上，患至掇也。①

"歸逋竄"者，不與之訟也。"掇"者，拾取也。自下訟上，義乖勢屈，禍患猶拾而自取。此言不克訟之故。

六三，食舊德，貞厲，終吉。或從王事，无成。

"德"，與"穢德彰聞""閨門慚德"之"德"同，乃惡德也。德乃行而有得，往日之事也，故以"舊"字言之。凡人與人爭訟，必舊日有懷恨不平之事，有此懷恨，其人之惡德藏畜于胸中，必欲報復，所以訟也。"食"者，吞聲不言之意。中爻巽綜兑口，食之象也。"王事"者，王家敵國忿争之事，如宋之與虜②是也。變巽不果，或之象也。中爻離日，王之象也。應爻乾君，亦王之象也。"無成"者，不能成功也。下民之争訟，主于怯；王家之争訟，主于才。以此食舊德之柔，處下民之剛强敵國則可，若以此處王國之剛强敵國，是即宋之于虜，柔弱極矣。南朝無人③，稽首稱臣，安得有成？○六三，上有剛强之應敵，陰柔自卑，故有食人舊德不與争辯之象。然應與剛猛，常受侵陵，雖正亦不免危厲矣。但六三含忍不報，從其上九，與之相好，所以終不爲已害而吉也。如此之人，柔順有餘而剛果不足，安能成王事哉？故占者乃下民之應敵則吉，或王事之應敵則無成而凶。

---

① 朝爽堂本、鄭燦本此處有音注："掇，都活反"。
② 虜：原本避清諱作"金"，據虎林本改回，下同。
③ 南朝無人：原作"禦侮無人"，據虎林本改回。

《象》曰："食舊德"，從上吉也。

從上者，從上九也。上九剛猛，六三食其舊日剛猛侵陵之惡德，相從乎彼，與之相好，則吉矣。

九四，不克訟，復即命，渝，安貞，吉。

"即"，就也。"命"者，天命之正理也。不曰"理"而曰"命"者，有此象也。中爻巽，四變亦爲巽，"命"之象也。"渝"，變也。四變中爻爲震，變動之象也，故隨卦初爻曰"渝"。"安貞"者，安處于正也。"復即于命"者，外而去其忿争之事也；變而"安貞"者，内而變其忿争之心也。心變，則事正矣。"吉"者，雖不能作事于謀始之先，亦能改圖于有訟之後也。九二、九四，皆不克訟，既不克矣，何以訟哉？蓋二之訟者，險之使然也，其不克者，勢也。知勢之不可敵，故歸而逋逃。曰歸者，識時勢也。四之訟者，剛之使然也，其不克者，理也。知理之不可違，故復即于命。曰復者，明理義也。九四之復即九二之歸，皆以剛居柔，故能如此。人能明理義，識時勢，處天下之事無難矣。學者宜細玩之。○九四剛而不中，既有訟之象，以其居柔，故又有"復即命""渝安貞"之象。占者如是則吉也。

《象》曰：復即命，渝安貞，不失也。

始而欲訟，不免有失，今既復渝，則改圖而不失矣。

九五，訟，元吉。

九五爲訟之主，陽剛中正，以居尊位，聽訟而得其平者也。凡訟，占者遇之，則"利見大人"，訟得其理，而元吉矣。

《象》曰："訟，元吉"，以中正也。

"中"則聽不偏，"正"則斷合理，所以"利見大人"而"元吉"。

上九，或錫之鞶帶，終朝三褫之。鞶，音盤。褫，池①尓切。

"或"者，設或也，未必然之辭。"鞶帶"，大帶，命服之飾；又紳也，男鞶革，女鞶絲。乾爲衣，又爲圜，"帶"之象也。乾君在上，變爲兌口，中爻爲巽，命令錫服之象也，故九四曰"復即命"。中爻離日，朝日之象也。離日

---

① 池：原作"也"，虎林本作"地"，皆誤。史念冲本、朝爽堂本、鄭燦本作"池"，據改。

居下卦，"終"之象也。又居三，"三"之象也。"褫"，奪也。坎爲盜，褫奪之象也。命服以錫有德，豈有賞訟之理？乃設言也①，極言訟不可終之意。〇上九有剛猛之才，處訟之終，窮極于訟者也。故聖人言，人肆其剛强，窮極于訟，取禍喪身，乃其理也。設若能勝，至于受命服之賞，是亦仇争所得，豈能長保？故終一朝而三見褫奪也。即象而占之，凶可知矣。

《象》曰：以訟受服，亦不足敬也。

縱受亦不足敬，況褫奪隨至，其不可終訟也明矣。

---

① 言也：虎林本、史念冲本亦作"言也"，朝爽堂本、鄭燦本作"詞以"。

梁山來知德先生易經集注卷之三

平山後學崔華重訂　男巒齊、岱齊、㘅齊同校

䷆ 坎下坤上 （師）

"師"者，衆也，其卦坎下坤上。以卦象論，地中有水，爲衆聚之象。以卦德論，內險而外順，險道以順，行師之義也。以爻論，一陽居下卦之中，上下五陰從之，將統兵之象也。二以剛居下，五柔居上而任之，人君命將出師之象也。《序卦》："訟必有衆起。"師興由爭，故次于訟。

師，貞，丈人吉，无咎。

"貞"者，正也。"丈人"者，老成持重、練達時務者也。凡人君用師之道，在得正與擇將而已：不得其正則師出無名，不擇其將則將不知兵。故用兵之道，利于得正，又任老成之人，則以事言，有戰勝攻取之吉，以理言，無窮兵厲民之咎矣。戒占者當如是也。

《彖》曰：師，衆也。貞，正也。能以衆正，可以王矣。剛中而應，行險而順，以此毒天下而民從之，吉又何咎矣！ 王，去聲。

以卦體、卦德釋《卦辭》。衆者，即《周官》自"五人爲伍"，積而至于"二千五百人爲師"也。"正"者，即王者之兵，行一不義、殺一不辜而得天下不爲，如此之正也。"以"者，謂能左右之也，一陽在中而五陰皆所左右也。左右之，使衆人皆正，樵蘇无犯之意，則足以宣布人君之威德，即王者仁義之師矣，故"可以王"。"以衆正"，言爲將者；"可以王"，言命將者。能正即"可以王"，故師貴"貞"也。剛中而應者，爲將不剛則怯，過剛則猛，九二剛

中，乃將才之善者。有此將才，五應之，又信任之專，則可以展布其才矣。"行險"者，兵，危事也，謂坎也。"順"者，順人心也，謂坤也。兵足以戡亂而順人心，則爲將有其德矣。有是才德，所以名丈人也。"毒"者，猶既濟"憊"字，時久師老之意。噬嗑中爻爲坎，故亦曰"遇毒"，乃陳久太肥臘肉味變者。《五行志》云："厚味實臘毒。"師古曰："味厚者爲毒久。"陳久之事，文案繁雜，難于聽斷，故以臘毒象之，非毒害也；若毒害，則非行險而順矣。言出師固未免毒于天下，然毒之者實所以安之，乃民所深願而悦從者也。民悦而從，所以吉而无咎。"毒天下"句與"民從之"句，意正相應。若毒天下而民不從，豈不凶？豈不有咎？

《象》曰：地中有水，師，君子以容民畜衆。

"水"不外于"地"，兵不外于民。"地中有水"，水聚地中，爲聚衆之象，故爲"師"。"容"者，容保其民，養之教之也。"畜"者，積畜也。古者寓兵于農，故容保其民者，正所以畜聚其兵也。常時民即兵，變時兵即民，兵不外乎民，即水不外乎地也。

初六，師出以律，否臧凶。否，蒲鄙反。

專以將言。"律"者，法也，號令嚴明，部伍整肅，坐作進退，攻殺擊刺，皆有法則是也。"否"者，塞也，兵敗也；"臧"者，善也，兵成功也。若不"以律"，不論成敗，成亦凶，敗亦凶，二者皆凶，故曰"否臧凶"。觀《小象》"失律凶"之句可見矣。○初六才柔，當出師之始，師道當守其法則。故戒占者"師出以律"，失律，則不論否臧，皆凶矣。

《象》曰：師出以律，失律凶也。

"失律"，否固凶，臧亦凶。

九二，在師中，吉，无咎。王三錫命。

"師中"者，在師而得其中也。此爻正《彖辭》之"剛中而應"、六五《小象》之"以中行"，皆此"中"也。"在師中"者，剛中也。"錫命"者，正應也。蓋爲將之道，不剛則怯，過剛則猛，惟剛中則吉而无咎矣。"吉，无咎"者，恩威并著，出師遠討，足以靖内安外也。"錫命"者，或錫以褒嘉之溫語，或錫以其物，如宋太祖之解裘是也，乃寵任其將，非褒其成功也。曰

"錫命"，則六五信任之專可知矣。本卦錯同人。乾在上，"王"之象；離在下，"三"之象；中爻巽，"錫命"之象。全以錯卦取象，亦如睽卦上九之"見豕負塗"也。取象如此玄妙，所以後儒難得知。○九二爲衆陰所歸，有剛中之德，上應六五而爲之寵任。故其象如此，而占可知矣。

《象》曰："在師中吉"，承天寵也。"王三錫命"，懷萬邦也。

"天"，謂王也。"在師中吉"者，以其承天之寵、委任之專也。"王三錫命"者，以其存心于天下，惟恐民之不安，故任將伐暴安民也。下二句皆推原二、五之辭。

六三，師或輿尸，凶。

"或"者，未必之辭。變巽，進退不果，"或"之象也，言設或也。"輿"者，多也，衆人之意，即今"輿論"之"輿"，以坤坎二卦皆有輿象，故言輿也。"尸"者，主也，言爲將者不主而衆人主之也。觀六五"弟子輿尸"可見矣。《程傳》是。○六三陰柔，不中不正，位居大將九二之上，才柔志剛，故有出師大將不主，而三或主之之象，不能成功也必矣。故其占凶。

《象》曰："師或輿尸"，大无功也。

曰"大"者，甚言其不可"輿尸"也。

六四，師左次，无咎。

師三宿爲"次"，右爲前，"左"爲後，今人言"左遷"是也。蓋乾先坤後，乾右坤左，故明夷六四，陰也，曰"左腹"；豐卦九三，陽也，曰"右肱"。"左次"，謂退舍也。○六四居陰得正，故有出師度不能勝、完師以退之象。然知難而退，兵家之常，故其占无咎。

《象》曰："左次无咎"，未失常也。

知難而退，師之常也。聖人恐人以退爲怯，故言當退而退，亦師之常，故曰"未失常"。

六五，田有禽，利執言，无咎。長子帥師，弟子輿尸，貞凶。

"田"乃地之有水者，應爻爲地道，居于初之上，"田"之象也，故乾二爻曰"在田"。"禽"者，上下皆陰，與小過同，"禽"之象也。坎爲豕，錯離爲雉，皆"禽"象也。禽害禾稼，寇盜之象也。坎爲盜，亦有此象。"執"者，興師以執獲也。坤爲衆，中爻震綜艮爲手，衆手俱動，執獲之象也。"言"者，聲罪以致討也。坤錯乾爲言，"言"之象也。"无咎"者，師出有名也。"長子"，九二也。中爻震，"長子"之象也。長子即丈人，自衆尊之曰"丈人"，自爻象之曰"長子"。"弟子"，六三也，坎爲中男，震之弟也，"弟子"之象也。○六五用師之主，柔順得中，不爲兵端者也。敵加于己，不得已而應之，故爲"田有禽"之象。應敵興兵，利于執言。占者固无咎矣，然任將又不可不專，若專于委任，使老成帥師以任事可也，苟參之以新進之小人，俾爲弟子者參謀，輿尸于其間，使長子之才有所牽制而不得自主，則雖曰"有禽"，乃應敵之兵，其事固貞，然所任不得其人，雖貞亦凶矣。因六五陰柔，故許以无咎，而又戒之以此。

《象》曰："長子帥師"，以中行也。"弟子輿尸"，使不當也。當，去聲。

言所以用"長子帥師"者，以其有剛中之德，使之帥師以行，使之當矣。若弟子，則使之不當也。"以中行"，推原其二之辭。"使不當"，歸咎于五之辭。

上六，大君有命，開國承家，小人勿用。

坤錯乾，"大君"之象也。乾爲言，"有命"之象也。"命"者，命之以"開國承家"也。坤爲地，爲方，國之象也，故曰"開國"。變艮爲門闕，家之象也，故曰"承家"。損卦艮變坤，故曰"無家"；師卦坤變艮，故曰"承家"。周公爻象，其精至此。"開"者，封也；"承"者，受也。功之大者"開國"，功之小者"承家"也。"小人"，"開承"中之小人也。陽大陰小，陰土重叠，小人之象也。"勿用"者，不因其功勞而遂任用以政事也。變艮爲止，"勿用"之象也。如光武雲臺之將，得與公卿參議大事者，惟鄧禹、賈復數人而已，可謂得此爻之義者矣。○上六，師終功成，正論功行賞之時矣，故有"大君有命，開國承家"之象。然師旅之興，效勞之人其才不一，販繒屠狗之徒亦能樹其奇功，不必皆正人君子，故開國承家，惟計其一時得功之大小，不論其往日爲人之邪正，此正王者封建之公心也。至于封建之後，董治百官，或上而參預廟廊之機謀，或下而委任百司之庶政，則惟賢是用。而前日諸將功臣中之小人，惟享其封建之爵土，再不得干預乎此矣。故又戒之以"小人勿用"也。"弟子輿尸"，戒之于師始；"小人勿用"，戒之于師終。聖人之情見矣。

《象》曰："大君有命"，以正功也。"小人勿用"，必亂邦也。

"正功"者，正功之大小也。"亂邦"者，小人挾功倚勢，暴虐其民，必亂其邦。王三錫命，命于行師之始，惟在于懷邦。懷邦者，懷其邦之民也。大君有命，命于行師之終，惟恐其亂邦。亂邦者，亂其邦之民也。聖人行師，惟救其民而已，豈得已哉！

坤下坎上（比）

"比"，親輔也。其卦坤下坎上。以卦象論，水在地上，最相親切，"比"之象也。以爻論，五居尊位，衆陰比而從之，有"一人輔萬邦、四海仰一人"之象，故爲"比"也。《序卦》："衆必有所比，故受之以比。"所以次師。

比吉，原筮，元永貞，无咎。不寧方來，後夫凶。

原者，再也，與《禮記》"末有原"之"原"同。蒙之剛中在下卦，故曰"初筮"。比之剛中在上卦，故曰"原筮"。下卦名"初筮"，上卦名"原筮"，非真以蓍草筮之也。孔子于二卦《彖辭》皆曰"以剛中"，言蒙剛中在下，故能發人之蒙；比剛中在上，故有三①德而人來親輔也，非舊注所謂"再筮以自審"也。"元"者，元善也，即仁也；"永"，恒也；"貞"，正也，言元善、長永、貞固也。"無咎"者，有此"元永貞"之三德也。"不寧"者，不遑也。四方歸附方新，來者不遑也，猶言四方歸附之不暇也。坤爲方，故曰"方"。"後夫凶"者，如萬國朝禹而防風後至，天下歸漢而田橫不來也。下畫爲前，上畫爲後。凡卦畫陽在前者爲夫，如睽卦"遇元夫"是也。此夫指九五也。陽剛當五，乃位天德，"元"之象也。四陰在下，相率而來，"不寧方來"之象也。一陰高亢于上，負固不服，"後夫"之象也。○言筮得此卦爲人所親輔，占者固

---

① 三：虎林本亦作"三"，史念冲本、朝爽堂本、鄭燦本作"君"。

吉矣。然何以吉哉？蓋因上卦陽剛得中，有元、永、貞三者之德，則在我已無咎，而四方之歸附于我者且不遑，後來者自蹈迷復之凶矣。此所以吉也。

《彖》曰：比，吉也。比，輔也，下順從也。"原筮，元永貞，无咎"，以剛中也。"不寧方來"，上下應也。"後夫凶"，其道窮也。

釋卦名義，又以卦體釋《卦辭》。"比，吉也"，乃漸卦"女歸吉也"之例，皆止添一"也"字。"比，輔"者，言陽居尊位，群下順從以親輔之也。蓋輔者，比之義。順從者，又輔之義。順者，情不容已。從者，分不可逃。"以"者，因也，因有此"剛中"之德也。剛中則私欲無所留，所以爲元善者此也；剛中則健而不息，所以爲永者此也；剛中則正固而不偏，所以爲貞者此也。蓋八卦正位坎在五，所以有此三①德而無咎。九五居上，群陰應于下，上下相應，所以"不寧方來"。"道窮"者，理勢窮蹙，無所歸附也。

《象》曰：地上有水，比。先王以建萬國，親諸侯。

物相親比而無間者，莫如水在地上。先王觀比之象，建公侯伯子男之國，上而巡狩，下而述職，朝聘往來，以親諸侯。諸侯承流宣化，以親其民。則視天下猶一家，視萬民猶一身，而天下比于一矣。《彖》則人來比我，《象》與諸爻則我去比人。師之畜衆，井田法也；比之親侯，封建法也。秦惟不知此義，故二世即亡。善乎！《六代論》曰："譬如芟刈股肱，獨任胸腹；浮舟江海，捐弃楫櫂。觀者爲之寒心，而始皇自以爲帝王萬世之業，豈不悖哉！"

初六，有孚，比之，无咎。有孚盈缶，終來，有他，吉。②

"有孚"者，誠信也。"比之"者，比于人也。誠信比人，則"無咎"矣。"缶"，瓦器也，以土爲之而中虛，坤土陰虛之象也。"盈"者，充滿也。缶，坤土之器。坎，下流之物。初變成屯，屯者盈也，水流盈缶之象也。若以人事論，乃自一念而念念皆誠，自一事而事事皆誠，即"盈缶"也。"有孚"即孟子所謂"信人"。"盈缶"則充實之謂美矣。"來"者，自外而來也。"他"，對"我"言，"終"，對"始"言。○初六乃比之始，相比之道以誠信爲本，故無咎。若由今積累，自始至終，皆其誠信充實于中，若缶之盈滿，孚之至于極矣，

---

① 三：原誤作"二"，虎林本、史念冲本、朝爽堂本、鄭燦本皆作"三"，據改。
② 朝爽堂本、鄭燦本此處有音注："缶音否"。

則不但無咎，更"有他吉"也。

《象》曰：比之初六，有他吉也。

言比不但無咎，而即"有他吉"，見比貴誠實也。

六二，比之自內，貞吉。

二在內卦，故曰"內"。"自內"者，由己涵養有素，因之得君，如伊尹樂堯舜之道而應成湯之聘也。八卦正位，坤在二，故曰貞。〇六二柔順中正，上應九五，皆以中正之道相比，蓋貞而吉者也。占者有是德，則應是占矣。

《象》曰："比之自內"，不自失也。

中正，故"不自失"。

六三，比之匪人。

三不中不正，己不能擇人而比之矣。又承、乘、應皆陰，故爲"比之匪人"。二之中正，而曰"匪人"者，止以陰論也。婦人雖賢，猶是婦人，非先儒隨時之説。

《象》曰："比之匪人"，不亦傷乎！

"傷"，哀傷也，即孟子"哀哉"之意。不言其凶而曰"傷乎"者，蓋惻然而痛憫也。

六四，外比之，貞吉。

九五外卦，故曰"外"，謂從五也。"之"字，指五。本卦獨九五爲賢，六二以正應而比之，修乎己而"貞吉"也。六四以相近而比之，從乎人而"貞吉"也。於此見《易》之時。〇六四柔順得正，舍正應之陰柔而外比九五剛明中正之賢，得所比之正者矣，吉之道也，故占者"貞吉"。

《象》曰：外比於賢，以從上也。

五，陽剛中正，故言"賢"。居尊位，故言"上"。言六四外比，豈徒以其賢哉？君臣大分，亦以安其"從上"之分也。

九五，顯比。王用三驅，失前禽，邑人不誡，吉。

"顯"者，顯然，光明正大無私也。言比我者無私，而我亦非違道以[1]求比

---

[1] 以：原作"于"，虎林本作"于"，皆誤；史念冲本、朝爽堂本、鄭燦本作"以"，據改。

乎我也。下三句，顯比之象也。"三驅"者，設三面之網，即天子不合圍也。坎錯離爲日，"王"之象也。又居三，"三"之象也。坎馬駕坤車，"驅"之象也。綜師，用兵，驅逐禽獸之象也。前後坤土兩開，開一面之象也。故同人初九前坤土兩開曰"同人于門"。一陽在衆陰之中，與小過同，"禽"之象也，故師卦亦曰"禽"。"前禽"指初，下卦在前，初在應爻之外，"失前禽"之象也。坤爲邑，又爲衆，又三、四爲人位，居應爻二之上、五之下，"邑人"之象也。"不誡"者，禽之去者聽其自去，邑人不相警誡以求必得也。不誡者，在下之無私；不合圍者，在上之無私，所以爲顯。〇九五剛健中正，以居尊位，羣陰求比于己，顯其比而無私，其不比者亦聽其自去。來者不拒，去者不追，故有此象。占者比人無私則吉矣。

《象》曰："顯比"之吉，位正中也。舍逆取順，"失前禽"也。"邑人不誡"，上使中也。舍，音捨。

位正中，即剛健中正居尊位也。用命不入網而去者爲"逆"，不我比者也；不用其命入網而來者爲"順"，比我者也。人中正，則不貪得。"邑人不誡"者，以王者有中德，故下化之亦中，亦不貪得，猶上有以使之也。所以"失前禽，邑人不誡"。

上六，比之无首，凶。

乾爲首，九五乾剛之君，乃"首"也。九五已與四陰相爲顯比，至上六則不能與君比，是"比之無首"，其道窮矣，故蹈"後夫之凶"。

《象》曰："比之无首"，無所終也。

"無所終"，即"後夫凶"。

䷈ 乾下巽上 （小畜）

"小"者，陰也；"畜"者，止也。乾下巽上，以陰畜陽。又一陰居四，上下五陽皆其所畜，以小畜大，故爲"小畜"。又畜之未極，陽猶尚往，亦"小畜"也。《序卦》："比必有所畜①，故受之以小畜。"所以次比。

小畜，亨。密雲不雨，自我西郊。②

中爻離錯坎，"雲"之象。中爻兌，"西"之象。下卦乾，"郊"之象。詳見需卦。凡雲自西而來東者，水生木，泄其氣，故無雨。○小畜亨，然其所以亨者，以畜未極而施未行也。故有"密雲不雨，自我西郊"之象，故占者"亨"。

《彖》曰："小畜"，柔得位而上下應之，曰小畜。健而巽，剛中而志行，乃亨。"密雲不雨"，尚往也。"自我西郊"，施未行也。施，始豉③反。

以卦綜、卦德釋卦名、《卦辭》。得位者，八卦正位，巽在四④也。本卦與履相綜，故孔子《雜卦》曰"小畜，寡也。履，不處也"。履之三爻陰居陽位，不得其位，往而爲小畜之四，則得位矣，故曰"柔得位而上下應之"。"上下"者，五陽也，以柔得位而上下應之，則五陽皆四所畜矣。以小畜大，故曰"小畜"。內"健"，則此心果決而能勝其私；外"巽"，則見事詳審而不至躁妄。又二、五剛居中位，則陽有可爲之勢，可以伸其必爲之志矣。陽性上行，故曰"志行"。"乃亨"者，言陽爲陰所畜，宜不亨矣，以健而巽，剛居中而志行，則陽猶可亨也。"往"者陽往，"施"者陰施，言畜之未極，陽氣猶上往，而陰不能止也。惟陽上往，所以陰澤不能施行而成雨。

《象》曰：風行天上，小畜。君子以懿文德。

"懿"，美也。巽順，懿美之象。三⑤乾，陽德之象。中爻離，"文"之象。以道而見諸躬行曰"道德"，見諸威儀文辭曰"文德"。風行天上，有氣而無質，能畜而不能久，曰"小畜"。君子大則道德，小則文德，故體之以美其文。德之小曰"文"，而必曰"德"者，見文乃德之輝，非粉飾也。

初九，復自道，何其咎？吉。

---

① 比必有所畜：原本無"所"字，虎林本、史念冲本、朝爽堂本亦無；據鄭燦本及《序卦》本文補。
② 朝爽堂本、鄭燦本此處有音注："畜音初，大畜同。"
③ 豉：虎林本、史念冲本亦作"豉"，朝爽堂本、鄭燦本作"跂"。
④ 四：原作"內"，史念冲本、朝爽堂本、鄭燦本作"四"，據改。
⑤ 三：虎林本、史念冲本、朝爽堂本亦作"三"，鄭燦本作"下"。

自下升上曰"復"，歸還之意。陽本在上之物，志欲上進，而爲陰所畜止，故曰"復"。"自"者，由也；"道"者，以正道也。言進于上，乃陽之正道也。"何其咎"，見其本無咎也。復卦"不遠復""休復"者，乃六陰已極之時，喜陽之復生于下。此卦之"復自道""牽復"者，乃一陰得位之時，喜陽之復升于上。○初九乾體居下得正，雖與四陰爲正應，而能守正不爲四所畜，故有"復自道"之象。占者如是，則無咎而吉矣。

《象》曰："復自道"，其義吉也。

在下而畜于上之陰者，勢也。不爲陰所畜而復于上者，理也。陽不爲陰畜，乃理之自吉者，故曰"其義吉"。

九二，牽復，吉。

九二漸近于陰，若不能復矣。然九二剛中，則不過剛而能守己相時，故亦復。與初二爻并復，有"牽連而復"之象。占者如是則吉矣。三陽同體，故曰"牽"。故夬卦亦曰"牽"，《程傳》謂"二、五牽復"，《本義》謂"初"，觀《小象》"亦"字，則《本義》是。

《象》曰：牽復在中，亦不自失也。

在中者，言陽剛居中也。亦者，承初爻之辭，言初九之復自道者，以其剛正不爲陰所畜，"不自失"也，九二剛中"牽復"，"亦不自失"也。言與初九同也。

九三，輿説輻，夫妻反目。説，音悦。

輿脱去其輻則不能行。乾錯坤，"輿"之象也。變兑爲毀折，"脱輻"之象也。脱輻非惡意，彼此相悦不肯行也。乾爲夫，長女爲妻。"反目"者，反轉其目，不相對視也。中爻離爲目，巽多白眼，"反目"之象也。三、四，初時陰陽相比而悦，及變兑爲口舌，巽性進退不果，又妻乘其夫，妻居其外，夫反在内，則三反見制于四，不能正室而"反目"矣。蓋陽性終不可畜，所以小畜止能畜得九三一爻，諸爻皆不能畜，然亦三之自取也。○九三比陰，陰陽相悦，必苟合矣。爲四畜止不行，故有"輿脱輻"之象。然三過剛不中，鋭于前進；四性入，堅于畜止，不許前進。三反見制于四，不能正室矣，故又有"反目"之象。其象如此，而占者之凶可知矣。

《象》曰："夫妻反目"，不能正室也。

"室"者，閨門也。"正"者，男正位乎外，女正位乎內也。三、四苟合，豈能"正室"？所以"反目"。故歸妹《大象》曰"君子以永終知敝"。

六四，有孚，血去惕出，无咎。 去，上聲。

五陽皆實，一陰中虛，孚信虛中之象也。此爻離錯坎，坎爲血，"血"之象也。"血去"者，去其體之見傷也。又爲加憂，"惕"之象也。"惕出"者，出其心之見懼也。曰"去"曰"出"者，以變爻言也。蓋本爻未變錯坎有"血""惕"之象，既變則成純乾矣，豈有"血""惕"？所以"血去惕出"也。本卦以小畜大，四爲畜之主，近乎其五，蓋畜君者也。畜止其君之欲，豈不傷害憂懼？蓋"畜"有二義：畜之不善者，小人而羈縻君子是也；畜之善者，此爻是也。○六四近五，當畜其五者也。五居尊位，以陰畜之，未免傷害憂懼。然柔順得正，乃能有孚誠信，以上合乎五之志，故有"血去惕出"之象。占者能如是誠信，斯"无咎"矣。

《象》曰："有孚惕出"，上合志也。

"上合志"者，以其"有孚"誠信也。

九五，有孚攣如，富以其鄰。

本卦大象中虛而九五中正，故有孚誠信。"攣"者，攣綴也；綴者，緝也；緝者，續也。皆相連之意，即九二之"牽"也，謂其皆陽之類，所以牽連相從也。巽爲繩，"攣"之象也。又爲近市利三倍，"富"之象也。故家人亦曰"富家大吉"。五居尊位，如富者有財可與鄰共之也。"以"者，左右之也。"以其鄰"者，援挽同德，與之相濟也。君子爲小人所困，正人爲邪黨所厄，則在下者必攀挽於上，期于同進。在上者必援引于下，與之協力，故二"牽"而五"攣"。本卦雖以陰畜陽，初二皆牽復吉，不爲陰所畜。《彖》曰："剛中而志行，乃亨。"剛中志行，正在此爻，故亨。若舊注以三爻同力畜乾，則助小人以畜君子，陽豈得亨？非聖人作《易》之意矣。一陰五陽，君子多于小人，所以初、二、五皆不能畜。○九五居尊，勢有可爲。以九二同德爲輔佐，當小人畜止之時，剛中志行，故有"有孚攣如，富以其鄰"，小人不得畜止之象。占者有孚，亦如是也。

《象》曰："有孚攣如"，不獨富也。

言有孚，則人皆牽攣而從之矣，不必有其富也。今五居尊位，既富矣而又有孚，故曰"不獨富"。

上九，既雨既處，尚德載。婦貞厲，月幾望，君子征凶。

上九變坎爲雨，"雨"之象也。"處"者，止也。巽性既進而退，巽風吹散其雨，"既雨既止"之象也。雨既止，可尚往矣。"尚德載"者，下三陽爲德，坎爲輿，成需，即需上六"不速之客三人來"也。"載"者，積三陽而載之也，故曰積德載，此言陽尚往也。水火乃相錯之卦，火天大有曰"大車以載"，《象》曰"積中不敗"，則坎車積三陽載之上往也明矣。巽婦畜乾之夫，以順爲正。巽本順而正者也，今變坎，失巽順而爲險陷，危厲之道也，故始貞而今厲矣。坎爲月，中爻離爲日，日月之象也。巽錯震，中爻兌，震東兌西，"日月相望"之象也，言陰盛也。《易》中言"月幾望"者三，皆對陽而言：中孚言"從乎陽"，歸妹言"應乎陽"，此則"抗乎陽"也。三陽有乾德，故曰"君子"。巽性進退不果，本疑惑之人，今變坎陷，終必疑君子之進，畜止而陷之，故"征凶"。○畜已終矣，陰終不能畜陽，故有"雨止陽往"之象。畜者雖貞，亦厲之道也。然陰既盛抗陽，則君子亦不可往矣，兩有所成也。故其象占如此。陽終不爲陰所畜，故《雜卦》曰"小畜寡也"。觀"寡"字可知矣。①

《象》曰："既雨既處"，德積載也。"君子征凶"，有所疑也。

陽德積而尚往，故"貞②厲"。陰終疑陽之進而畜之，故"征凶"。

---

① 朝爽堂本、鄭燦本此處後有："○漢桓靈之世，豈無君子？上九，既雨既處，尚德載。婦貞厲，月幾望，君子征凶。上九出九五之上，六四安得而畜之。是雨止之時，可與三陽同德共載而往矣。但六四之陰，雖不畜陽而貞，而猶危厲，其所以危厲者，以其居君之側，如月與日相望，錯日以爲光，君子征凶。宋之章惇，終借哲宗以肆報復君子，豈可曰慶элей而輕進乎？借君子之輕進也。《象》曰：既雨既處，德積載也。君子征凶，有所疑也。陽多陰少，陽盛陰衰，所以雨止。然終疑一陰在君側，征必凶也，宋之紹聖是也。○畜陽者，必恃近君之位，可以困厄君子，故賴九五剛中之君，乃可無患。然終是近君之陰，不可不防，疑小人難保，正以君心難保也。而況司馬君實，特元祐之女王乎。○上九陽也，而處乎上，乃退休老臣之象，卦辭曰不雨，爻辭曰既雨，則既雨二字豈可徑作雨止？當是經雨而休息者。故曰君子征凶。"疑爲凌夫惇圈點內容。

② 貞：鄭燦本亦作"貞"，虎林本、史念冲本、朝爽堂本作"婦"。

兌下乾上（履）

"履"者，禮也，以禮人所踐履也。其卦兌下乾上。天尊于上，澤卑于下，履之象也。內和悅而外剛健，禮嚴而和之象也。《序卦》："物畜然後有禮，故受之以履。"因次小畜。

履虎尾，不咥人，亨。咥，直結反。①

"履"者，足踐履也。中爻巽錯震，震爲足，有"履"之象，乃自上而履下也。"咥"者，嚙也。下卦兌錯艮，艮爲虎，"虎"之象也，乃兌爲虎，非乾爲虎也。先儒不知象，所以以乾爲虎。周公因文王取此象，故革卦上體兌亦取虎象。曰"尾"者，因下卦錯虎，所履在下，故言"尾"也。故遯卦下體艮，亦曰"尾"。兌口乃悅體，中爻又巽順，虎口和悅，巽順不猛，故"不咥人"。

《彖》曰：履，柔履剛也。說而應乎乾，是以"履虎尾，不咥人，亨。"剛中正，履帝位而不疚，光明也。說，音悅。

以卦德釋卦名、《卦辭》，而又言卦體之善。"柔履剛"者，以三之柔履二之剛也。此就下體自上履下而言也，釋卦名也。"悅而應乎乾"者，此就二體自下應上而言也。曰"應"者，明其非履也。三與五同功，故曰"應"，此釋《卦辭》之所以"亨"也。帝指五，九五剛健中正。德與位稱，故"不疚"。不疚，則功業顯于四方，巍然煥然，故"光明"。中爻離，"光明"之象。此又卦體所履之善，非聖人不足以當之。故文王言"履虎尾"，孔子言"履帝位"。

《象》曰：上天下澤，履。君子以辨上下，定民志。

君子觀履之象，辨上下之分。上下之分既辨，則民志自定，上自安其上之分，下自安其下之分矣。

初九，素履往，无咎。

"素"者，白也，空也，無私欲污濁之意。"素履"即《中庸》"素位而

---

① 朝爽堂本、鄭燦本此後有音注："音經。"

行",舜"飯糗茹草若將終身"①,顏子"陋巷不改其樂"②是也。"往"者,進也。陽主于進,故曰往。○初九陽剛在下,本無陰私,當履之初,又無外物所誘,蓋"素位而行"者也,故有"素履"之象。以是而往,必能守其所願之志而不變,履之善者也。故占者无咎。

《象》曰:素履之往,獨行願也。

"獨",有人所不行而己獨行之意。"願",即《中庸》"不願乎外"③之"願",言初九素位而行,獨行己之所願而不願乎其外也。《中庸》"素位"二句蓋本周公"素履"之爻云。

九二,履道坦坦,幽人貞吉。

"履道坦坦",依乎《中庸》不"索隱行怪"也。幽獨之人,多是賢者,過④之能履道坦平,不過乎高而驚世駭俗,則"貞吉"矣。變震爲足,"履"之象也。又爲大塗,"道坦坦"之象也。"幽"對"明"言,中爻離明在上,則下爻爲幽矣。三畫卦二爲人位,"幽人"之象也,故歸妹中爻離,九二亦以"幽人"言之。履以和行,"禮之用,和爲貴"⑤,所以本卦陽爻處陰位,如上九則"元吉"者,以嚴而有和也。二與四同,二"坦坦"而四"愬愬"者,二得中而四不得中也。二與五皆得中位,二"貞吉"而五"貞厲"者,二以剛居柔,五以剛居剛也。○九二剛中居柔,上無應與,故有"履道坦坦"之象。幽人如此,正而且吉之道也,故占者"貞吉"。

《象》曰:"幽人貞吉",中不自亂也。

有此中德,心志不自雜亂,所以依中庸而貞吉,世之富貴外物又豈得而動之?

六三,眇能視,跛能履,履虎尾咥人,凶。武人爲于大君。

中爻巽錯震足,下離爲目,皆爲兌之毁折,"眇跛"之象也。六畫卦三爲

---

① 《孟子·盡心下》:孟子曰:"舜之飯糗茹草也,若將終身焉。"
② 《論語·雍也》:子曰:"賢哉回也!一簞食,一瓢飲,在陋巷,人不堪其憂,回也不改其樂。賢哉回也!"
③ 《中庸》:"君子素其位而行,不願乎其外。"
④ 過:虎林本、史念冲本亦作"過",朝爽堂本、鄭燦本作"遇"。
⑤ 《論語·學而》有子之言。

人位，正居兑口，人在虎口之中，"虎咥人"之象也。三變則六畫皆乾矣，以悅體而有文明，乃變爲剛猛武勇，"武"之象也。三，人位，"武人"之象也。曰"武"者，對前未變離之"文"而言也。陽大陰小，陰變爲陽，"大"之象也，故坤卦用六"以大終"，變爲乾君，"大君"之象也。"咥人"，"不咥人"之反；爲"大君"，"履帝位"之反。○六三不中不正，柔而志剛，本無才德而自用自專，不能明而強以爲明，不能行而強以爲行，以此履虎，必見傷害，故有是象，占者之凶可知矣。亦猶履帝位者，必德稱其位而不疚。武人乃強暴之夫，豈可爲大君哉？徒自殺其軀而已。武人爲大君，又占中之象也。

《象》曰："眇能視"，不足以有明也。"跛能履"，不足以與行也。"咥人之凶"，位不當也。"武人爲于大君"，志剛也。

不足"有明""與行"，以陰柔之才言。位不當者，以柔居剛也。爻以位爲志，六三陰柔才弱而志剛，亦如師卦之六三，所以武人而欲爲大君。

九四，履虎尾，愬愬，終吉。

四應初，故履虎尾。"愬愬"，畏懼貌。四多懼，"愬愬"之象也。三以柔暗之才而其志剛猛，所以觸禍。四以剛明之才而其志恐懼，所以免禍。天下之理原是如此，不獨象數然也。○九四亦以不中不正，履其虎尾，然以剛居柔，故能愬愬戒懼，其初雖不得即吉而終則吉也。

《象》曰："愬愬終吉"，志行也。

初曰"獨行"，遠君也；四曰"志行"，近君也。"志行"者，柔順以事剛決之君，而得行其志也。始雖危而終則不危，所謂"終吉"者此也。蓋危者使①平，《易》之道原是如此。故三之志徒剛而四之志則行。

九五，夬履，貞厲。

"夬"者，決也。慨然以天下之事爲可爲，主張太過之意。蓋夬與履，皆乾兑上下相易之卦，曰"夬履"者，在履而當夬位也。然《彖辭》與《爻辭》不同，何也？蓋《彖辭》以履之成卦言，六爻皆未動也，見其剛中正，故善之。《爻辭》則專主九五一爻而言，以變爻而言也。變離則又明燥而愈夬矣，

---

① 使：原作"始"，據史念冲本改。

故不同。在下位者，不患其不憂，患其不能樂，故喜其"履坦"；在上位者，不患其不樂，患其不能憂，故戒其"夬履"。二之"坦"則正而吉者，喜之也；五之"夬"則正而危者，戒之也。○九五以剛中而履帝位，則有可夬之資而挾可夬之勢矣。又下應巽體，爲臣下者皆容悦承順，故有"夬履"之象，然有所恃必有所害，雖使得正，亦危道也。故其占爲"貞厲"，其戒深矣。

《象》曰："夬履貞厲"，位正當也。

有中正之德而又當尊位，傷于所恃又下卦悦體，因悦方成其夬，所以兑之九五亦言"位正當"。

上九，視履，句。**考祥其旋，**句。**元吉。**

"視履"作一句，與"素履""夬履"同例。"視"者，回視而詳審也。中爻離目，"視"之象也。"祥"者，善也。三凶五厲，皆非善也。考其履之善，必皆天理之節文，人事之儀則，下文"其旋"是也。"旋"者，周旋、折旋也。凡禮，以義合而截然不可犯者謂之方，猶人之步履折旋也；以天合而怡然不可解者謂之圓，猶人之步履周旋也。禮雖有三千、三百之多，不過周旋、折旋而已。考其善于周旋、折旋之間，則周旋中規、折旋中矩矣，豈不元吉！○上九當履之終，前無所履，可以回視其履矣，故有"視履"之象。能視其履，則可以考其善矣。考其善而中規中矩，履之至善者也。占者如是，不惟吉而且大吉也。

《象》曰：**元吉在上，大有慶也。**

"大"即元，"慶"即吉，非元吉之外別有大慶。

乾下坤上（泰）

"泰"者，通也。天地陰陽相交而和，萬物生成，故爲泰。小人在外，君子在内，"泰"之象也。《序卦》："履而泰，然後安，故受之以泰。"所以次履。此正月之卦。

泰，小往大來，吉，亨。

"小"謂陰，"大"謂陽。"往""來"，以內外之卦言之，由內而之外曰"往"，由外而之內曰"來"。否、泰，二卦同體，文王相綜爲一卦，故《雜卦》曰："否、泰，反其類也。""小往大來"者，言否內卦之陰往而居泰卦之外，外卦之陽來而居泰卦之內也。

《彖》曰："**泰，小往大來，吉，亨。**"**則是天地交而萬物通也，上下交而其志同也，內陽而外陰，內健而外順，內君子而外小人，君子道長，小人道消也。**

"則是"二字直管至"消也"。天地以氣交，氣交而物通者，天地之泰也。上下以心交，心交而志同者，上下之泰也。"陰""陽"以氣言，"健""順"以德言，此二句，造化之"小往大來"也。"君子""小人"以類言，此三句，人事之"小往大來"也。"內""外"釋"往""來"之義，"陰""陽"，"健""順"，"君子""小人"，釋"大""小"之義。

《象》曰：**天地交，泰。后以財成天地之道，輔相天地之宜，以左右民。**

"后"，元后也。"道"，就其體之自然而言。"宜"，就其用之當然而言。"財成"者，因其全體而裁制使不過。如氣化流行，籠統相續，聖人則爲之裁制，以分春夏秋冬之節；地勢廣邈，經緯交錯，聖人則爲之裁制，以分東西南北之限，此"裁成天地之道"也。"輔相"者，隨其所宜而贊助其不及。如春生秋殺，此時運之自然，高黍下稻，亦地勢之所宜，聖人則輔相之，使當春而耕，當秋而斂，高者種黍，下者種稻，此"輔相天地之宜"也。"左右"者，扶植之意，扶植以遂其生，俾其亦如天地之通泰也。陽左陰右，有此象，故曰"左右"。

初九，拔茅茹，以其彙，句。**征吉。**

變巽爲陰木，草茅之象也。"茹"者，根也，初在下，根之象也。"彙"者，類也，與"猬"字同，似豪豬而小，滿身毛刺。同類多，故以彙爲類。"拔茅茹，以其彙"者，言拔一茅則其根茹牽連同類而起也。"征"者，仕進之意。○當泰之時，三陽同體，有"拔茅茹，以其彙"之象。占者同德牽連而往則吉矣。

《象》曰：拔茅征吉，志在外也。

志在外卦之君，故"征吉"。

九二，包荒，用馮河，不遐遺。朋亡，得尚于中行。馮，音憑。

"包"字詳見蒙卦。"包荒"者，包乎初也，初爲草茅，荒穢之象也。因本卦小往大來，陽來乎下，故包初。"馮河"者，二變則中爻成坎水矣，"河"之象也；河水在前，乾健，利涉大川，"馮"之象也。"用馮河"者，用馮河之勇往也。二居柔位，故教之以勇。二變與五隔河，若馮河而往，則能就乎五矣。二與初爲邇，隔三、四與五爲遐。"不遐遺"者，不遺乎五也。"朋"者，初也，三陽同體，牽連而進，二居其中，"朋"之象也。故咸卦中爻成乾，四居乾之中，亦曰"朋從"。"朋亡"者，亡乎初而事五也。"尚"者，尚往而事五也。"中行"，指六五，六五《小象》曰"中以行願"是也。卦以上下交爲泰，故以"尚中行"爲辭。曰"得尚"者，慶幸之辭也。若惟知包乎荒，則必不能馮河而就五矣，必遐遺乎五矣，必不能亡朋矣。"用馮河"以下，聖人教占者之辭。陽來居內，不向乎外，有惟知包乎內卦之初、遐遺乎外卦君上之象。故聖人于初，教之以"征"；于二，教之以"尚"。舊注不識象，所以失此爻之旨。○當泰之時，陽來于下，不知有上，故九二有包初之象。然二、五君臣同德，天下太平，賢人君子正當觀國用賓之時，故聖人教占者，用馮河之勇以奮其必爲之志，不可因邇而忘遠。若能忘其所邇之朋，得尚往于中行之君，以共濟其泰，則上下交而其志同，可以收光大之事業而泰道成矣，故其象占如此。

《象》曰："包荒"，"得尚于中行"，以光大也。

曰"包荒"，兼下三句而言也。孔子《小象》多是如此。捨相比溺愛之朋，而尚往以事中德之君，豈不光明正大！乾陽，"大"之象也，變離，"光"之象也。

九三，无平不陂，无往不復。艱貞无咎，勿恤其孚，于食有福。陂，碑爲反。

"陂"，傾邪也。"无平不陂"，以上卦地形險變之理言；"無往不復"，以下卦天氣往來之理言。"艱"者，勞心焦思，不敢慢易之意；"貞"者，謹守法度，不敢邪僻般樂之意。"恤"者，憂也。"孚"者，信也。"勿恤其孚"者，不憂此理之可信也。"食"者，吞于口而不見也。"福"者，福祿也。"有福"

者，我自有之福也。"食有福"者，天禄永終之意。乾之三爻"乾乾""惕若""厲"，"艱貞无咎"之象也。變兌爲口，"食"之象也。○三當泰將極而否將來之時，聖人戒占者曰：居今泰之世者，承平既久，可謂平矣，無謂平而不陂也；陰往陽來，可謂往矣，無謂往而不復也。今三陽既盛，正將陂將復之時矣，故必艱貞而守正，庶可保泰而无咎。若或不憂此理之可信，不能艱貞以保之，是自食盡其所有之福禄矣，可畏之甚也。故戒占者以此。

《象》曰："无往不復"，天地際也。

"際"者，交際也。外卦地，内卦天，天地否泰之交會，正在九三、六四之際也。

六四，翩翩不富以其鄰，不戒以孚。

此爻正是陰陽交泰。"翩翩"，飛貌，言三陰群飛而來也。小畜曰"富"者，乃陽爻也。此曰"不富"者，乃陰爻也。泰否相綜，中爻巽，巽爲市利三倍，"富"之象也。又爲命令，"戒"之象也。言不待倚之以富，而其鄰從之者甚于從富；不待戒之以令，而其類信之者速于命令也。從者，從乎陽也；信者，信乎陽也。言陰交泰乎陽也，陽欲交泰乎陰，故初曰"征"，二曰"尚"。陰欲交泰乎陽，故四曰"不富以鄰"。"不戒以孚"，言乃中心願乎陽也。五曰"帝乙歸妹"，言行願乎陽也。此四爻正陰陽交泰，所以説兩個"願"字。《彖辭》"上下交而其志同"，正在于此。若三與上雖正應，然陰陽之極，不成交泰矣。故三①陽之極則曰"无往不復"，所以防"城復于隍"于其始；六②陰之極則曰"城復于隍"，所以表"无往不復"于其終，二"復"字相應。○六四柔順得正，當泰之時，陰向乎内，已交泰乎陽矣，故有三陰"翩翩""不富""不戒"之象。不言吉凶者，陰方向内，其勢雖微，然小人已來于内矣，固不可以言吉；然上有"以祉元吉"之君，上下交而其志同，未見世道之否，又不可以言凶也。

《象》曰："翩翩不富"，皆失實也。"不戒以孚"，中心願也。

"皆失實"者，陰虛陽實，陰往于外已久，三陰皆失其陽矣。今來與陽交

---

① 諸本皆作"三"，據文意當指"九三"。
② 諸本皆作"六"，據文意當指"上六"。

泰，乃中心之至願也，故不戒而自孚。

六五，帝乙歸妹，以祉元吉。

中爻三、五爲雷，二、四爲澤，有"歸妹"之象，故曰"歸妹"。因本卦陰陽交泰，陰居尊位而陽反在下，故象以此也。"帝乙"，即"高宗""箕子"之例。"祉"者，福也。"以祉"者，以此得祉也，即泰道成也。○泰已成矣，陰陽交會，五以柔中而下應二之剛中，上下交而其志同，故有王姬下嫁之象。蓋享太平之福祉而元吉者，占者如是，亦祉而元吉矣。

《象》曰："以祉元吉"，中以行願也。

"中"者，中德也。陰陽交泰，乃其所願，故二曰"尚"，五曰"歸"，一往一來之意也。二曰"中行"，五曰"中行願"，上下皆中正，所謂上下交而其志同也。四與陽心相孚契，故曰"中心願"，五下嫁于陽，則見諸行事矣，故曰"行願"。惟得行其願，則泰道成矣，所以"元吉"。

上六，城復于隍，勿用師。自邑告命，貞吝。

坤爲土，變艮亦土，但有離象，中虛外圍，"城"之象也。既變爲艮，則爲徑路，爲門闕，爲果蓏。城上有徑路如門闕，又生草木，則城傾圮不成其城矣，"復于隍"之象也。程子言，掘隍土積累以成城，如治道積累以成泰，及泰之終將反于否，如城土傾圮復于隍是也。此"復"字正應"无往不復""復"字。"師"者，興兵動衆以平服之也。坤爲衆，中爻爲震，變爻象離，爲戈兵，衆動戈兵，"師"之象也，與復上六同。中爻兌口，"告"之象也。兌綜巽，"命"之象也。"自"者，自近以及遠也。"邑"字詳見謙卦。○上六當泰之終，承平既久，泰極而否，故有"城復于隍"之象。然當人心離散之時，若復用師以平服之，則勞民傷財，民益散亂，故戒占者不可用師遠討，惟可自一邑親近之民播告之，漸及于遠，以諭其利害可也。此收拾人心之舉，雖亦正固，然不能保邦于未危之先，而罪己下詔于既危之後，亦可羞矣。故其占者如此。

《象》曰："城復于隍"，其命亂也。

"命"，即"可以寄百里之命""命"字，謂政令也。蓋泰極而否，雖天運之自然，亦人事之致然。惟"其命亂"，所以復否。聖人于泰終而歸咎于人事，其戒深矣。

䷋ 坤下乾上 （否）

"否"者，閉塞不通也。卦象、卦德皆與泰反。《序卦》："物不可以終通，故受之以否。"所以次泰。此七月之卦。

否之匪人，不利。句。**君子貞，大往小來**。

"否之匪人"與"履虎尾""同人于野""艮其背"同例，《卦辭》惟此四卦與卦名相連。"否之匪人"者，言否之者非人也，乃天也，即"大往小來"也。"不利"者，即《彖辭》"萬物不通""天下无邦""道長""道消"也。"君子貞"者，即"儉德避難，不可榮以禄"也。不言小人者，《易》爲君子謀也。"大往小來"者，否泰相綜，泰內卦之陽，往而居否之外；外卦之陰，來而居否之內。文王當殷之末世，親見世道之否，所以發"匪人"之句。後來孔子居春秋之否，乃曰："道之將行也與，命也；道之將廢也與，命也。"孟子居戰國之否，乃曰："莫之爲而爲者，天也；莫之致而至者，命也。"皆宗文王"否之匪人"之句。"否之匪人"者，天數也；"君子貞"者，人事也。所以孔孟進以禮，退以義，惟守君子之貞。程、朱以爲"非人道也"，似無"道"字意；誠齋以爲"用非其人"，似無"用"字意。不如只就"大往小來"説。○言"否之"者，非人也，乃天也。否由于天，所以占者不利。丁否運之君子，欲濟其否，豈容智力于間哉？惟當守其正而已。何也？大往小來，匪人也，乃天運之自然也。天運既出于自然，君子亦將爲之何哉？故惟當守其正而已。

《彖》曰："否之匪人，不利。**君子貞，大往小來**"，則是天地不交而萬物不通也，上下不交而天下无邦也。內陰而外陽，內柔而外剛，內小人而外君子，小人道長，君子道消也。

釋"大往小來"四字，與泰卦同。上自爲上，下自爲下，則雖有邦國，實與無邦國同矣，故"天下无邦"。

《象》曰：天地不交，否，**君子以儉德辟難，不可榮以禄**。辟，音避。難，去聲。

"儉"者，儉約其德，斂其道德之光也。坤爲吝嗇，"儉"之象也。"辟難"者，避小人之禍也，三陽出居在外，"避難"之象也。"不可榮以祿"者，人不可得而榮之以祿也，非戒辭也，言若不儉德，則人因德而榮祿，小人忌之，禍即至矣，今既儉德，人不知我，則不榮以祿，故不榮以祿者，正所以避難也。

初六，拔茅茹，以其彙，貞吉，亨。

變震爲蕃，"茅茹"之象也。否綜泰，故初《爻辭》同。"貞"者，上有九五剛健中正之君，三陰能牽連而志在于君，則貞矣。蓋否之時能從乎陽，是小人而能從君子，豈不貞？○初在下，去陽甚遠，三陰同體，故有"拔茅茹，以其彙"之象。當否之時，能正而志在于休否之君，吉而且亨之道也，故教占者以此。

《象》曰："拔茅""貞吉"，志在君也。

"貞"者，以其志在于君也，故"吉"。泰初九曰"志在外"，此變外爲君者，泰六五之君，不如否之剛健中正得稱君也。

六二，包承，小人吉，大人否亨。

"包承"者，包乎初也，二乃初之承，曰包承者，猶言將承包之也。大來乎下，故曰"包荒"；小來乎下，故曰"包承"。既包乎承，則小人與小人爲群矣。小人與小人爲群，大人與大人爲群，不相干涉，不相傷害矣，否者不榮以祿也。○當否之時，小來乎下，故六二有"包承"之象。既包乎承，則小人爲群，不上害乎大人矣，故占者在小人則有不害正之吉，在大人則身否而道亨也。

《象》曰："大人否亨"，不亂群也。

陰來乎下，陽往乎上，兩不相交，故"不亂群"。

六三，包羞。

"包"者，包乎二也。三見二包乎其初，三即包乎二。殊不知二隔乎陽，故包同類，若三，則親比乎陽矣，從陽可也，乃不從陽，非正道矣，可羞者也，故曰"包羞"。○六三不中不正，親比乎陽，當小來于下之時，止知包乎其下矣，而不知上有陽剛之大人在也，乃舍四之大人而包二之小人，羞孰甚焉？故有是象。占者之羞可知矣。

《象》曰："包羞"，位不當也。

"位不當"者，柔而志剛，不能順從乎君子，故可羞。

九四，有命无咎，疇離祉。

變巽爲命，"命"之象也。"有命"者，受九五之命也。四近君，居多懼之地，易于獲咎。今變巽順，則能從乎五矣，故"有命无咎"。"疇"者，同類之三陽也。"離"者，麗也。"離祉"者，附麗其福祉也。○九四當否過中之時，剛居乎柔，能從乎休否之君，同濟乎否，則因大君之命而濟否之志行矣，故不惟在我无咎，獲一身之慶，而同類亦并受其福也。故其象占如此。

《象》曰："有命无咎"，志行也。

濟否之志行。

九五，休否，大人吉。其亡其亡，繫于苞桑。

"休否"者，休息其否也。"其亡其亡"者，念念不忘①其亡，惟恐其亡也。人依木息曰休，中爻巽木，五居木之上，"休"之象也。巽爲陰木，二居巽之下，陰木柔，"桑"之象也。巽爲繩，"繫"之象也。叢生曰"苞"，叢者聚也，柔條細弱，群聚而成叢者也。此爻變離合坎，爲叢棘，"苞"之象也。桑止可取葉養蠶，不成其木，已非樟楠松柏之大矣，又況叢聚而生，則至小而至柔者也。以國家之大，不繫于磐石之堅固，而繫于苞桑之柔小，危之甚也，即危如累卵之意。此二句有音韵，或古語也。○九五陽剛中正，能休時之否，大人之事也，故大人遇之則吉。然下應乎否，惟休否而已，未傾否也，故必勿恃其否之可休，勿安其休之爲吉，兢業戒懼，念念惟恐其亡，若國家繫于苞桑之柔小，常畏其亡，而不自安之象。如此，則否休而漸傾矣。故教占者必儆戒，如此"繫于苞桑又其亡其亡"之象也。

《象》曰："大人之吉"，位正當也。

有中正之德，而又居尊位，與夬履同者，亦恐有所恃，故《爻辭》有"其亡其亡"之句。

上九，傾否，先否後喜。

上文言休息其否，則其否猶未盡也。"傾"者，倒也，與鼎之"顛趾"同，

---

① 忘：原作"亡"，朝爽堂本、鄭燦本作"忘"，據改。

言顛倒也，本在下而今反上也。否泰乃上下相綜之卦，泰陰上陽下，泰終則"復隍"，陽反在上而否矣；否陽上陰下，否終則傾倒，陰反在上而泰矣，此"傾"字之意也。"復隍""復"字應"無往不復""復"字，"傾否""傾"字應"無平不陂""陂"字。陂者，傾邪也。周公《爻辭》，其精極矣。變兌成悅，"喜"之象也。○上九以陽剛之才居否之終，傾時之否乃其優爲者，故其占爲"先否後喜"。

《象》曰：否終則傾，何可長也。

言無久否之理。

梁山來知德先生易經集注卷之四

平山後學崔華重訂　男戀齊、岱齊、囍齊同校

䷌ 離下乾上 （同人）

"同人"者，與人同也。天在上，火性炎上，上與天同，"同人"之象也。二、五皆居正位，以中正相同，"同人"之義也。又一陰而五陽欲同之，亦"同人"也。《序卦》："物不可以終否，故受之以同人。"所以次否。

同人于野，亨。利涉大川，利君子貞。

《彖辭》明。

《彖》曰："同人"，柔得位，得中而應乎乾，曰同人。同人曰："同人于野，亨。利涉大川。"乾行也。文明以健，中正而應，君子正也，唯君子爲能通天下之志。

以卦綜釋卦名，以卦德、卦體釋《卦辭》。同人、大有二卦同體，文王綜爲一卦，故《雜卦》曰"大有，衆也。同人，親也"。柔得位、得中者，八卦正位，離在二，今大有上卦之離來居同人之下卦，則不惟得八卦之正位，又得其中而應乾九五之中正也。下與上相同，故名"同人"。《卦辭》"同人于野"者，六二應乎乾，乾在外卦，乃野外也，故曰"于野"。乾行指"利涉大川"一句，蓋乾剛健中正，且居九五之位，有德有位，故可以濟險難，同人于野。雖六二得位得中，所能同，至于濟險難則非六二陰柔所能也，故曰"乾行"，猶言乾之能事也。本卦錯師，有震木、坎水象，所以"利涉大川"曰"乾行"者，不言象而言理也。內文明則能察于理，外剛健則能勇于義，中正則內無人

欲之私，應乾則外合天德之公。"文明以健"，以德言。"中正而應"，以爻言。此四者皆君子之正道也。惟君子能通天下之志者，君子即正也。"同人于野"者，六二也。"利涉大川"者，乾也。君子貞則總六二、九五言之。○六二應乎九五之乾，固名"同人"矣，然同人《卦辭》乃曰"同人于野，亨。利涉大川"，何也？蓋六二應乾固亨矣，至于利涉大川，非六二也，乃乾也。曰"利君子貞"者，何也？蓋內外卦皆君子之正，所以利"君子正"。天下之理，正而已矣。人同此心，同此理，億兆之衆志雖不同，惟此正理方可通之，方可大同人心。若私邪不正，安能有于野之亨而利涉哉？此所以利君子貞也。

《象》曰：天與火，同人。君子以類族辨物。

"類族"者，于其族而類之，如父母之類皆三年之喪，兄弟之類皆期年之喪是也。"辨物"者，于其物而辨之，如三年之喪其服之麻極粗，期年之喪稍粗，以下漸細是也。如是則同軌同倫，道德可一，風俗可同，亦如天與火不同而同也。凡大象皆有功夫，故曰"君子以"，"以"者，用也。若以"類族"爲人，士爲士族，農爲農族，以"辨物"爲物，蝶爲蝶物，羽爲羽物，則"君子以"三字，無安頓而托空矣。

初九，同人于門，无咎。

變艮爲門，"門"之象也。"于門"者，謂于門外也。門外雖非野之可比，然亦在外，則所同者廣而無私昵矣。○初九以剛正居下，當同人之初，而上無係應，故有"同人于門"之象。占者如是，則無咎也。

《象》曰：出門，同人，又誰咎也？

所同者廣，而無偏黨之私，又誰有咎我者？

六二，同人于宗，吝。

凡離變乾而應乎陽者，皆謂之"宗"。蓋乾乃六十四卦陽爻之祖，有祖則有宗，故所應者爲宗。若原是乾卦，則本然之祖，見陽不言宗。惟新變之乾則新成祖矣，所以見陽言宗也，故睽卦六五亦曰宗。統論一卦，則二、五中正相應，所以"亨"。若論二之一爻，則是陰欲同乎陽矣，所以可"羞"。如履卦《彖辭》"履帝位而不疚"，至本爻則"貞厲"，皆此意。○同人貴無私，六二中正，所應之五亦中正，然卦取同人，陰欲同乎陽，臣妾順從之道也，溺于私而非公矣，豈不羞①？故其象占如此。

《象》曰："同人于宗"，吝道也。

陰欲同乎陽，所私在一人，可羞之道也。

九三，伏戎于莽，升其高陵，三歲不興。

離錯坎爲隱伏，"伏"之象也。中爻巽爲入，亦"伏"之象也。離爲戈兵，"戎"之象也。"莽"，草也，中爻巽爲陰木，草之象也。中爻巽，爲股，三變爲震足，股足齊動，"升"之象也。巽爲高，"高"之象也。三變中爻艮，"陵"之象也。離居三，"三"之象也。"興"，發也。"伏戎于莽"者，俟其五之兵也。"升其高陵"者，窺其二之動也。對五而言，三在五之下，故曰伏。對二而言，三在二之上，故曰升。○九三剛而不中，上無應與，欲同于二，而二乃五之正應，恐九五之見攻，故伏兵于草，升高盼望，將以敵五而攘二。然以理言，二非正應，理不直。以勢言，五居尊位，勢不敵。故至三年之久而終不發。其象如此。以其未發，故占者不言凶。

《象》曰："伏戎于莽"，敵剛也。"三歲不興"，安行也。

所敵者既剛且正，故伏藏。"三歲不興"者，以理與勢俱屈，安敢行哉？故不能行。蓋"行"者，即興動而行也；"安"者，安于理勢而不興也，故曰"安行"。安行，即四"困則"之意。

九四，乘其墉，弗克攻，吉。

"墉"，墻也。離中虛外圍，"墉"之象也。解卦上六變離，亦曰"墉"；泰卦上六變艮，大象離，曰"城"，皆以中空外圍也。此則九三爲六二之墉。九四在上，故曰"乘"。二、四皆爭奪，非同人矣，故不言同人。三惡五之親二，故有犯上之心；四惡二之比三。故有陵下之志。六二，其三國之荊州乎？○四不中正，當同人之時，無應與，亦欲同于六二。三爲二之墉，故有乘墉攻二之象。然以剛居柔，故又有自反而弗克攻之象。能如是，則能改過矣，故占者吉。

《象》曰："乘其墉"，義弗克也。其吉，則困而反則也。

"義"者，理也。"則"者，理之法則也。義理不可移易，故謂之"則"。

---

① 史念冲本"羞"下有"吝"字。

當同而同者，理也，亦法則也；不當同而不同者，理也，亦法則也。"困"者，困窮也，即"困而知之"之"困"也。四剛強，本欲攻二，然其志柔，又思二乃五之正應，義不可攻，欲攻不可攻，二者交戰，往來于此心，故曰"困"。"困"之一字，非孔子不能說出，九四之心也。若生而知之，知其不可攻；學而知之，知①其不可攻，則此心不困矣。言"乘其墉"矣，豈其力之不足哉？特以義不可同，故弗克攻耳。"其吉"者，則因困于心而反于義理之法則也，因困則改過矣，故吉。"義弗克"，正理也。"困而反則"，九四功夫也。

九五，同人，先號咷而後笑，大師克相遇。號，平聲。

火無定體，曰"鼓缶而歌"而"嗟"，"出涕沱若"；中孚象離曰"或泣或歌"；九五又變離，故有此象。"先號咷後笑"者，本卦六爻未變，離錯坎，爲加憂，九五隔于三、四，故憂而"號咷"；及九五變，則中爻爲兌悅，故"後笑"。旅"先笑後號咷"者，本卦未變，中爻兌悅，故"先笑"；及上九變則悅體震動，成小過，災眚之凶矣，故"後號咷"。必用"大師"者，三伏莽，四乘墉，非大師豈能克？此爻變離，中爻錯震，戈兵震動，"師"之象也。九五陽剛之君，陽大陰小，"大師"之象也。且本卦錯師，亦有師象。○九五、六二，以剛柔中正相應，本同心者也，但爲三、四強暴所隔，雖同矣，不得遽與之同，故有未同時不勝號咷、既同後不勝喜笑之象。故聖人教占者曰：君臣，大分也。以臣隔君，大逆也。當此之時，爲君者宜興大師克乎強暴，後方遇乎正應而後可；若號咷，則失其君之威矣。故教占者，占中之象又如此。

《象》曰：同人之先，以中直也。大師相遇，言相克也。

"先"者，先號咷也。"以"者，因也。"中直"，與困卦九五"中直"同，即中正也。言九五所以"先號咷"者，以中正相應必欲同之也。"相克"者，九五克三、四也。

上九，同人于郊，无悔。

乾爲郊，"郊"之象也，詳見需卦。國外曰郊，郊外曰野，皆曠遠之地。但"同人于野"，以卦之全體而言，言大同則能亨也，故"于野"取曠遠大同

---

① 朝爽堂本、鄭燦本"知"字前有"若"字。

之象。此爻則取曠遠無所與同之象，各有所取也。○上九居同人之終，又無應與，則無人可同矣，故有"同人于郊"之象。既無所同，則亦無所悔，故其占如此。

《象》曰："同人于郊"，志未得也。

無人可同，則不能"通天下之志"矣。"志未得"，正與"通天下之志"相反。

䷍ 乾下離上（大有）

"大有"者，所有之大也。火在天上，萬物畢照，所照皆其所有，"大有"之象也。一柔居尊，眾陽并從，諸爻皆六五之所有，"大有"之義也。《序卦》："與人同者，物必歸焉，故受之以大有。"所以次同人。

大有，元亨。

《彖辭》明。

《彖》曰："大有"，柔得尊位大中，而上下應之，曰"大有"。**其德剛健而文明，應乎天而時行，是以"元亨"。**

以卦綜釋卦名，以卦德、卦體釋《卦辭》。大有綜同人，"柔得尊位而大中"者，同人下卦之離，往于大有之上卦，得五之尊位，居大有之中，而上下五陽皆從之也。上下從之，則五陽皆其所有矣。陽大陰小，所有者皆陽，故曰"大有"。內"剛健"，則克勝其私，自誠而明也；外"文明"，則灼見其理，自明而誠也。上下應之者，眾陽應乎六五也。"應天時行"者，六五應乎九二也。"時"者，當其可之謂；"天"即理也，天之道不外時而已。"應天時行"，如天命有德，則應天而時章之；天討有罪，則應天而時用之是也。乾爲天，因應乾，故發此句。"時行"即"應天"之實，非時行之外別有應天也。"剛健""文明"者，德之體；"應天時行"者，德之用。有是德之體用，則能享其大有矣，是以"元亨"。

《象》曰：火在天上，大有。君子以遏惡揚善，順天休命。

"火在天上"，無所不照，則善惡畢照矣。"遏惡"者，"五刑五用"是也；"揚善"者，"五服五章"① 是也。"休"，美也。天命之性，有善無惡，故遏惡揚善者，正所以順天之美命也。

初九，无交害，匪咎。艱則无咎。

"害"者，害我之大有也。離爲戈兵，應爻戈兵在前，惡人傷害之象也。故睽卦離在前，亦曰"見惡人"；夬乃同體之卦，二爻變離，亦曰"莫夜有戎"。初居下位，以凡民而大有，家肥屋潤，人豈無害之理？離火剋乾金，其受害也必矣。無交害者，去離尚遠，未交離之境也。九三交離境，故曰"小人害"也，九三"害"字，從此"害"字來。"匪咎"者，人來害我，非我之咎也。"艱"者，艱難以保其大有，如夬之"惕號"也。〇初九居卑，當大有之初，應爻離火必有害我之乾金者。然陽剛得正，去離尚遠，故有"無②交害匪咎"之象。然或以"匪咎"而以易心處之，則必受其"害"矣；惟"艱"，則可保其大有而"無咎"也。故又教占者以此。

《象》曰：大有初九，无交害也。

時大有而當其初，所以去離遠而"無交害"。

九二，大車以載，有攸往，无咎。

乾錯坤爲大輿，"大車"之象也。陽，上行之物，"車行"之象也。"以"者，用也，用之以載也。變離錯坎，坎中滿，"以載"之象也。"大車以載"之重，九二能任重之象也。二變中爻成巽，巽爲股，巽錯震爲足，股足震動，"有攸往"之象也。〇九二當大有之時，中德蓄積，充實富有，乃應六五之交孚，故有"大車以載"之象。有所往而如是，則可以負荷其任，佐六五虛中之君，共濟大有之盛而"無咎"矣。故其占如此。

《象》曰："大車以載"，積中不敗也。

乾三連，陽多之卦，皆曰"積"，積聚之意。小畜、夬皆五陽一陰，同體之卦，故小畜曰"積德載"，此曰"以載"。而又曰"積中"者，言積陽德而居

---

① "五刑五用""五服五章"俱見《書·皋陶謨》。
② 無：虎林本亦作"無"，史念冲本、朝爽堂本、鄭燦本作"未"。

中也,則小畜之"積德載"愈明矣。夬九二《小象》曰"得中道也",小畜九二《小象》曰"牽復在中",皆此"中"之意。"敗"字在"車"上來,乾金遇離火,必受剋而敗壞,故初曰"無交害",三曰"小人害",則"敗"字雖從車上來,亦"害"字之意。曰"中德",所以不敗壞也。曰"積中不敗",則離火不燒金,六五"厥孚交如",與九二共濟大有之太平矣。

九三,公用亨于天子,小人弗克。

三居下卦之上,故曰"公"。五雖陰爻,然居天位,三非正應,故稱"天子"。"亨"者,陽剛居正,不以大有自私,"亨"之象也。卦本元亨,故曰"亨"。"用亨于天子"者,欲出而有爲,以亨六五大有之治也。九二中德,止曰"大車以載",不言"亨于天子",而九三反欲"亨于天子",何也?蓋九三才剛志剛,所以"用亨天子"也。同人、大有相綜之卦,同人三、四皆欲同乎二,所以大有二三皆欲共濟五之大有也。"小人",指四也。"弗克"者,不能也。三欲亨于天子,四持戈兵阻而害之,因此"小人",所以"弗克亨于天子"也。蓋大有之四,即同人之三,四持戈兵,即三之伏戎也,且①三變爲睽,"輿曳""牛掣"即小人之阻,不得"用亨"也。舊注作"享"者,非。"用亨天子",猶言出而使天子亨大有之亨也。○九三當大有之時,亦欲濟亨通之會,亨于天子而共保大有之治者也。但當離乾交會之間,金受火制,小人在前,不能遽達,故有"弗克亨于天子"之象。占者得此,不當如九二之有攸往也可知矣。

《象》曰:"公用亨于天子",小人害也。

因小人害,所以弗克亨于天子。周公之"無交害"者,初之遠于四也,孔子之"小人害"者,三之近于四也。

九四,匪其彭,无咎。

"彭",鼓聲,又盛也,言聲勢之盛也。四變中爻爲震,震爲鼓,"彭"之象也。變艮土,其盛之象也。○九四居大有之時,已②過中矣,乃大有之極盛者也。近君豈可極盛?然以剛居柔,故有不極其聲勢之盛之象,"無咎"之道也。

---

① 且:原作"二",虎林本此處有墨丁,史念冲本、朝爽堂本、鄭燦本作"且",據改。
② 已:虎林本、史念冲本亦作"已",朝爽堂本、鄭燦本作"時"。

故其占如此。

《象》曰："匪其彭"，无咎，明辨晢也。

"晢"，明貌，晢然其明辨也。離，明之象也。"明辨"者，辨其所居之地乃別嫌多懼之地，辨其所遇之時乃盛極將衰之時也。

六五，厥孚交如，威如，吉。

"威如"者，恭己無爲，平易而不防閑備具，特有人君之威而已。因六五其體文明，其德中順，又有陽剛群賢輔之，即舜之無爲而治矣，所以有此象。○六五當大有之世，文明中順，以居尊位，虛己誠信以任九二之賢，不惟九二有孚于五，而上下之陽亦皆以誠信歸之，是其孚信之交，無一毫之僞者也。是以爲六五者賴群賢以輔治，惟"威如"而已，此則不言而信，不怒而民威于鈇鉞，蓋享大有太平之福者也，何吉如之？故其象占如此。

《象》曰："厥孚交如"，信以發志也。"威如"之吉，易而無備也。

誠能動物，一人之信，足以發上下相信之志也。"易而無備"者，凡人君任賢圖治，若機心深刻而過于防閑預備，則易生嫌隙，決不能與所任用之賢"厥孚交如"矣；惟平易而不防備，則任賢勿貳，去邪勿疑，方可享無爲之治矣。"威如"即恭己。"易而無備"即無爲。若依舊注作戒辭，則《小象》止當曰"威如則吉"，不應曰"威如之吉"也。

上九，自天祐之，吉，无不利。

上九以剛明之德，當大有之盛，既有崇高之富貴，而下有六五柔順之君，剛明之群賢輔之，上九蓋無所作爲，惟享自天祐助之福，吉而無不利者也。占者有是德，居是位，斯應是占矣。

《象》曰：大有上吉，"自天祐"也。

言皆天之祐助人，不可得而爲也。上居天位，故曰天。此爻止有天祐之意，若《繫辭》，又別發未盡之意也。如"公用射隼"，止有"解悖"之意，若"成器而動"，又未盡之意也。言各不同，皆發未盡之意。舊注泥于《繫辭》者，非。

䷎ 艮下坤上 （謙）

"謙"者，有而不居之義。山之高，乃屈而居地之下，"謙"之象也。止于其內而收斂不伐，順乎其外而卑以下人，"謙"之義也。《序卦》："有大者不可以盈，故受之以謙。"故次大有。

謙，亨，君子有終。

"君子"，三也，詳見乾卦三爻。艮終萬物，故曰"有終"。《彖辭》明。

《彖》曰：謙，亨。天道下濟而光明，地道卑而上行。天道虧盈而益謙，地道變盈而流謙，鬼神害盈而福謙，人道惡盈而好謙。謙尊而光，卑而不可逾，君子之終也。上，時掌反。

"濟"者，施也，天位乎上而氣則施于下也。"光明"者，往成萬物，化育昭著，而不可掩也。"卑"者，地位乎下也。"上行"者，地氣上行而交乎天也。天尊而下濟，謙也，而光明則亨矣；地卑，謙也，而上行則亨矣。此言謙之必亨也。"虧盈益謙"，以氣言；"變盈流謙"，以形言。"變"者傾壞，"流"者流注，卑下之地而增高也。"害盈福謙"，以理言；"惡盈好謙"，以情言。此四句，統言天地鬼神人三才，皆好其謙，見謙之所以亨也。"逾"者，過也，言不可久①也。"尊"者，有功有德，謙而不居，則功德愈光，亦如天之光明也。"卑"者，有功有德，謙而不居，愈見其不可及，亦如地之上行也。夫以尊卑之謙，皆自屈于其始，"而光""而不可逾"，皆自伸于其終，此君子之所有"終"也。

《象》曰：地中有山，謙。君子以裒多益寡，稱物平施。②

上下五陰，"地"之象也。一陽居中，"地中有山"之象也。五陰之多，人欲也。一陽之寡，天理也。君子觀此象，裒其人欲之多，益其天理之寡，則廓然太公，物來順應，物物皆天理，自可以"稱物平施"，無所處而不當矣。

---

① 久：虎林本亦作"久"，史念冲本、朝爽堂本、鄭燦本作"及"。
② 史念冲本、朝爽堂本、鄭燦本此處有音注："裒，步尤切。"

"裒"者，減也。

初六，謙謙君子，用涉大川，吉。

凡《易》中有此象而無此事、無此理者，于此爻"涉大川"見之，蓋"金車""玉鉉"之類也。周公立《爻辭》，止因中爻震木在坎水之上，故有此句。而今就文依理，只得説能謙，險亦可濟也。○六柔，謙德也。初，卑位也。以謙德而居卑位，謙而又謙也。君子有此謙德，以之濟險亦吉矣，故占者"用涉大川"亦"吉"。

《象》曰："謙謙君子"，卑以自牧也。

"牧"，養也。謙謙而成其君子，何哉？蓋九三"勞謙君子"，萬民所歸服者也。二并上與三俱鳴其謙，四則撝裂其謙，五因謙而利侵伐。初居謙之下，位已卑矣，何所作爲哉？惟自養其謙德而已。

六二，鳴謙，貞吉。

本卦與小過同，有"飛鳥遺音"之象，故曰"鳴"。豫卦亦有小過之象，亦曰"鳴"。又中爻震爲"善鳴"。鳴者，陽唱而陰和也。《荀九家》以"陰陽相應故鳴"，得之矣。故中孚錯小過，九二曰"鶴鳴在陰"，又曰"翰音登于天"，皆有鳴之意。"鶴鳴"，《小象》曰"中心願"也，此曰"中心得"也，言二與三中心相得，所以相唱和而鳴也。若舊注以謙有聞，則非"鳴謙"，乃"謙鳴"矣。若《傳》以"德充積于中，見于聲音"，則上六"鳴謙"其志未得，與"鳴豫"之凶皆説不去矣。○六二柔順中正，相比于三，三蓋勞謙君子也。三謙而二和之，與之相從，故有"鳴謙"之象，正而且吉者也，故其占如此。

《象》曰："鳴謙貞吉"，中心得也。

言六二與三，中心相得，非勉強唱和也。

九三，勞謙，君子有終，吉。

"勞"者，勤也，即"勞之來之"之"勞"。中爻坎爲勞卦，雖《繫辭》去聲讀，然同此"勞"字也。又中爻水，水①有井象，"君子以勞民勸相"，此

---

① 水：原作"木"，史念冲本、朝爽堂本、鄭燦本作"水"，據改。

"勞"字之象也。艮終萬物，三居艮之終，故以文王《卦辭》"君子有終"歸之。八卦正位艮在三，所以此爻極善。"有終"，即萬民服。舊注因《繫辭》"有功而不德"句，遂以爲"功勞"，殊不知勞乎民後方有功。此爻止有勞而不伐意，故萬民服。〇九三當謙之時，以一陽而居五陰之中，陽剛得正，蓋能勞乎民而謙者也。然雖不伐其勞，而終不能掩其勞，萬民歸服，豈不有終？故占者"吉"。

《象》曰："勞謙君子"，萬民服也。

陰爲民，五陰故曰"萬民"。衆陰歸之，故曰"服"。

六四，无不利，撝謙。

"撝"者，裂也，兩開之意。六四當上下之際，開裂之象也。"撝謙"者，以撝爲謙也。凡一陽五陰之卦，其陽不論位之當否，皆尊其陽而卑其陰。如復之"元吉"，師之"錫命"，豫之"大有得"，比之"顯比"，剝之"得輿"，皆尊其陽，不論其位也。六四才位皆陰，九三"勞謙"之賢，正萬民歸服之時，故開裂退避而去，非舊注"更當發揮其謙"也。〇六四當謙之時，柔而得正，能謙者也，故"無不利"矣。但"勞謙"之賢在下，不敢當陽之承，乃避三而去之，故有以撝爲謙之象。占者能此，可謂不違陰陽之則者矣。

《象》曰："无不利，撝謙"，不違則也。

"則"者，陽尊陰卑之法則也。撝而去之，不違尊卑之則矣。

六五，不富以其鄰，利用侵伐，无不利。

陽稱富，小畜五陽，故《小象》曰"不獨富"也。陰皆不富，故泰六四亦曰"不富"。富與鄰，皆指三。"以"者，用也。中爻震爲長子，三非正應，故稱"鄰"。言不用富厚之力，但用長子帥師，而自"利用侵伐"也。坤爲衆，中爻震，此爻變離，爲戈兵，衆動戈兵，侵伐之象。此象亦同初六"用涉大川"，但此則以變爻言也。上六"利用行師"亦此象。〇五以柔居尊，在上而能謙者也。上能謙則從之者衆矣，故有"不富以鄰"而自"利用侵伐"之象。然"用侵伐"者，因其不服而已，若他事亦無不利也。占者有此謙德，斯應是占矣。

《象》曰："利用侵伐"，征不服也。

侵伐非黷武，以其"不服"，不得已而征之也。

上六，鳴謙，利用行師，征邑國。

凡《易》中言"邑國"者，皆坤土也。升卦坤在外，故曰"升虛邑"。晉卦坤在內，故曰"維用伐邑"。泰之上六曰"自邑告命"，師上六曰"開國承家"，復之上六曰"以其國君凶"，訟九①二變坤曰"邑人三百戶"，益之中爻坤曰"爲依遷國"，夬下體錯坤曰"告自邑"，渙九五變坤曰"渙王居"，此曰"征邑國"，皆因坤土也。○上六當謙之終，與三②爲正應，見三之勞謙，亦相從而和之，故亦有"鳴謙"之象。然六二中正，既與三中心相得，結親比之好，則三之心志不在上六而不相得矣。故止可爲將行師征邑國而已，豈能與勞謙君子之賢相爲唱和其謙哉！

《象》曰："鳴謙"，志未得也。可用行師，征邑國也。

"志未得"者，上六與九三心志不相得也。六二與上六皆"鳴謙"，然六二"中心得"，上六"志未得"，所以六二貞吉，而上六止"利用行師"也。

坤下震上（豫）

"豫"者，和樂也。陽始潛閉于地中，及其動而出地，奮發其聲，通暢和豫，"豫"之象也。內順外動，"豫"之由也。《序卦》："有大而能謙，必豫，故受之以豫。"所以次謙。

豫，利建侯行師。

震，長子主器，震驚百里，"建侯"之象。中爻坎陷，一陽統衆陰，"行師"之象。屯有震無坤，則言"建侯"，謙有坤無震，則言"行師"，此震坤合，故兼言也。

**《彖》曰：豫，剛應而志行，順以動豫。豫順以動，故天地如之，而況建

---

① 九：原作"六"，鄭燦本作"九"，據改。
② 三：原作"二"，史念冲本、朝爽堂本、鄭燦本作"三"，據改。

侯行師乎？天地以順動，故日月不過而四時不忒；聖人以順動，則刑罰清而民服。豫之時義大矣哉！

以卦體、卦德釋卦名、《卦辭》而極言之。剛，九四也。"剛應"者，一陽而衆陰從之也；"志行"者，陽之志得行也。"剛應志行"，豫也。内順外動，所以成其豫也，故名"豫"。凡①事合乎天理則順，背乎天理則逆，"順以動"，則一念一事皆天理矣。"天地如之"者，言天地亦不過如我②之順動也。天地且不之違，而況于人之"建侯行師"乎？此其所以利也。建侯行師雖大事，較之天地則小矣。"天地以順動"者，順其自然之氣；"聖人以順動"者，順其當然之理。"不過"者，不差過也。如夏至晝六十刻夜四十刻、冬至晝四十刻夜六十刻之類是也。"不忒"者，不忒忒也，如夏則暑、冬則寒之類是也。刑罰不合乎理，惟乘一己③喜怒之私，故民不服。若"順動"，則合乎天理之公，縱有④刑罰，亦天刑也，故"民服"。"時義"者，豫中事理之時宜也，即"順動"也，此極言而贊之也。六十四卦，時而已矣：事若淺而有深意，曰"時義大矣哉"，欲人思之也；非美事，有時或用之，曰"時用大矣哉"，欲人別之也；大事大變，曰"時大矣哉"，欲人謹之也。

《象》曰：雷出地奮，豫。先王以作樂崇德，殷薦之上帝，以配祖考。

"奮"者，奮發而成聲也。"作"乃"制禮作樂"之"作"。"作樂以崇德"，故聞樂知德。"殷"，盛也。作樂乃朝廷邦國之常，然⑤各有所主，其樂不同。惟萬物本乎天，故有郊；人本乎祖，故有廟。是其用樂之最大者，故曰"殷薦"。故冬至祀上帝于圜丘而配之以祖，必以是樂薦之；季秋祀上帝于明堂而配之以考，必以是樂薦之也⑥。中爻坎爲樂律，"樂"之象。五陰而崇一陽德，"崇德"之象。帝出于震，"上帝"之象。中爻艮爲門闕，坎爲隱伏，"宗廟祖宗"之象。

---

① 凡：原作"人"，虎林本、史念冲本、朝爽堂本、鄭燦本皆作"凡"，據改。
② 我：原作"人"，虎林本、史念冲本、朝爽堂本、鄭燦本皆作"我"，據改。
③ 己：虎林本、史念冲本亦作"己"，朝爽堂本、鄭燦本作"人"。
④ 有：虎林本、史念冲本亦作"有"，朝爽堂本、鄭燦本作"施"。
⑤ "常，然"：原作"常典"，虎林本、史念冲本作"常，然"，朝爽堂本、鄭燦本作"當然"，據虎林本、史念冲本改。
⑥ 也：原作"卦"，虎林本、史念冲本、朝爽堂本、鄭燦本皆作"也"，據改。

初六，鳴豫凶。

"鳴"，詳見"鳴謙"。謙豫二卦同體，文王綜爲一卦，故《雜卦》曰："謙輕而豫怠也。"謙之上六，即豫之初六，故二爻皆言鳴。震性動，又決躁，所以"浚恒凶"，"飛鳥凶"。○初六與九四爲正應，九四由豫，初據其應與之常，欲相從乎四而和之，故有"鳴豫"之象。然初位卑，四近君，乃權臣也，正其志大行之時。上下既懸絕，且初又不中正，應與之情乖矣，豈能與四彼此唱和其豫？不能唱和，初之志窮矣，凶之道也。故占者"凶"。

《象》曰：初六"鳴豫"，志窮凶也。

惟"志窮"，所以"凶"。中孚"鶴鳴""子和"，曰"中心願也"；六二"鳴謙"，曰"中心得也"，此心志相孚者也。上六"鳴謙"，曰"志未得也"；初六"鳴豫"，曰"志窮凶也"，此心志不相孚者也。相孚者皆曰"心"，不相孚者皆曰"志"，此所以爲聖人之言。

六二，介于石，不終日，貞吉。

凡物分爲兩間者曰"介"，二變剛，分坤爲兩間，"介"之象也。"介于石"者，言操守之堅如石，不可移易，中爻艮，"石"之象也。"不終日"者，不溺于豫，見幾而作，不待其日之晚也。二變中爻離日①，居下卦之上，"不終日"之象也。八卦正位坤在二，故"貞吉"。○豫易以溺人，諸爻皆溺于豫，獨六二中正自守，安靜堅確，故有此象，正而且吉之道也。故其占如此。

《象》曰："不終日，貞吉"，以中正也。

惟"中正"，故"不終日，貞吉"。

六三，盱豫。悔，遲有悔。

"盱"者，張目也。中爻錯離，"目"之象也。盱目②以爲豫者，九四當權，三與親比，幸其權勢之足憑，而自縱其所欲也。"盱"與"介"相反，"遲"與"不終日"相反，二中正、三不中正故也。○四爲豫之主，六三陰柔，不中不正，而近于四，上視于四而溺于豫，宜"有悔"者也，故有此象。而其占爲事當速悔，若悔之遲，則過而不改，是謂過矣。此聖人爲占者開遷善之門，而勉

---

① 日：原作"且"，史念冲本、朝爽堂本、鄭燦本作"日"，據改。
② 目：虎林本、史念冲本作"人"，朝爽堂本、鄭燦本作"反"。

之以速改也。

《象》曰：盱豫有悔，位不當也。

六三不中正，故"位不當"。

九四，由豫，大有得。勿疑，朋盍簪。

"由豫"者，言人心之和豫，由四而致也。本卦一陽爲動之主，動而衆陰悅從，故曰"由豫"。"大有得"者，言得大行其志以致天下之豫也。四多疑懼，故曰"疑"。又中爻坎亦爲狐疑。"勿疑"者，中爻艮止，止而不疑之象也。因九四才剛明，故教之以勿疑也。"盍"者，合也。"簪"者，首笄也，婦人冠上之飾，所以總聚其髮者也。下坤，婦人之象也，一陽橫于三陰之首，簪之象也。"勿疑朋盍簪"者，勿疑朋合于我者，皆簪冠之婦人也。○九四一陽居五陰之中，衆①所由以爲豫，故有"由豫"之象。占者遇此，故爲"大有得"。然人既樂從，正當得志之時，必展其大行之志，俾人人皆享其和平豫大之福。勿疑由豫于我者無同德之陽明，而所以朋合于上下內外者皆陰柔之群小，可也。故又教占者必不可疑如此。

《象》曰："由豫，大有得"，志大行也。

剛應而無他爻以分其權，故曰"志大行"。

六五，貞疾，恒不死。

中爻爲坎，坎爲心病，"疾"之象也。曰"貞疾"者，言非假疾，疾之在外而可以藥石者也。九四由豫，人心通歸于四，危之極矣。下卦坤爲腹，九四居卦之中爲心，即咸卦"憧憧往來"之爻也，此正腹中心疾，故謂之"貞疾"。"恒"者，常也。言貞疾而常不死也。周室衰微，此爻近之。○六五當豫之時，柔不能立，而又乘九四之剛。權之所主，衆之所歸，皆在于四，衰弱極矣，故有"貞疾"之象。然以其得中，故又有"恒不死"之象。即象而占，可知矣。

《象》曰：六五"貞疾"，乘剛也。"恒不死"，中未亡也。

雖乘四爲剛所逼，然柔而得中，猶存虛位不死。

上六，冥豫，成有渝，无咎。

---

① 衆：虎林本亦作"衆"，史念冲本、朝爽堂本、鄭燦本作"人"。

"冥"者，幽也，暗也。上六以陰柔居豫極，爲"昏冥于豫"之象。成者，五陰同豫，至上六已成矣。然以動體變剛成離，則前之冥冥者今反昭昭矣。故又爲其事雖成，然樂極哀生，不免有悔心之萌，而能改變之象。占者如是，則能補過矣，故"無咎"。

《象》曰："冥豫"在上，何可長也？

豫已極矣，宜當速改，何可長溺于豫而不反也？

震下兌上 （隨）

"隨"者，從也，少女隨長男，"隨"之象也。隨綜蠱，以艮下而爲震，以巽上而爲兌，"隨"之義也。此動彼悦，亦"隨"之義也。《序卦》："豫必有隨，故受之以隨。"所以次豫。

隨，元亨，利貞，无咎。

"隨，元亨"，然動而悦，易至于"詭隨"，故必"利于貞"，方得"無咎"。若所隨不貞，則雖大亨亦有咎矣，不可依穆姜作四德。①

《象》曰：**剛來而下柔，動而說，隨。大亨貞，无咎，而天下隨時。隨時之義大矣哉！**

以卦綜、卦德釋卦名，又釋《卦辭》而贊之。"剛來而下柔"者，隨蠱二卦同體，文王綜爲一卦，故《雜卦》曰："隨無故也，蠱則飭也。"言蠱下卦原是柔，今艮剛來居于下而爲震，是剛來而下于柔也。"動而悦"者，下動而上悦也。"時"者，正而當其可也。言"大亨貞而無咎"者，以其時也。時者隨其理之所在，理在于上之隨下則隨其下，理在于下之隨上則隨其上，泰則隨其時之泰，否則隨其時之否，禹、稷、顔回是也。譬之夏可以衣葛則葛，冬可以衣裘則裘，隨其時之寒暑而已。惟其時，則通變宜民，邦家無怨，近悦遠來，

---

① 穆姜四德事見《左傳》襄公九年。

故"天下隨時",故即贊之曰"隨時之義大矣哉"。此與艮卦"時"字同,不可依王肅本"時"字作"之"字,觀尾句不曰"隨之時義",而曰"隨時之義",文意自見。

《象》曰:澤中有雷,隨,君子以嚮晦入宴息。

"嚮"與"向"同。"晦"者,日沒而昏也。"宴息"者,宴安休息,即日入而息也。雷二月出地,八月入地。造化之理,有晝必有夜,有明必有晦。故人生天地,有出必有入,有作必有息;其在人心,有感必有寂,有動必有靜。此造化之自然,亦人事之當然也。故雷在地上則"作樂薦帝",雷在地中則"閉關不省方",雷在澤下則"向晦宴息",無非所以法天也。震,東方卦也,日出暘谷。兌,西方卦也,日入昧谷。八月,正兌之時,雷藏于澤,此"向晦"之象也。澤亦是地,不可執泥"澤"字。中爻巽爲入,艮爲止,"入而止息"之象也。

初九,官有渝,貞吉。出門交有功。

隨卦初隨二,二隨三,三隨四,四隨五,五隨六,不論應與。"官"者,主也;震長子主器,"官"之象也。"渝"者,變而隨乎二也;初爲震主,性變動,"渝"之象也。故訟卦四變,中爻爲震,亦曰"渝"。中爻艮,"門"之象也。二與四同功,二多譽,"功"之象也。故九四《小象》亦曰"功"。○初九陽剛得正,當隨之時,變而隨乎其二,二居中得正,不失其所隨矣,從正而吉者也,故占者"貞吉"。然其所以貞吉者何哉?蓋方"出門"隨人之始,即交"有功"之人,何"貞吉"如之!故又言所以"貞吉"之故。

《象》曰:"官有渝",從正吉也。"出門交有功",不失也。

二中正,所以"從正吉"。"交有功",則不失其所隨矣。舊注不知八卦正位震在初,乃極美之爻,所以通作戒辭看。

六二,係小子,失丈夫。

中爻巽爲繩,"係"之象也。陰爻稱小子,陽爻稱丈夫,陽大陰小之意。"小子"者,三也。"丈夫"者,初也。○六二中正,當隨之時,義當隨乎其三。然三不正,初得正,故有"係小子,失丈夫"之象。不言凶咎者,二中正,所隨之時,不能兼與也。

《象》曰："係小子"，弗兼與也。

既隨乎三，不能兼乎其初。

六三，係丈夫，失小子。隨有求得，利居貞。

"丈夫"者，九四也。"小子"者，六二也。"得"者，四近君爲大臣，求乎其貴可以得其貴也。中爻巽，近市利三倍，求乎其富可以得其富也。○六三當隨之時，義當隨乎其四，然四不中正，六二中正，故有"係丈夫失小子"之象。若有所求，必有所得，但利乎其正耳。三不中正，故又戒占者以此。

《象》曰："係丈夫"，志舍下也。舍，音捨。

時當從四，故心志捨乎下之二也。

九四，隨有獲，貞凶。有孚、在道、以明，何咎？

"有獲"者，得天下之心，隨于己也。四近君，爲大臣。大臣之道，當使恩威一出于上，衆心皆隨于君，若人心隨己，危疑之道也，故凶。"孚"以心言，内有孚信之心也；"道"以事言，凡事合乎道理也；"明"者，識保身之幾也。"有"字、"在"字、"以"字，雖字義稍異，然皆有功夫。若以象論：變坎，"有孚"之象也；震爲大塗，"道"之象也；變坎錯離，"明"之象也，又中爻艮有光輝，亦"明"之象也。○四當隨之時，義當隨乎其五，然四爲大臣，雖隨有獲而勢陵于五，故有"有獲貞凶"之象，所以占者凶。然當居此地之時，何以處此哉？惟誠以結之，道以事之，明哲以保其身，則上安而下隨，即無咎而不凶矣。故又教占者以此。

《象》曰："隨有獲"，其義凶也。"有孚""在道"，明功也。

"義凶"者，有凶之理也。"有孚""在道""明功"者，言有孚、在道皆明哲之功也。蓋明哲，則知心不可欺而内竭其誠，知事不可苟而外合于道，所以無咎也。周公《爻辭》，三者并言。孔子《象辭》，推原而歸功于明。何以驗人臣明哲爲先？昔漢之蕭何、韓信，皆高帝功臣。信既求封齊，復求王楚，可謂"有獲"矣，然無明哲，不知"有獲，貞凶"之義，卒及大禍。何則不然，帝在軍中，遣使勞何，何悉遣子弟從軍，帝大悦。及擊陳豨，遣使拜何相國，封五千户，何讓不受，悉以家財佐軍用，帝又悦，卒爲漢第一功臣，身榮名顯。若何者，可謂知明功臣者矣。孔子"明功"之言，不其驗哉！

九五，孚于嘉，吉。

八卦正位兑在六，乃爻之嘉美者，且上六歸山，乃嘉遯矣，故曰"孚于嘉"。○九五陽剛中正，當隨之時，義當隨乎其六，故有"孚嘉"之象，蓋隨之美者也。占者得此，吉可知矣。

《象》曰："孚于嘉，吉"，位正中也。

惟中正，故"孚于嘉"。

上六，拘係之，乃從維之。王用亨于西山。

"係"，即六二、六三之係。"維"亦係也。係之又維之，言係而又係也，《詩》"縶之維之，于焉嘉客"是也。言五孚于六，如此係維，其相隨之心固結而不可解也。如七十子之隨孔子，五百人之隨田橫，此爻足以當之。變乾，"王"之象也，指五也。兑居西，"西"之象也。兑錯艮，"山"之象也。六不能隨于世人，見九五維係之極，則必歸之山矣。隨蠱相綜，故蠱卦上九"不事王侯"亦有歸山之象。"亨"者，通也。"王用亨于西山"者，用通于西山以求之也。"亨西山"，與謙卦"用涉大川"同，皆因有此象，正所謂無此事此理而有此象也。○上六居隨之終，無所隨從，見九五相隨之極，則遯而歸山矣。故有此象，蓋隨之至者也。占者得此，吉可知矣。

《象》曰："拘係之"，上窮也。

上者，六也。"窮"者，居卦之終，無所隨也，非凶也。

䷑ 巽下艮上（蠱）

"蠱"者，物久敗壞而蠱生也。以卦德論，在上者止息而不動作，在下者巽順而無違忤，彼此委靡因循，此其所以"蠱"也。《序卦》："以喜隨人者必有事，故受之以蠱。"所以次隨。

蠱，元亨，利涉大川。先甲三日，後甲三日。

"利涉大川"者，中爻震木在兑澤之上也。"先甲""後甲"者，本卦艮上巽下，文王《圓圖》艮巽夾震木于東之中，故曰"先甲""後甲"，言巽先于甲，艮後于甲也。巽卦言"先庚""後庚"者，伏羲《圓圖》艮巽夾坎水①于西之中，故曰"先庚""後庚"，言巽先于庚，艮後于庚也。分甲于蠱者，本卦未變，上體中爻震木，下體巽木也；分庚于巽者，本卦未變，上體錯②兌金，下體綜兌金也。十干獨言"甲""庚"者，乾坤乃六十四卦之祖，甲居于寅，坤在上乾在下爲泰；庚居于申，乾在上坤在下爲否。大往小來，小往大來，天地之道不過如此。物不可以終通，物不可以終否，《易》之爲道亦不過如此，所以獨言甲、庚也。曰"先三""後三"者，六爻也，先三者，下三爻也，巽也；後三者，上三爻也，艮也。不曰"爻"而曰"日"者，本卦綜隨，日出震東，日沒兌西，原有此象，故少不言一日二日，多不言九日十日，而獨言"先三""後三"者，則知其爲下三爻、上三爻也明矣。以"先甲用辛取自新""後甲用丁取丁寧"，此說始乎鄭玄，不成其說矣。○當蠱之時，亂極必治，占者固"元亨"矣，然豈靜以俟其治哉？必歷涉艱難險阻，以撥亂反正。知其先之三爻，乃巽之柔懦，所以成其蠱也，則因其柔懦，而矯之以剛果；知其後之三爻，乃艮之止息，所以成其蠱也，則因其止息而矯之以奮發，斯可以"元亨而天下治"矣。

---

① 坎水：原作"兌方"，朝爽堂本、鄭燦本作"坎水"，據改。
② 錯：原作"綜"，鄭燦本作"錯"，據改。

《彖》曰：蠱，剛上而柔下，巽而止蠱。蠱，元亨而天下治也。"利涉大川"，往有事也。"先甲三日""後甲三日"，終則有始，天行也。

以卦綜、卦德釋卦名、《卦辭》。"剛上而柔下"者，蠱綜隨，隨初震之剛上而爲艮，上六兌之柔下而爲巽也。剛上則太尊而情不下達，柔下則太卑而情難上通；巽則諂，止則惰，皆致蠱之由，所以名"蠱"。既"蠱"矣而又"元亨"，何也？蓋造化之與人事，窮則變矣，治必因亂，亂則將治，故蠱。而亂之終，乃治之始也。如五代之後生唐太宗，五季之末生宋太祖是也。治蠱者當斯時，則"天下治"矣，故占者"元亨"。"往有事"，猶言往有爲。方天下壞亂，當勇往以濟難，若復巽懦止息，則終于蠱矣，豈能"元亨"？"終始"即先後，成言乎艮者終也，齊乎巽者始也。"終則有始"者，如晝之終矣而又有夜之始，夜之終矣而又有晝之始。故亂不終亂，亂之終乃其治之始。治亂相仍，乃天運之自然也。故治蠱者必原其始，必推其終。知其蠱之爲始爲先者，乃巽也，則矯之以剛果；知其蠱之爲終爲後者，乃艮也，則矯之以奮發，則蠱治而元亨矣。恆卦上體震綜艮，下體巽，故亦曰"終則有始"。

《象》曰：山下有風，蠱。君子以振民育德。

"山下有風"，則物壞而有事更新矣。"振民"者，鼓舞作興以振起之，使之日趨于善，非巽之柔弱也，此"新民"之事也；"育德"者，操存省察以涵育之，非艮之止息也，此"明德"之事也。當蠱之時，風俗頹敗，由于民德之不新；民德不新，由于己德之不明。故救時之急，在于振民，振民又在于育德，蓋相因之辭也。

初六，幹父之蠱，有子，考无咎，厲終吉。

艮止于上，猶父道之無爲而尊于上也；巽順于下，猶子道之服勞而順于下也。故蠱多言"幹父"之事。"幹"者，木之莖幹也。中爻震木，下體巽木，"幹"之象也。木有幹方能附其繁茂之枝葉，人有才能方能振作其既墜之家聲，故曰"幹蠱"。"有子"者，即《禮記》之"幸哉有子"也。〇初六當蠱之時，才柔志剛，故有"能幹父蠱"之象。占者如是，則能克蓋前愆，喜其今日之維新，忘其前日之廢墜，因子而考亦可以無咎矣。但謂之蠱，未免危厲，知其危厲，不以易心處之，則終得吉矣。因六柔，故又戒之以此。

《象》曰：幹父之蠱，意承考也。

"意承考"者，心之志意在于承當父事，克蓋前愆，所以"考無咎"。

九二，幹母之蠱，不可貞。

艮性止，止而又柔。止則惰，柔則暗，又當家事敗壞之時，子欲幹其蠱，若以我陽剛中直之性直遂幹之，則不惟不堪，亦且難入，即傷恩矣，其害不小。惟當屈己下意，巽順將承，使之身正事治，則亦已矣。故曰"不可貞"，"事父母幾諫"① 是也。若以君臣論，周公之事成王，成王有過，則撻伯禽，皆此意也。《易》之時正在于此。○九二當蠱之時，上應六五，六五陰柔，故有"幹母蠱"之象。然九二剛中，以剛承柔，恐② 其過于直遂也，故戒占者"不可貞"，委曲巽順以幹之可也。

《象》曰：幹母之蠱，得中道也。

"得中道"而不太過，即"不可貞"也。

九三，幹父之蠱，小有悔，无大咎。

"悔"以心言。"悔"者，因九三過剛，則幹蠱之事，更張措置之間，未免先後緩急失其次序，所以悔也。"咎"以理言。然巽體得正，能制其剛，則其幹蠱必非私意妄行矣，所以"無大咎"。○九三，以陽剛之才能幹父之蠱者，故有"幹蠱"之象。然過剛，自用其心，不免"小有悔"。但為父幹蠱，其咎亦不大矣。故其占如此。

《象》曰："幹父之蠱"，終无咎也。

有陽剛之才，方能幹蠱，故周公僅許之，而孔子深許之也。

六四，裕父之蠱，往見吝。

"裕"，寬裕也。強以立事為"幹"，怠而委事為"裕"，正"幹"之反也。"往"者，以此而往治其蠱也；"見吝"者，立見其羞吝也。治蠱如拯溺救焚，猶恐緩不及事，豈可"裕"？○六四以陰居陰，又當艮止，柔而且怠，不能有為，故有"裕蠱"之象。如是則蠱將日深，故往則見吝。戒占者不可如是也。

《象》曰："裕父之蠱"，往未得也。

---

① 見《論語·里仁》。
② 恐：虎林本、史念冲本亦作"恐"，朝爽堂本、鄭燦本作"惡"。

"未得"者，未得治其蠱也。九三之剛失之過，故"悔"，悔者漸趨于吉，故"終無咎"；六四之柔失之不及，故"吝"，吝者漸趨于凶，故"往未得"。寧爲悔，不可爲吝。

六五，幹父之蠱，用譽。

"用"者，用人也。"用譽"者，因用人而得譽也。二多譽，"譽"之象也。周公曰"用譽"，孔子"二多譽"之言蓋本于此。九二以五爲母，六五又取子道，可見"《易》不可典要"。宋仁宗仁柔之主，得韓、范、富、歐，卒爲宋令主，此爻近之。○六五以柔居尊，下應九二，二以剛中之才而居巽體，則所以承順乎五者，莫非剛健大中之德矣。以此治蠱，可得聞譽，然非自能譽也，用人而得其譽也。故其象占如此。

《象》曰：幹父用譽，承以德也。

"承"者，承順也。因巽體，又居下，故曰"承"。言九二承順以剛中之德也。

上九，不事王侯，高尚其事。

上"事"字，事王侯以治蠱也。下"事"字，以高尚爲事也，"耕于有莘之野，而樂堯、舜之道"是也。[①] 上與五二爻，以家事言，則上爲父，五爲母，衆爻爲子，觀諸爻以幹父母言，可知矣；以國事言，則五爲君，下四爻爲用事之臣，上一爻爲不事之臣，觀上一爻以王侯言可知矣。此《易》所以"不可爲典要"也。蓋當蠱之世，任其事而幹蠱者，則操巽命之權而行其所當行，不任其事而高尚者，則體艮止之義而止其所當止，如鄧禹諸臣，皆相光武以幹漢室之蠱，獨子陵釣于富春是也。艮止，"不事"之象。變坤錯乾，"王侯"之象。巽爲高，"高尚"之象。○初至五皆幹蠱，上有用譽之君，下有剛中之臣，家國天下之事已畢矣。上九居蠱之終，無係應于下，在事之外，以剛明之才無應援而處無事之地，蓋賢人君子不偶于時而高潔自守者也，故有此象。占者有是德，斯應是占矣。

《象》曰："不事王侯"，志可則也。

高尚之志，足以起頑立懦，故可則。

[①]《孟子·萬章上》："伊尹耕於有莘之野，而樂堯、舜之道焉。"

梁山來知德先生易經集注卷之五

平山後學崔華重訂　男巒齊、岱齊、囍齊同校

䷒ 兌下坤上 （臨）

"臨"者，進而臨逼于陰①也。二陽浸長以逼于陰，故爲"臨"。十二月之卦也。天下之物，密近相臨者，莫如地與水，故地上有水則爲比，澤上有地②則爲臨。《序卦》："有事而後可大"，"臨者，大也"，"蠱者，事也"，韓康伯云"可大之業，由事而生"，二陽方長而盛大，所以次蠱。

臨，元亨，利貞。至于八月有凶。

臨綜觀，二卦同體，文王綜爲一卦，故《雜卦》曰："臨觀之義，或與或求。"言至建酉，則二陽又在上，陰又逼迫陽矣。至于八月，非臨數至觀八個月也，言至建酉之月爲觀，見陰之消不久也。專以綜卦言。

《彖》曰：臨，剛浸而長，説而順，剛中而應。大亨以正，天之道也。至于八月有凶，消不久也。

以卦體、卦德釋卦名、《卦辭》。"浸"者，漸也。言自復一陽生，至臨則陽漸長矣，此釋卦名。"説而順"者，内説而外順也。説則陽之進也不逼，順則陰之從也不逆。"剛中而應"者，九二剛中應乎六五之柔中也。言雖剛浸長，逼迫乎陰，然非倚剛之强暴而逼迫也，乃彼此和順相應也。此言臨有此善也。

---

① 陰：原作"陽"，朝爽堂本、鄭燦本作"陰"，據改。
② 地：原作"水"，史念冲本、朝爽堂本、鄭燦本作"地"，據改。

剛浸長而悅順者，"大亨"也；剛中而應柔中者，"以正"也。"天之道"者，天道之自然也。言天道陽長陰消，原是如此"大亨以正"也。一誠通復，豈不大亨以正？故文王《卦辭》曰"元亨利貞"者，此也。然陰之消，豈長消哉？至酉曰觀，陰復長而凶矣。

《象》曰：澤上有地，臨。君子以教思无窮，容保民无疆。

"教"者，勞來匡直之謂也。"思"者，教之至誠惻怛，出于心思也。"无窮"者，教之心思，不至厭斁而窮盡也。"容"者，民皆在統馭之中也。"保"者，民皆得其所也。"無疆"者，無疆域之限也。"無窮"，與兌澤同其淵深；"無疆"，與坤土同其博大。二者皆臨民之事，故君子觀臨民之象以之。

初九，咸臨，貞吉。

咸，皆也，同也。以大臨小者，初九、九二臨乎四陰也；以上臨下者，上三爻臨乎其下也。彼臨乎此，此臨乎彼，皆同乎臨，故曰"咸臨"。卦惟二陽，故此二爻皆稱"咸臨"。九剛而得正，故占者"貞吉"。

《象》曰："咸臨，貞吉"，志行正也。

初正，應四亦正，故曰"正"。中爻震足，故初行，五亦行。

九二，咸臨，吉，无不利。

"咸臨"與初同，而占不同者，九二有剛中之德，而又有上進之勢，所以"吉，无不利"。

《象》曰："咸臨，吉，无不利"，未順命也。

"未順命"者，未順五之命也。五，君位，故曰"命"。且兌綜巽，亦有"命"字之象。本卦《彖辭》"悅而順"，孔子恐人疑此爻之"吉，无不利"者乃悅而順五之命也，故于《小象》曰：二之吉利者，乃有剛中之德，陽勢上進，所以吉利也，未順五之命也。

六三，甘臨，无攸利。既憂之，无咎。

"甘臨"者，以甘悅人而无實德也。坤土，其味甘，兌爲口，"甘"之象也。故節卦九五變臨亦曰"甘節"。"无攸利"者，不誠，不能動物也。變乾，乾三爻"惕若"，"憂"之象也。○三居下之上，臨人者也。陰柔悅體，又不中正，故有以甘悅臨人之象，此占者所以"无攸利"也。能"憂"而改之，斯

"无咎"矣。

《象》曰："甘臨"，位不當也。既憂之，咎不長也。

"位不當"者，陰柔不中正也。"咎不長"者，改過也。

六四，至臨，无咎。

六四，當坤兌之交，地澤相比，蓋臨親切之至者，所以占者"无咎"。

《象》曰："至臨，无咎"，位當也。

以陰居陰，故"位當"。

六五，知臨，大君之宜，吉。知，音智。

變坎，坎爲通，"智"之象也。"知臨"者，明四目，達四聰，不自用而任人也。應乾陽，故曰"大君"。"知臨"之"知"，原生于九二，故即曰"大君"。"知"者，覺也，"智"即"知"也。六五非九二不能至此。"宜"者，得人君之統體也。○六五柔中居尊，下任九二剛中之賢，兼衆智以臨天下，蓋得大君之宜者也，吉可知矣。占者有是德，亦如是占也。

《象》曰："大君之宜"，行中之謂也。

與初"行正"同，六五中，九二亦中，故曰"行中"，行中即用中。中爻震足，"行"之象也。

上六，敦臨，吉，无咎。

"敦"，厚也。爻本坤土，又變艮土，敦厚之象。初與二雖非正應，然志在二陽，尊而應卑，高而從下，蓋敦厚之至者。○上六居臨之終，坤土敦厚，有"敦臨"之象，"吉而無咎"之道也。故其象占如此。

《象》曰：敦臨之吉，志在內也。

"志在內"卦二陽。曰"志"者，非正應也。

坤下巽上（觀）

"觀"者，有象以示人，而爲人所觀仰也。風行地上，遍觸萬類，"周觀"

之象也。二陽尊上，爲下四陰所觀仰，"觀"之義也。《序卦》："臨者大也，物大然後可觀，故受之以觀。"所以次臨。

觀，盥而不薦，有孚顒若。觀，官喚反。①

"盥"者，將祭而潔手也。"薦"者，奉酒食以薦也。"有孚"者，信也。"顒"者，大頭也，仰也。《爾雅》："顒顒，君之德也。"大頭在上之意，仰觀君德之意。言祭祀者方潔手而未薦，人皆信而仰之矣，觀者必當如是也。自上示下曰觀，去聲。自下觀上曰觀，平聲。

《彖》曰：**大觀在上，順而巽，中正以觀天下。觀盥而不薦，有孚顒若，下觀而化也。觀天之神道，而四時不忒，聖人以神道設教，而天下服矣**。觀皆去聲。惟"下觀而化"平聲。

以卦體、卦德釋卦名，又釋《卦辭》，而極言之。"順"者，心于理無所乖；"巽"者，事于理無所拂。"中正"即九五，陽大陰小，故曰"大觀在上"。"中正"，則所觀之道也。言人君欲爲觀于天下者，必所居者九五大觀之位，所具者順巽之德，而後以我所居之中觀天下之不中，所居之正觀天下之不正，斯可以爲觀矣，所以名"觀"。"下觀而化"，故人信而仰之，所以"有孚顒若"者此也。"盥而不薦"者，神感也；"有孚顒若"者，神應也，此觀之所以神也，故以天道、聖人之神道極言而贊之。"神"者，妙不可測，莫知其然之謂。"天之神道"，非有聲色，而四時代謝，無少差忒；聖人"神道設教"，亦非有聲色，而民自服從。觀之神，一而已矣。

《象》曰：**風行地上，觀。先王以省方，觀民設教**。上觀去聲，下觀平聲。

"省方"者，巡狩省視四方也。"觀民"者，觀民俗也，即"陳詩以觀民風，納價以觀好惡"② 也。"設教"者，因俗以設教也，如"齊之末業，教以農桑，衛之淫風，教以有別"是也。"風行地上"，周及庶物，有歷覽周遍之象，故以"省方"體之。坤爲方，"方"之象。巽以申命，"設教"之象。

初六，童觀，小人无咎，君子吝。觀，平聲。

"童"者，童稚也。"觀"者，觀乎五也。中爻艮爲少男，"童"之象也。

---

① 朝爽堂本、鄭燦本此後有音注："盥音管。"
②《禮記·王制》："命大師陳詩，以觀民風，命市納賈，以觀民之所好惡，志淫好辟。"

初居陽，亦"童"之象。故二居陰，取女之象。"小人"者，下民也。本卦陰取下民，陽取君子。"无咎"者，百姓日用而不知，所以无咎也。"君子吝"一句，乃足上句之意，故《小象》不言君子。○初六當大觀在上之時，陰柔在下，去五最遠，不能觀五中正之德輝，猶童子之識見不能及遠，故有"童觀"之象。然其占在小人則无咎，若君子豈无咎哉？亦可羞吝矣。見在小人，則當无咎也。

《象》曰：初六，童觀，小人道也。

不能"觀國之光"，小人之道，自是如此。

六二，闚觀，利女貞。觀，平聲。

"闚"與窺同，門内窺視也。不出户庭，僅窺一隙之狹者也。曰"利女貞"，則丈夫非所利矣。中爻艮，"門"之象也。變坎爲隱伏，坎錯離爲目，目在門内隱伏處，"窺視"之象也。二本與五相應，但二之前即門，所以"窺觀"。○六二陰柔，當觀之時，居内而觀外。不出户庭而欲觀中正之道，不可得矣。故有"窺觀"之象，惟女子則得其正也。故其占如此。

《象》曰：闚觀女貞，亦可醜也。

婦無公事，所知者蠶織；女無是非，所議者酒食，則"窺觀"乃女子之正道也。丈夫志在四方，宇宙内事乃吾分内事，以丈夫而爲女子之觀，亦可醜矣。

六三，觀我生，進退。觀，平聲。

下爻皆觀乎五，三隔四，四已"觀國之光"，三惟"觀我生"而已。"我生"者，我陰陽相生之正應也，即上九也。爲進退，爲不果者，巽也。巽有進退之象，故曰"觀我生進退"。○六三當觀之時，隔四不能觀國，故有"觀我生，進退"之人、之象。不言占之凶咎者，陰陽正應，未爲失道，所當觀者也。

《象》曰："觀我生，進退"，未失道也。

"道"者，陰陽相應之正道也。

六四，觀國之光，利用賓于王。觀，平聲。

"光"者，九五陽明在上，被四表、光四方者也。下坤土，國之象。中爻艮，"輝光"之象。四承五，"賓主"之象。九五，"王"之象。"觀國光"者，親炙其盛，快睹其休也。"賓"者，已仕者朝覲于君，君則賓禮之；未仕者仕進于君，君則賓興之也。觀卦利近不利遠，六二中正，又乃正應，乃曰"闚觀"，則不利于遠可知矣。○六四柔順得正，最近于五，有"觀光"之象，故占者"利用賓于王"。

《象》曰："觀國之光"，尚賓也。

"尚"，謂心志之所尚，言其志意願賓于王朝。

九五，觀我生，句。**君子无咎**。觀，去聲。

九五、上九"生"字，亦如六三"生"字，皆我相生之陰陽也。"觀我生"作句，上九相同，觀孔子《小象》可見矣。"觀我生"者，觀示乎我所生之四陰也，即"中正以觀天下"也。"君子无咎"，對初爻"小人无咎"言。下四陰爻皆小人，上二陽爻皆君子，小人當仰觀乎上，故无咎。君子當觀示乎下，故无咎。○九五爲觀之主，陽剛中正，以居尊位，下之四陰皆其所觀示者也，故有"觀我生"之象。大觀在上，"君子无咎"之道也。故其象占如此。

《象》曰："觀我生"，觀民也。二"觀"字皆去聲。

"民"即下四陰，陰爲民，"民"之象也：故姤九四曰"遠民"，以初六陰爻也；內卦三陰遠于五，草莽之民也；六四之陰近于五，仕進之民也。九五雖與六二正應，然初、三、四與九五皆陰陽相生，故曰"觀我生，觀民也"，即"中正以觀天下"之民也。

上九，觀其生，句。**君子无咎**。觀，去聲。

上九雖在觀示之上，然本卦九五有天下國家之責，所以九五觀示乎諸爻，諸爻仰觀乎九五。曰"我生"者，即大有六五五陽皆其所有之意，言下四陰惟我可以觀示，他爻不可得而觀示之也。若上九不在其位，不任其事，則无觀示之責，止因在上位，陰陽相生，義當觀其生，是空有觀生之位而已，故不曰"觀我生"而曰"觀其生"者，避五也。是"我"字甚重而"其"字甚輕也。"君子无咎"者，九五與上九皆陽剛在上，故并君子之无咎也。○上九以陽剛居觀之極，故有"觀其生"之象，亦君子之无咎者，故其象占如此。

《象》曰："觀其生"，志未平也。

"志"者，上九之心志也。"平"者，均平也，與九五平分，相同一般之意。言周公《爻辭》九五"觀我生"，而上九則以"其"字易"我"字者，何哉？以上九之心志不敢與九五同觀其民也，故曰"志未平"也。蓋觀示乎民，乃人君之事，若上九亦觀示乎民，則人臣之權與人君之權相爲均平而無二矣，豈其理哉？故上九陽剛雖與五同，不過有觀生之位而已，不敢以四陰爲我之民，與九五平觀示之也。

震下離上 （噬嗑）

噬，嚙也；嗑，合也。頤中有物間之，嚙而後合也。上下兩陽而中虛，"頤"之象也。四一陽間于其中，"頤中有物"之象也。頤中有物，必嚙而後合，"噬嗑"之象也。《序卦》："嗑者，合也，可觀而後有所合。"所以次觀。

噬嗑，亨，利用獄。

"噬嗑，亨"，卦自有亨義也。天下之事所以不得亨者，以其有間也。噬而嗑，則物不得而間之，自亨通矣。此概舉天下之事而言也。"利用獄"者，噬嗑中之一事也。

《彖》曰：頤中有物曰噬嗑。噬嗑而亨，剛柔分，動而明，雷電合而章，柔得中而上行，雖不當位，利用獄也。

以卦體、卦德、二象、卦綜釋卦名、《卦辭》。"頤中有物"，則其物作梗。以人事論，如寇盜奸宄，治化之梗；蠻夷猾夏①，疆場之梗；以至君臣、父子、親戚、朋友，離貳讒謗間于其中者，皆頤中之梗也。《易》卦命名立象，各有所取。"鼎"也，"井"也，大過之"棟"也，小過之"飛鳥"也，遠取諸物者也；艮之"背"也，頤之"頤"也，噬嗑"頤中之物"也，近取諸身者也。"剛柔分"者，震剛離柔，分居內外，內剛者齒也，外柔者輔也。"動而明"者，震動離明也。"雷電合"者，卦二象也，蓋動不如雷則不能斷，明不如電則不能察，惟"雷電合"則雷震電耀，威明相濟，所謂"動而明"者愈昭彰

---

① 蠻夷猾夏：原作"蠻夷侵擾"，虎林本、史念冲本、朝爽堂本、鄭燦本皆作"蠻夷猾夏"，據改。

矣。此已前言"噬嗑，亨，柔得中而上行者"。本卦綜賁，二卦同體，文王綜爲一卦，故《雜卦》曰："噬嗑，食也。賁，无色也。"言以賁下卦離之柔得中上行，而居于噬嗑之上卦也。蓋不柔則失之暴，柔不中則失之縱，柔得中則寬猛得宜，有哀矜之念而又不流于姑息，此其所以"利用獄"也。若依舊注，自益卦來，則非柔得中而上行，乃上行而柔得中矣。"不當位"者，以陰居陽也。〇"頤中有物"，名"噬嗑"矣，而曰"亨"者，何也？蓋凡噬物，噬則頤分，嗑則頤合，今未噬之先"内剛外柔"，將噬之際"動而明"，正噬之時"合而章"，先分後合，又何物得以間之？此所以"噬嗑而亨"也。然以噬嗑之亨，何事不利，而獨"利用獄"者？蓋六五以柔在上，本"不當位"，不足以致諸事之利，獨以柔得中，所以"利用獄"也。

《象》曰：雷電噬嗑，先王以明罰勑法。

"罰"者，一時所用之法。"法"者，平日所定之罰。"明"者，辨也，辨其輕重，效"電"之明。"勑"者，正也，正其國法，效"雷"之威。明辨其墨、劓、剕、宮、大辟，以至流宥、鞭、朴、金贖之數者，正所以振勑法度，使人知所畏避也。"勑"字本音"賚"，相承作"勑"字。

初九，履校滅趾，无咎。 校，音教。

"校"，足械也。"履"者，以械加于足，如納履于足也。中爻坎，坎爲桎梏，"校"之象也，故上九亦言"校"。"趾"者，足趾也，震爲足，"趾"之象也。"滅"者，没也，遮没其趾也。變坤，不見其震之足，"滅其趾"之象也。"无咎"者，因其刑而懲創以爲善也。"履校"不懲，必至荷校；"滅趾"不懲，必至滅耳。不因其刑而懲創，必至上九之惡積罪大矣，安得无咎？初九、上九，受刑之人；中四爻則用刑者。〇九居初，無位，下民之象也。以陽剛而不柔順，未有不犯刑者，故有"履校滅趾"之象。趾乃人之所用以行者，懲之于初，使不得行其惡，小人之福也。故占者"无咎"。

《象》曰："履校""滅趾"，不行也。

震性動，滅其趾，則不得動而行以爲惡矣。

六二，噬膚，滅鼻，无咎。

"膚"者，肉外皮也。凡卦中次序相近者言"膚"：剝卦言膚者，艮七坤八也；睽卦言膚者，兌二離三也；此卦言膚者，離三震四也。六爻二言"膚"者，皮也；三言"肉"者，皮中之肉也；四言"胏"者，肉中連骨也，以陽剛也，五陰柔又言"肉"矣。爻位以次漸深，噬肉以次漸難。祭有膚鼎，蓋柔脆而無骨，噬而易嗑者也。中四爻有上下齒，"噬嗑"之象，故四爻皆言噬。此爻變兌，兌爲口，"噬"之象也。二乃治獄之人，居其中，初在下，外爲膚，"噬其膚"之象也。故《雜卦》曰"噬嗑，食也"，正言此四爻之噬也。中爻艮，艮爲鼻，"鼻"之象也。二變則中爻爲離，不見其艮之鼻，"滅其鼻"之象也。"滅"字與"滅趾""滅耳"同例，即《朱子語錄》所謂"噬膚而没其鼻于器中"是也，言噬易嗑而深噬之也。〇六二柔順中正，聽斷以理，故其治獄有"噬膚滅鼻之易"之象，"无咎"之道也。故其占如此。

《象》曰：噬膚滅鼻，乘剛也。

"剛"者，初之剛也。人剛則性直，獄内委曲皆不隱藏，已易于聽斷矣，六二又以中正乘其剛，以聽斷，必得其情，故有"噬膚滅鼻"之易。

六三，噬腊肉，遇毒，小吝，无咎。 腊，音昔。

"腊肉"者，即六五之乾肉也，今人以鹽火乾之肉也。離火在前，三變又成離，上火下火，"乾其肉"之象也。九四六五，離有乾象，故二爻皆言"乾"，而此言"腊"也。"遇"者，逢也。凡《易》中言"遇"者，皆雷與火也：睽九二變震曰"遇主于巷"，"遇元夫"者亦變震也；豐"遇配主""遇夷主"，小過《大象》坎錯離"遇其妣""遇其臣"。此雷火，故言"遇毒"。"毒"者，腊肉之陳久太肥者也。《說文》云"毒者，厚也"，《五行志》云"厚味，實腊毒"，師古云"腊，久也。味厚者爲毒久"，《文選》張景陽《七命》云"甘腊毒之味"是也。"噬腊遇毒"者，言噬乾肉而遇陳久太肥厚味之肉也。中爻坎，所以曰"毒"，故師卦有此"毒"字。〇六三陰柔，不中不正，治獄而遇多年陳久煩瑣之事，一時難于斷理，故有"噬腊遇毒"之象，亦小有吝矣。然時當噬嗑，于義亦无咎。故其占又如此。

《象》曰："遇毒"，位不當也。

以陰居陽。

九四，噬乾胏，得金矢，利艱貞，吉。 乾，音干。胏，音滓。

"肺"，乾肉之有骨者。離爲乾，乾之象也，六五亦同此象。三、四居卦之中，乃獄情之難服者，故皆以堅物象之。"金"者，剛也，此爻正"頤中之物"。陽金居二陰之間，"金"之象也。變坤錯乾，亦"金"之象也。"矢"者，直也，中爻坎，"矢"之象也。蓋九四正居坎之中，坎得乾之中爻爲中男，故此爻有金象，有矢象。若六五變爲乾，止有金象，無矢象矣，故止曰"得黃金"。且九四剛而不正，故戒之以剛直；六五柔中，故戒之以剛中。二爻皆曰"得"者，教人必如此也。"艱"者，凛凛然惟恐一毫之少忽，以心言也；"貞"者，兢兢然惟恐一毫之不正，以事言也。周公此象蓋極精者，非《周禮》"鈞金""束矢"之說也。○四居卦中，獄情甚難，故有"噬乾肺"堅物之象。四以剛明之才治之，宜即吉矣。但四溺于二陰之間，恐其徇于私而未甚光明，故必如金之剛，矢之直，而又艱難正固，則吉矣。因九四不中正，故教占者占中之象又如此。

《象》曰："利艱貞，吉"，未光也。

"未光"，即屯九五、夬九五之類。

六五，噬乾肉，得黃金，貞厲，无咎。

"噬乾肉"，難于膚而易于乾肺者也，乃所治之獄匪難匪易之象。"黃"者，中也。"金"者，剛也。變乾，"金"之象也。乾錯坤，"黃"之象也。離得坤之中爻爲中女，則離之中乃坤土也，故曰"黃金"。"貞"者，純乎天理之公而無私也。"厲"者，存乎危懼之心而無忽也。"无咎"者，刑罰當而民不冤也。○六五居尊，用刑于人，人無不服，故有"噬乾肉"易嗑之象。然恐其柔順而不斷也，故必如黃之中、金之剛，而又"貞厲"，乃得"无咎"。因六五柔中，故戒占者占中之象又如此。

《象》曰："貞厲""无咎"，得當也。當，去聲。

言必如此治獄，方"得當"也。

上九，何校滅耳，凶。 何，音荷。

"何"者，負也，謂在頸也。中爻坎爲桎梏，初則曰"屨"，上則曰"負"，以人身分上下而言也。"滅"者，遮滅其耳也。坎爲耳痛，"滅耳"之象也。又離爲戈兵，中爻艮爲手，手持戈兵加于耳之上，亦"滅耳"之象也。○上九居卦之上，當獄之終，蓋惡極罪大、怙終不悛者也，故有"何校滅耳"之象。占者如此，凶可知矣。

《象》曰："何校滅耳"，聰不明也。

"聰"者，聞也，聽也。上九未變，離明在上，坎耳在下，故聽之明。今上九既變，則不成離明矣，所以聽之不明也。困卦坎"有言不信"，夬四變坎"聞言不信"，今既聽之不明，則不信人言矣。坎既心險，又不信好言，所以犯大罪。

離下艮上（賁）

"賁"，飾也。為卦山下有火。山者，百物草木之所聚，下有火則照見其上，品彙皆被光彩，"賁"之象也。《序卦》："嗑者，合也。物不可以苟合也，故受之以賁。"所以次噬嗑。

賁，亨，小利有攸往。賁，彼為反。

"小利攸往"，亦為"亨"，但亨之不大耳。

《彖》曰：賁，亨，柔來而文剛，故亨。分剛上而文柔，故小利有攸往，天文也。文明以止，人文也。觀乎天文以察時變，觀乎人文以化成天下。

以卦綜、卦德釋《卦辭》而極言之。本卦綜噬嗑。"柔來文剛"者，噬嗑上卦之柔來文賁之剛也。柔指離之陰卦，剛則艮之陽卦也。"柔來文剛"以成離明，內而離明則足以照物，動罔不臧，所以"亨"。"分"者，又分下卦也。"分剛上而文柔"者，分噬嗑下卦之剛，上而為艮以"文柔"也。"剛"指震之陽卦，"柔"則離之陰卦也。"剛上而文柔"，以成艮止，外而艮止則內而能知之，外而不能行之，僅可"小利有攸往"而已，不能建大功業也。故以其卦綜觀之，"柔來文剛"，"剛上文柔"，是即"天之文"也，何也？蓋在天成象，日月五星之運行，不過此一剛一柔、一往一來而已，今本卦剛柔交錯，是賁之文即"天之文"也。以其卦德觀之，是即"人之文"也，何也？蓋人之所謂文者，不過文之明也，而燦然有禮以相接；文之止也，而截然有分以相守。今本卦內而離明，外而艮止，是賁之文即"人之文"也。"觀天文以察時變，觀人文以化成天下"，賁之文不其大哉！"變"者，四時寒暑代謝之變也；"化"者，變而爲新；"成"者，久而成俗。

《象》曰：山下有火，賁。君子以明庶政，无敢折獄。

"明"，離象。"无敢"，艮象。"庶"者，衆也，繁庶小事，如錢穀出納之類。"折獄"，則一輕重出入之間，民命之死生所係，乃大事也。曰"无敢"者，非不折獄也，不敢輕折獄也，再三詳審而後發之。意此即"小利有攸往"之理，因內明外止，其取象如此。賁與噬嗑相綜，噬嗑"利用獄"者，明因雷而動也，《賁》"不敢折獄"者，明因艮而止也。

初九，賁其趾，舍車而徒。舍，音捨。

"賁其趾"者，道義以文飾其足趾也。"舍"者，棄也。"徒"者，徒行也。"舍車而徒"，即"賁其趾"也，言舍車之榮而徒行，是不以徒行爲辱而自以道義爲榮也。中爻震與坎，震，"趾"之象也；坎，"車"之象也。變艮，止而又止，"舍"之象也。初比二而應四，比二則從乎坎車矣，應四則從乎震趾矣。然升乎車者必在上方可乘，《易》中言"乘"者皆在上也，言"承"者皆在下也。初在下，無乘之理，故有舍坎車而從震趾之象，觀《小象》"乘"字可見。○初九，剛德明體，蓋內重外輕，自賁于下而隱者也，故有舍非義之車而安于徒步之象。占者得此，當以此自處也。

《象》曰："舍車而徒"，義弗乘也。

初在下，無可乘之理。

六二，賁其須。

在頤曰"須"，在口曰髭，在頰曰髯。須不能以自動，隨頤而動，則須雖美，乃附于頤以爲文者也。本卦綜噬嗑，原有頤象，今變陽，則中爻爲兌口矣。口旁之文莫如須，故以"須"象之。○六二以陰柔居中正，三以陽剛得正，皆無應與，故二附三而動，猶須附頤而動也，故有"賁其須"之象。占者附其君子，斯無愧于賁矣。

《象》曰："賁其須"，與上興也。

"與"者，相從也。"興"者，興起也。二陰柔，從三陽興起者也。

九三，賁如，濡如，永貞吉。

"如"，助語辭。"濡"，沾濡也。離文自飾，"賁如"之象也。中爻坎水自潤，"濡水"之象也。"永貞"者，長永其貞也。九三本貞，教之以永其貞也。"吉"者，陰終不能陵也。○九三以一陽居二陰之間，當賁之時，陰來比己，爲之左右先後，蓋得其賁而潤澤者也，故有"賁如濡如"之象。然不可溺于所安也。占者能守"永貞"之戒，斯"吉"矣。

《象》曰：永貞之吉，終莫之陵也。

"陵"者，侮也。能永其貞，則不陷溺于陰柔之中，有所嚴憚，終莫之陵侮矣。

六四，賁如，皤如，白馬翰如。匪寇，婚媾。 皤，白波反。

"皤"，白也。四變中爻爲巽，"白"之象也。"賁如，皤如"者，言未成其"賁"而成其"皤"也，非"賁如"而又"皤如"也。中爻震，爲臂足，爲的顙。臂白足，顙白顛，"白馬"之象也。舊注不知象，故言"人白則馬亦白"，無是理矣。"翰如"者，馬如翰之飛也。中爻坎，坎爲亟心之馬，"翰如"之象也。"寇"指三，"婚媾"指初。○六四與初爲正應，蓋相爲賁者也，乃爲九三所隔而不得遂，故未成其賁而成其皤。然四往求于初之心如飛翰之疾，不以三之隔而遂已也，使非三之寇，則與初成婚媾而相爲賁矣。是以始雖相隔，而終則相親也，即象而占可知矣，與屯六二同。

《象》曰：六四當位，疑也。"匪寇，婚媾"，終无尤也。

以陰居陰，故當位。疑者，疑懼其三之親比也。六四守正，三不能求，故終无過尤。

六五，賁于丘園，束帛戔戔，吝，終吉。 戔，音殘。①

艮爲山丘之象也，故頤卦指上九爲丘。渙卦中爻艮，故六四"渙其丘"。艮爲果蓏，又居中爻震木之上，果蓏林木，"園"之象也。此"丘園"指上九，上九賁白、貧賤、肆志，乃山林高蹈之賢，蠱乃同體之卦，上九"不事王侯"。

---

① 殘：虎林本、史念冲本亦作"殘"，朝爽堂本作"嫨"，鄭爛本作"賤"。

隨卦上六錯艮，亦曰"西山"。則上九乃山林之賢無疑矣。兩匹爲束，陰爻兩坼，"束"之象也。坤爲帛，此坤土①"帛"之象也。"戔"與殘同，傷也。艮錯兌爲毁折，"戔"之象也。"束帛傷戔"，即今人之禮緞也。本卦上體下體皆外陽中虛，有"禮緞"之象。上戔下戔，故曰"戔戔"。陰吝嗇，故曰"吝"。○六五"文明以止"之主，當賁之時，下無應與，乃上比上九高蹈之賢，故有"光賁丘園、束帛以聘"之象。然賁道將終，文反于質，故又有"戔戔"之象。以此爲禮，有似于"吝"，然禮薄意勤，禮賢下士，乃人君可喜之事。占者得此，"吉"可知矣。

《象》曰：六五之吉，有喜也。

艮錯兌爲悦，故曰"有喜"。得上九高賢而文之，豈不喜？

上九，白賁，无咎。

"賁"，文也。"白"，質也，故曰"白受采"。② 上九居賁之極，物極則反，有色復于無色，所以有"白賁"之象。文勝而反于質，"无咎"之道也。故其象占如此。

《象》曰："白賁，无咎"，上得志也。

文勝而反于質，退居山林之地，六五之君以束帛聘之，豈不得志？此以人事言者也。若以卦綜論之，此爻③原是噬嗑初爻，剛上文柔，以下居上，所以得志。

䷖ 坤下艮上 （剥）

"剥"者，落也，九月之卦也。五陰在下，一陽在上，陰盛陽孤，勢將剥落而盡，"剥"之義也。至高之山，附著于地，有傾頹之勢，"剥"之象也。

---

① 土：虎林本亦作"土"，史念冲本作"上"，朝爽堂本、鄭燦本作"主"。
②《禮記·禮器》：君子曰："甘受和，白受采。"
③ 爻：原作"文"，史念冲本、朝爽堂本、鄭燦本作"爻"，據改。

《序卦》："賁者，飾也，致飾然後亨則盡矣，故受之以剝。"所以次賁。

剝，不利有攸往。

"不利有攸往"，言不可有所往，當儉德避難，所以爲君子謀也。

《彖》曰：剝，剝也，柔變剛也。不利有攸往，小人長也。順而止之，觀象也。君子尚消息盈虛，天行也。

以卦體、卦德釋卦名、《卦辭》。"剝"者，陽剝也，所以剝之者，陰也。五之陰上進而欲變乎上之一陽也。以卦體言之，小人長也，陰邪之聲勢方張也。以卦象言之，內順外止，有"順時而止"之象，人當觀此象也。觀小人之時，時不可往。觀一卦之象，象自不往，所以"不利有攸往"。"消息"者，盈虛之方始；"盈虛"者，消息之已成。"消息盈虛"四字，皆以陽言。復者陽之息，姤者陽之消，乾者陽之盈，坤者陽之虛。此正陽消而將虛之時也。"天行"者，天道自然之運也。天運之使然，君子亦惟以是爲尚，與天時行而已。既不可往，又豈可往哉？"君子"二句，又推原不利有攸往之故。

《象》曰：山附於地，剝。上以厚下安宅。

"上"，謂居民之上，一陽在上之象也。"厚下"者，厚民之生，省刑罰、薄稅斂之類也。"宅"者，上所居之位，非定舍也。因艮體一陽覆幬于上，有宅舍之象，故以宅言之。所以上九亦以廬言者，以有廬之象也。"厚下安宅"者，言厚下而不剝下者，正所以自安其宅也，"民惟邦本，本固邦寧"[①]之意。卦以下剝上取義，乃小人剝君子，成剝之義；《象》以上厚下取義，乃人君厚生民，則治剝之道也。

初六，剝床以足，蔑貞，凶。

"剝床以足"者，剝落其床之足也。變震，足之象也。剝自下起，故以足言之。一陽在上，五陰列下，有宅象、廬象、床象。"蔑"者，滅也。"蔑貞"者，蔑其正道也，指上九也。方"剝足"而即言"蔑貞"，如履霜而知堅冰至也。〇初六，陰剝在下，有"剝床以足"之象。剝床以足，猶未見其凶，然其剝足之勢不至蔑貞而不已，故戒占者如此。此聖人爲君子危，而欲其自防于

[①] 見《書·夏書·五子之歌》。

始也。

《象》曰："剝床以足"，以滅下也。

"以滅下"，則漸而上矣，見其端甚微，知其必有"蔑貞"之禍。

六二，剝床以辨，蔑貞凶。

辨者，床之幹也。不曰幹而曰辨者，謂床之下足之上，分辨處也。蔑貞，同初。

《象》曰："剝床以辨"，未有與也。

"與"者，陽也。凡爻中，陽以應陰，陰以應陽，方謂之"應與"，相比亦然。二本陰爻，有陽爻之應，或有陽爻之比，則有與矣。今比乎二者，初也。初，陰也。應乎二者，五也，五亦陰也。前後左右皆無應與之陽，則上九乃孤陽矣，豈不"蔑貞"？故初知其蔑貞，而二亦知其必有此凶也。

六三，剝之，无咎。

三雖與上九爲正應，不可言剝。然在剝卦之中，猶不能離乎剝之名。之，語助辭。衆陰方剝陽，而三獨與之爲應，是小人中之君子也。去其黨而從正，雖得罪于私黨，而見取于公論，其義无咎矣。占者如此，故无咎。剝以近陽者爲善，應陽者次之。近陽者，六五是也，故无不利。應陽者，此爻是也，故無咎。

《象》曰：剝之无咎，失上下也。

"上下"，謂四陰。三居四陰之中，不與之同黨而獨與一陽爲應與，是所失者上下之陰，而所得者上九之陽也。惟其失四小人，所以得一君子。

六四，剝床以膚，凶。

初"足"、二"辨"、三"床"之上，四乃上體，居床之上，乃床上人之膚也。剝床而及其肌膚，禍切身矣，故不言蔑貞而直曰"凶"。

《象》曰："剝床以膚"，切近災也。

言禍已及身，而不可免也。

六五，貫魚，以宮人寵，无不利。

此正《彖辭》所謂"順而止之"也。"魚貫"者，魚之貫串而相次以序，五陰列兩旁之象也。本卦大象巽，此爻變巽，巽有"魚"象，詳見中孚。巽爲繩，"貫"之象也。"以"者，后妃以之也。五，君位，爲衆陰之長，故可以以之。"魚"，陰物，宮人衆妾，乃陰之美而受制于陽者。艮錯兑爲少女，"宮人"之象也。"以宮人寵"者，統領宮人，以次上行，進御而獲其寵也。一陽在上，五率其衆陰，本卦原有此象。且内順外止，本卦原有此德。陰順則能從乎陽，艮止則必不剥陽矣。"无不利"者，陰聽命于陽，乃小人聽命于君子也，故"无不利"，非《程傳》"別設義"之説。○六四，以剥其膚而凶，至六五，陰長陽消之極矣。然本卦順而且止，故陰不剥陽，有"貫魚以宮人寵"反聽命于陽之象。此小人之福而君子之幸也，故占者"无不利"。

《象》曰：以宮人寵，終无尤也。

五以陰剥陽，今率其類以聽命于陽，有何過尤？

上九，碩果不食，君子得輿，小人剥廬。

"碩果"者，碩大之果。陽大陰小，"碩"之象也。艮爲果，"果"之象也。"不食"者，在枝間未食。諸陽皆消，一陽在上，碩果獨在枝上之象也。此爻未變，艮錯兑爲口，猶有可食之象。此爻一變，則爲坤而無口矣，"不食"之象也。果碩大不食，必剥落朽爛矣，故孔子曰："剥者，爛也。"果剥落朽爛于外，其中之核又復生仁，猶陽無可盡之理，窮上反下，又復生于下也。"輿"者，物賴之以載，猶地之能載物也。變坤，坤爲大輿，"輿"之象也。一陽復生于地之下，則萬物皆賴之以生，此"得輿"之象也。"廬"者，人賴之以覆，猶天之能覆物也。五陰爲廬，一陽蓋上爲廬之椽瓦。今一陽既剥于上，則國破家亡，人無所覆庇以安其身，此"剥廬"之象也。上一畫變，此窮上也，故曰"剥"；剥則陰矣，故曰"小人"。下一畫新生，此反下也，故曰"得"；得則陽矣，故曰"君子"。蓋陽剥于上則必生于下，生之既終則必剥于上。未剥之先，陽一畫在上，故其象似廬；既剥之後，陽生于下，則上一畫又在下矣，故其象似輿。○諸陽消剥已盡，獨上九一爻，故有"碩果不食"之象。今上九一爻既變，則純陰矣。然陽無可盡之理，既剥于上，必生于下，故生于下者，有"君子得輿，而爲民所載"之象；剥于上者，有"小人剥廬，終無所用"之象。占者得此，君子小人當自審矣。

《象》曰："君子得輿"，民所載也。"小人剥廬"，終不可用也。

"民所載"者，民賴之以承載也。廬，所賴以安身者也，今既剝矣，終何用哉？必不能安其身矣。國破家亡，小人無獨存之理。"載"字從"輿"字上來。"不可用"從"剝"字上來。

震下坤上 （復）

"復"者，來復也。自五月一陰生後，陽一向在外，至十月變坤。今冬至復來，反還于內，所以名"復"也。《序卦》："物不可以終盡，剝，窮上反下，故受之以復。"所以次剝。

復，亨。出入无疾，朋來无咎。反復其道，七日來復，利有攸往。

先言"出"而後言"入"者，程子"言語順"是也。"出"者，剛長也；"入"者，剛反也；"疾"者，遽迫也。言出而剛長之時，自一陽至五陽以漸而長，是出之時未嘗遽迫也；入而剛反之時，五月一陰生，九月之剝猶有一陽至，十月陽變，十一月陽反，以漸而反，是入之時未嘗遽迫也。"朋"者，陰牽連于前，"朋"之象也。故豫卦、損卦、益卦、泰卦、咸卦，皆因中爻三陽三陰牽連，皆得稱"朋"也。自外而之內曰"來"，言陰自六爻之二爻雖成朋黨而來，然當陽復之時，陽氣上行，以漸而長，亦無咎病也，復之得亨者以此。"道"猶言路，言剛反而復之道路也。"七日來復"者，自姤而遯、否、觀、剝、坤、復，凡七也，即"七日得"之意。蓋陽極于六，陰極于六，極則反矣，故"七日來復"也。无"疾""咎"者，復之亨也。"七日來復"，復之期也；"利有攸往"，復之占也。大抵姤、復之理，五月一陰生爲姤，一陰生于內，則陽氣浮而在外矣，至于十月坤，陰氣雖盛，而陽氣未嘗息也，但在外耳，譬之妻雖爲主，而夫未嘗亡，故十一月一陽生，曰"剛反"，"反"者，言反而歸之于內也；十一月一陽生而復，一陽生于內，則陰氣浮而在外矣，至于四月乾，陽氣雖盛，而陰氣未嘗息也，但在外耳，譬之夫雖爲主，而妻未嘗亡，故五月一陰復生。天地雖分陰陽，止是一氣，不過一內一外而已。一內一外，即一升一沉、一盛一衰、一代一謝也，消息盈虚，循環無端，所以言剥言復。

《彖》曰：復，亨，剛反，動而以順行，是以"出入无疾，朋來无咎"。"反復其道，七日來復"，天行也。"利有攸往"，剛長也。復，其見天地之心乎。

以卦德、卦體釋《卦辭》而贊之，"剛反"對"剛長"。"反"者，言剥之剛窮上反下而爲復也；"長"者，言復之剛自下進上，歷臨、泰而至于乾也。以其既去而來反也，故亨。以其既反而長也，故"利有攸往"。"剛反"，言方復之初；"剛長"，言已復之後。"行"亦"動"也，言下體雖震動，然上體乃坤順，以順而動，所以出入往來，无疾无咎。"天行"者，陰陽消息，天運之自然也，故"反復其道，七日來復"。陽剛用事，君子道長，所以"利有攸往"。"見天地之心"者，天地無心，生之不息者乃其心也。剥落之時，天地之心幾于滅息矣。今一陽來復，可見天地生物之心無一息之間斷也。一陽之復，在人心則惻隱、羞惡、辭讓、是非，性善之端也，故六爻以復善爲義。此孔子贊辭，言天地間無物可見天地之心，惟此一陽初復，萬物未生，見天地之心。若是三陽發生萬物之後，則天地之心盡散在萬物，不能見矣。天地之心，動後方見；聖人之心，應事接物方見。

《象》曰：雷在地中，復。先王以至日閉關，商旅不行，后不省方。

"先王"者，古之先王。"后"者，今之時王。一陽初復，萬物將發生之時，當上下安靜，以養微陽。"商旅不行"者，下之安靜也；"后不省方"者，上之安靜也。人身亦然，《月令》"齋戒""掩身"是也。以卦體論，陰爻貫魚，"商旅"之象。陽爻橫亙于下，"閉關"之象。陽君不居五而居初，潛居深宮，"不省方"之象。以卦象論，震爲大塗，中開大路，"旅"之象。坤爲眾，"商旅"之象。震綜艮，艮止，"不行"之象。闔户爲坤，"閉關"之象。坤爲方，"方"之象。

初九，不遠復，无祇悔，元吉。

"不遠"者，失之不遠也。"祇"者，適所以之辭，適者往也、至也。人有過失，必至徵色、發聲而後悔悟，此則困心衡慮者也。惟自此心而失之，又自此心而知之；自此心而知之，又自此心而改之，此則不遠即復，不至于悔者也。

○初九，一陽初生于下，復之主也，居于事初，其失不遠，故有不遠能復于善，無至于悔之象，大善而吉之道也。故其占如此。

《象》曰：不遠之復，以修身也。

爲學之道無他，惟知不善則速改，以從善而已。復則人欲去而天理還①，修身之要，何以加此。

六二，休復，吉。

"休"者，休而有容也，人之有善若己有之者也。以其才、位皆柔，又變悦體，所以能下其初之賢而復。○六二柔順中正，近于初九，見九之復而能下之，故有"休復"之象，"吉"之道也。故其占如此。

《象》曰：休復之吉，以下仁也。

復初爻本"碩果不食"，窮上反下，其核又生仁，所以取此"仁"字。復禮爲仁，初陽復即復于仁也，故曰"以下仁"。

六三，頻復，厲，无咎。

"頻"者，數也。三居兩卦之間，一復既盡，一復又來，有"頻"之象，與"頻巽"同。"頻復"者，頻失而頻復也。"厲"者，人心之危也。"无咎"者，能改過也。"不遠之復"者，顏子也；"頻復"則日月一至，諸子也。○六三以陰居陽，不中不正，又處動極，復之不固，故有頻失頻復之象。然當復之時，既失而能知其復，較之迷復者遠矣。故當頻失之時，雖不免危厲，而至于復，則无咎也，故其占如此。

《象》曰：頻復之厲，義无咎也。

頻復而又頻失，雖不免于厲，然能改過，是能補過矣。揆之于義，故无咎。

六四，中行獨復。

"中行"者，在中行也。五陰而四居其中，"中"之象也。凡卦三、四皆可言中，益卦三、四皆言"中行"是也。此爻變震，應爻亦震，震爲足，"行"之象也。"獨復"者，不從其類而從陽也，故孔子以"從道"象之。○六四柔②而得正，在群陰之中，而獨能下應于陽剛，故有"中行獨復"之象。曰"獨

---

① 還：原作"遠"，虎林本、史念冲本、朝爽堂本、鄭燦本皆作"還"，據改。
② 柔：原作"中"，虎林本、史念冲本、朝爽堂本、鄭燦本皆作"柔"，據改。

復",則與休者等矣,蓋二比而四應也。

《象》曰:"中行獨復",以從道也。

初之象曰"以修身也",二曰"仁",四曰"道",修身以道,修道以仁,仁與道皆修身之事。二比而近,故曰"仁"。四應而遠,故曰"道"。《小象》之精極矣。

六五,敦復,无悔。

"敦"者,厚也。有一毫人欲之雜,非復;有一毫人欲之間,非復。"敦復"者,信道之篤、執德之堅,不以久暫而或變者也。"不遠復"者,善心之萌。"敦復"者,善行之固。"无悔"者,反身而誠也。"敦臨""敦復",皆因坤土。○六五以中德居尊位,當復之時,故有敦厚其復之象。如是則心與理一,無可悔之事矣,故占者"无悔"。

《象》曰:"敦復无悔",中以自考也。

"考"者,成也,言有中德,自我而成其"敦復"也,不由于人之意。初乃復之主,二以下仁而成"休復",四以從道而成"獨復",皆有資于初以成其復。惟五以中德而自成,不資于初,故曰"自"。"无祇悔"者,入德之事;"无悔"者,成德之事,故曰"考"。

上六,迷復,凶,有災眚。用行師,終有大敗,以其國君凶,至于十年不克征。

坤爲迷,"迷"之象也。"迷復"者,迷其復而不知復也。坤本先迷,今居其極,則迷之甚矣。"以"者,與也,并及之意。因師敗而并及其君,有傾危之憂也。坤爲衆,"師"之象也。變艮,大象離,離爲戈兵,衆人以戈兵而震動,"行師"之象也。"國"者,坤之象也,詳見謙卦。"十"者,土數成于十也。"不克征"者,不能雪其恥也。"災眚"者,凶也。"用師"以下,則災眚之甚,又凶之大者也。復卦何以言行師?以其敵陽也。剝復相綜,陽初復,陰極盛,正龍戰于野之時,曰"終有大敗"者,陽上進,知其終之時必至于夬之"无號"也。○上六陰柔,居復之終,故有"迷復"之象,占者得此,凶可知矣。是以天災人眚,雜然并至,天下之事,無一可爲者。若行師,則喪師辱君,至于十年之久,猶不能雪其恥,其凶如此。

《象》曰：迷復之凶，反君道也。

"反君道"者，反其五之君道也。六五有中德，敦復无悔。六居坤土之極，又無中順之德，所以反君道而凶。

梁山來知德先生易經集注卷之六

平山後學崔華重訂　男巒齊、岱齊、礧齊同校

䷘ 震下乾上 （无妄）

"无妄"者，至誠無虛妄也。《史記》作"無所期望"[1]，蓋惟本无妄，所以凡事盡其在我，而于吉凶禍福皆委之自然，未常有所期望，所以"无妄"也。以天道言，實理之自然也；以聖人言，實心之自然也。故有正、不正之分。蓋震者動也，動以天爲无妄，動以人則妄矣。《序卦》："復則不妄，故受之以无妄。"所以次復。

无妄，元亨，利貞。其匪正有眚，不利有攸往。

惟其无妄，所以不期望。若處心未免于妄而匪正，則無道以致福，而妄欲徼福，非所謂无妄之福。有過以召災而妄欲免[2]災，非所謂无妄之災。此皆未免容心于禍福之間，非所謂无妄也，豈不"有眚"？若真實无妄之人，則純乎正理，禍福一付之天，而無苟得、幸免之心也。

《彖》曰：无妄，剛自外來而爲主於內，動而健，剛中而應，大亨以正，天之命也。其匪正有眚，不利有攸往。无妄之往，何之矣？天命不祐，行矣哉。

本卦綜大畜，二卦同體，文王綜爲一卦，故《雜卦》曰："大畜，時也。

---

[1]《史記·春申君列傳》：朱英謂春申君曰："世有毋望之福，又有毋望之禍。今君處毋望之世，事毋望之主，安可以無毋望之人乎？"朱熹《周易本義》云："無妄，《史記》作'無望'，謂無所期望而有得焉者，其義亦通。"來注本此。

[2]免：原作"見"，史念冲本、朝爽堂本、鄭燦本作"免"，據改。

无妄，災也。""剛自外來"者，大畜上卦之艮來居无妄之下卦而爲震也。剛自外來，作主于内，又性震動，又自外來，則動以人不動以天，非至誠无虛妄矣，所以有人之眚而"不利有攸往"也。内動而外健，故大亨。剛中而應，故正。"天命"者，至誠乃天命之實理，反身而誠者也。若自外來，豈得爲天命？〇以卦綜、卦德、卦體釋《卦辭》。言文王《卦辭》"元亨利貞"之外，而又言其"匪正有眚，不利有攸往"者，以"剛自外來而爲主于内"也。若本卦"動而健"，以剛中而應柔中，則"大亨以正"矣。"大亨以正"，實"天之命也"。天命實理，無一毫人欲之私，此文王《卦辭》所以言"元亨"也。若以外來者爲主，則有人欲之私，非反身而誠，天命之實理即匪正矣，欲往也，將何之哉？是以"天命不祐"，"有眚"而"不利"也。此所以文王《卦辭》言"元亨"而又"利貞"也。若舊注，以剛自外來爲自訟來，則非自外來乃自内來矣。

《象》曰：天下雷行，物與无妄。先王以茂對時育萬物。

"茂"者，盛也。物物皆對時而育之，所育者極其盛大，非止一物也，即如雷地豫之殷也。"對時"者，因雷發生，萬物對其所育之時也，如孟春犧牲毋用牝之類是也。"天下雷行"，震動發生，一物各具一太極，是物物而與之无妄者，天道之自然也。"茂對時育物"，搏節愛養，輔相裁成，使物物各遂其无妄之性者，聖人之當然也。

初九，无妄，往吉。

爻與《彖辭》不同者，爻以一爻之定體而言，《彖》以全體相綜大畜而言。〇九以陽剛之德居无妄之初，有所動，所謂動以天也。且應爻亦剛，無係戀之私，是一感一應純乎其誠矣，何吉如之！故占者往則吉。

《象》曰：无妄之往，得志也。

誠能動物，何往而不遂其心志？

六二，不耕穫，不菑畬，則利有攸往。

"耕"者，春耕也；"穫"者，秋斂也。"菑"者，田之一歲墾而方成者；"畬"者，田之三歲墾而已熟者。農家始而耕，終而穫；始而菑，終而畬。"不耕穫"者，不方耕而即望其穫也；"不菑畬"者，不方菑而即望成其畬也。耕也，菑也，即明其道也；穫也，畬也，即功也。曰"不耕穫、不菑畬"，即

"明其道不計其功"①也，觀《小象》"未富"可見矣。若《程傳》"不首造其事"，《本義》"无所爲於前，無所冀於後"，將道理通講空了，乃禪學也。吾儒聖人之學，進德修業，盡其理之當然；窮通得喪，聽其天之自然。修身俟命，此正所謂无妄也。豈一點道理不進②，空空寂寂，謂之无妄哉？初爲地位，二爲田，故九二曰"見龍在田"。震居東，二三皆陰土，水臨土上，春耕之象也。震爲禾稼，中爻艮爲手，耒在手，穫之象也。中爻巽，下卦震，上入下動，菑畬之象也，故禾耨取諸益。○六二柔順中正，當无妄之時，無私意期望之心，故有"不耕穫不菑畬"之象。言雖爲于前，無所望于後，占者必如此，則"利有攸往"矣。

《象》曰："不耕穫"，未富也。

言未有富之心也。此"富"字雖曰未有此心，然亦本于象。蓋巽爲市利，小畜上體乃巽，《小象》曰"不獨富也"。此卦中爻巽，曰"未富"者，未入巽之位也。

六三，无妄之災，或繫之牛，行人之得，邑人之災。

本卦大象離，此爻又變離，離爲牛，"牛"之象也。中爻巽爲繩，又艮爲鼻，"繩繫牛鼻"之象也。震爲足，"行"之象也。三爲人位，人在震之大塗，"行人"之象也。三居坤土，得稱邑，又居人位，"邑人"之象也。此爻居震動之極，"牛失"之象也。又變離錯坎，坎爲盜，亦"牛失"之象也。"或"者，設或也，即"假如"二字。假牛以明无妄之災，乃六三也，即"邑人"也。○六三陰柔不正，故有此象。言或繫牛于此，乃邑人之牛也。牛有所繫，本不期望其走失，偶脫所繫而爲行人所得，邑人有失牛之災，亦適然不幸耳，非自己有以致之，故爲无妄之災，即象而占可知矣。

《象》曰：行人得牛，邑人災也。

行人得牛而去，邑人不期望其失牛而失牛，故爲无妄之災。

九四，可貞，无咎。

"可"者，當也。九陽剛健體，其才亦可以有爲者，但下無應與，無所係

---

① 見《漢書·董仲舒傳》。
② 進：虎林本、史念冲本亦作"進"，朝爽堂本、鄭燦本作"盡"。

戀而無妄者也。占者得此，但可守此无妄之正道即無咎矣。若妄動，又不免有咎也。

《象》曰：**可貞无咎，固有之也。**

"固有"者，本有也。無應與，則無係戀而无妄，則无妄乃九四之本有也。

九五，无妄之疾，勿藥有喜。

五變則中爻成坎，坎爲心病，"疾"之象也。中爻巽木、艮石，"藥"之象也。中爻巽綜兌，"悅喜"之象也。意外之變，雖聖人亦不能無。但聖人廓然太公，物來順應，來則照而去不留，無"意必固我"之私，是以意外之來猶无妄之疾耳。如舜之有苗，周公之流言，皆"无妄之疾"也。"誕敷文教而有苗格"①，"公孫碩膚，德音不瑕"②，大舜、周公之疾不藥而自愈矣。〇九五，陽剛中正以居尊位，而下應亦中正，无妄之至也。如是而猶有疾，乃"无妄之疾"，不當得而得者，故勿藥自愈。其象占如此。

《象》曰：**无妄之藥，不可試也。**

"試"者，少嘗之也。"无妄之疾，勿藥"者，以无妄之藥不可嘗也，若嘗而攻治，則反爲妄而生疾矣，故不可輕試其藥，止可聽其自愈。

上九，无妄，行有眚，无攸利。

下應震足，"行"之象也。九非有妄，但時位窮極，不可行耳，故其象占如此。

《象》曰：**无妄之行，窮之災也。**

无妄未有不可行者，以時位耳，與"亢龍"同，故二③《小象》亦同。

乾下艮上 （大畜）

"大"者，陽也。其卦乾下艮上。以陽畜陽，所畜之力大，非如巽以陰畜

---

① 《書·虞書·大禹謨》："帝乃誕敷文德，舞干羽於兩階，七旬有苗格。"
② 見《詩·豳風·狼跋》。《詩序》以爲此詩美周公。
③ 二：虎林本、史念冲本亦作"二"，朝爽堂本、鄭燦本作"其"。

陽，所畜之力小，故曰"大畜"。又有蘊畜之義，又有畜止之義。《序卦》："有无妄，然後可畜。故受之以大畜。"所以次无妄。

大畜，利貞。不家食，吉。利涉大川。

中爻兌口在外，四近于五之君，當食禄于朝，"不家食"之象也。何以言食？本卦大象離，故《象辭》曰"輝光日新"者，因大象離也。離錯坎，又象頤，有飲食自養之象。因錯坎水，中爻震木，所以有"涉大川"之象。又本卦錯萃，萃大象坎，若以卦體論，四、五中空，有"舟"象。乾健應四、五上進，有舟行而前之象。應乎天者，以卦德論其理也。《象辭》、《爻辭》皆各取義不同。"貞"者，正也，利于正道，如"多識前言往行以畜其德"是也。"吉"者，吾道之大行也。言所蘊畜者皆正，則畜極而通，當食禄于朝，大有作爲以濟天下之險也。

《象》曰：大畜，剛健，篤實，輝光，日新其德。剛上而尚賢，能止健，大正也。"不家食吉"，養賢也。"利涉大川"，應乎天也。

以卦德、卦綜、卦體釋卦名、《卦辭》。"剛健"者，内而存主也；"篤實"者，外而踐履也。剛健，無一毫人欲之陰私；篤實，無一毫人欲之虚假。則暗然日章，光輝宣著，其德自日新又新，所以積小而①大以成其畜也，名"大畜"者以此。"剛健"，乾象；"篤實"，艮象。二體相合，離象，故又言"輝光日新"。剛上者，大畜綜无妄，无妄下卦之震上而爲大畜之艮也。上而爲艮，則陽剛之賢在上矣，是"尚其賢"也。"止健"者，止居上而健居下，禁民之強暴也。此二者皆大正之事，所以利貞。若以止健爲止陽剛君子，則又非大正矣。"養賢"者，食禄以養賢也。"應天"者，下應乎乾也。天者，時而已矣。既負蘊畜之才，又有乾健之力，所以當乘時而出，以濟天下之險難也。惟剛上則賢人在上，故能"尚賢"，故能成艮而"止健"，故能兌口在外卦而食禄于外，故能六五得中而應乎乾，此四者皆卦綜剛上之功也。

《象》曰：天在山中，大畜。君子以多識前言往行，以畜其德。

"天"者，一氣而已。氣貫乎地中，天依乎地，地附乎天。雲雷皆自地出，

---

① 而：原作"高"，朝爽堂本、鄭燦本作"而"，據改。

故凡地下空處、深處皆是天，故曰"天在山中"。"多識"，即大畜之意，乃知之功夫也。古聖賢之嘉言善行，皆理之所在，皆古人之德也。君子多識之，考迹以觀其用，察言以求其心，則萬理會通于我，而我之德大矣。此君子體大畜之功也。中爻震足，"行"之象。兌口，"言"之象。

初九，有厲，利已。已，夷止反。

乾三陽爲艮所畜，故内外之卦各具其義。内卦受畜以自止爲義。以陰陽論，若君子之受畜于小人也。外卦能畜以止人爲義，以上下論，若在位之禁止強暴也。《易》主于變易，所以取義不窮①。"已"者，止也。"厲"者，不相援而反相擠排，危厲之道也。○初九陽剛乾體，志于必進。然當大畜之時，爲六四所畜止而不得自伸，故往則有危，惟止則不取禍矣。故教占者必利于止也。

《象》曰："有厲，利已"，不犯災也。

"災"即厲也，止而不行，則"不犯災"矣。

九二，輿說輹。說，音脱。輹，音服。

乾錯坤爲輿，"輿"之象也。中爻兌，爲毁折，"脱輹"之象也。輿賴輹以行，脱則止而不行矣。○九二亦爲六五所畜，以有中德，能自止而不進，故有"輿說輹"之象。占者凡事不冒進，斯無尤矣②。

《象》曰：輿說輹，中无尤也。

惟有中德，故無妄進之尤。

九三，良馬逐，利艱貞。曰閑輿衛，利有攸往。

此爻取蘊畜之義。乾爲良馬，"良馬"之象也。中爻震，爲作足之馬。乾馬在後，追逐震馬之象也。兩馬因震動而追逐，遇艮止不得馳上，"利艱貞"之象也。中爻兌口，乾爲言，"曰"之象也。乾錯坤，"輿"之象也。陰爻兩列在前，"衛"之象也。《考工記》"車有六等"，戈也，人也，殳也，戟也，矛也，軫也，皆衛名。"良馬逐"者，用功如良馬追逐之速也，即九三"終日乾乾，夕惕若"之意。"艱"者，艱難其思慮，恐其失于太易也。"貞"者，貞固其作爲，恐其失于助長也。"曰"者，自嘆之辭。"閑"者，習也，習其車輿與

---

① 窮：虎林本、史念冲本亦作"窮"，朝爽堂本、鄭燦本作"同"。
② 矣：原本無，虎林本、史念冲本、朝爽堂本、鄭燦本皆有"矣"，據補。

其防衛也。閑習，有優游自得之意。"曰閑輿衛"者，自嘆其當閑輿衛也，言當此大畜之時，爲人所畜止摧抑，果何所事哉？亦惟自閑輿衛，以求往乎天衢耳。輿者任重之物，衛者應變之物。以人事論，君子不當家食，以一身而任天下之重者，"輿"也；當涉大川，以一身而應天下之變者，"衛"也。必"多識前言往行"之理，畜其剛健篤實之德，以德爲車，以樂爲御，忠信以爲甲胄，仁義以爲干櫓，涵養于未用之時，以待時而動，此"閑輿衛"之意也。"閑輿衛"又"利艱貞"之象也。舊注以"不相畜而俱進"，殊不知卦名大畜，下體非自止則藴畜也，無進之意。蓋觀"童牛之牿"則知當"有厲，利已"矣，觀"豶豕之牙"則知當"輿説輹"矣，觀"何天之衢"則知用功當"良馬逐"矣，所以《小象》言"上合志"，所以當取藴畜之義。惟藴畜，方能畜極而通"何天之衢"。〇九三以陽居健極，當大畜之時，正多識前言往行、用功不已之時也，故有良馬追逐之象。然猶恐其過剛鋭進，惟當艱貞從容以待時，故又有"曰閑輿衛"之象，如是自然畜極，而通利有攸往矣。故教戒占者必當如此。

《象》曰："利有攸往"，上合志也。

"上合志"者，謂上九之志與之相合也。三與上九情雖不相孚，然皆居二體之上，其志皆欲畜極而通，應與之志相合，所以"利有攸往"。

六四，童牛之牿，元吉。

"童"者，未角之稱。"牿"者，施橫木于牛角以防其觸，即《詩》所謂"楅衡"者也。此爻變離，離爲牛，"牛"之象也。艮本少，又應初，"童牛"之象也。變離錯坎，"牿"之象也。艮手，中爻震木，手持木而施之角，亦"牿"之象也。〇六四艮體居上，當畜乾之時，與初相應，畜初者也。初以陽剛居卦之下，其勢甚微，于此止之爲力甚易，故有"牿童牛"之象。占者如此，則止惡于未形，用力少而成功多，大善而吉之道也，故"元吉"。

《象》曰：六四元吉，有喜也。

上不勞于禁制，下不傷于刑誅，故可喜。四正當兑口之悦，"喜"之象也。

六五，豶豕之牙，吉。豶，音焚。

本卦大象離，離錯坎，"豕"之象也。五變，中爻又成離矣。"豶"者，犗也，騰也，乃走豕也。與"童牛之牿"一句同例。"童"字與"豶"字同，

"梏"字與"牙"字同。中爻震足,性動,"豶"之象也。"牙"者,《埤雅》云"以杙繫豕也",乃杙牙,非齒牙也。杜詩"鳧雛入漿牙"①,坡詩"置酒看君中戟牙",荆公"槎牙死樹鳴老烏",《阿房賦》"檐牙高啄",又將軍之旗曰牙,立于帳前謂之牙帳,《考工記·輪人》"牙也者,所以爲固抱也"②,所以蜀人呼棹牙、凳牙、床牙,則牙字乃古今通用,非齒牙也。《詩》"椓之丁丁",丁丁,杙聲也,以木入土,所以有聲也。今船家繫纜樁謂之燦,亦曰杙牙者,樁上杈牙也。蓋以絲繫矢曰弋,故從弋,所以繩繫木曰杙。變巽爲"繩繫"之象也;巽木,"杙"之象也,言以繩繫走豕于杙牙也。舊注因宮刑或曰犗刑,遂以爲去其勢。但天下無噬人之豕,所以此豶字止有騰字意,無"犗"字意。牛、馬、豕皆人之所畜者,故大畜并言之。〇六五以柔中居尊位,當畜乾之時,畜乎其二者也,故有"豶豕之牙"之象。占者如此,則强暴梗化者自屈服矣,故"吉"。

《象》曰:六五之吉,有慶也。

"慶"即喜,但五君位,所畜者大,故曰"慶",即"一人有慶"也。③

上九,何天之衢,亨。

此畜極而通之義。"何",胡可切,音荷,儋也,負也。儋即擔字,楊子"儋石"是也。④《詩》"何蓑何笠"皆音荷,《靈光賦》"荷天衢以元亨",《莊子》"背負青天",皆此意,鄭康成亦言"肩荷"是也。上陽一畫象擔,二陰垂彛于兩邊,有擔挑之象,言一擔挑起天衢也,即陳白沙所謂"明月清風作兩頭,一挑挑到魯尼丘"也。因卦體取此象,無此實事,"金車""玉鉉"之類是也。上爲天位,"天"之象也。四達謂之衢。艮綜震爲大塗,"衢"之象也。以人事論,天衢乃朝廷政事之大道也,觀《小象》曰"道大行"可知矣。〇畜之既久,其道大行。正"不家食",擔負廟廊之重任,"涉大川",擔當國家之險阻,此其時矣,故有"何天衢"之象。占者得此,亨可知矣。

《象》曰:"何天之衢",道大行也。

---

① 杜甫《夔州歌十絶句》原詩作"鳧雛入蔣牙"。蔣,菰名。
②《考工記》原文無"所"字。按:朝爽堂本、鄭燦本無此句。
③《書·周書·吕刑》:"一人有慶,兆民賴之,其寧惟永。"
④ 揚雄《法言》:"吾見擔石矣,未見洛陽也。"

"道大行"者，"不家食""涉大川"，無往而莫非亨也。"道"字即"衢"字。

䷚ 震下艮上（頤）

"頤"，口旁也。口食物以自養，故取養義。爲卦上下二陽，內含四陰，外實內虛，上止下動，故名爲"頤"。《序卦》："物畜然後可養，故受之以頤。"所以次大畜。

頤，貞吉。觀頤，自求口實。

本卦大象離目，觀之象也。陽實陰虛，實者養人，虛者求人之養。"自求口實"者，自求養于陽之實也。震不求艮，艮不求震，惟自求同體之陽，故曰"自求"。《爻辭》見之。

《彖》曰："頤貞吉"，養正則吉也。"觀頤"，觀其所養也。"自求口實"，觀其自養也。天地養萬物，聖人養賢以及萬民。頤之時大矣哉！

釋《卦辭》，極言"養"道而贊之。"觀其所養"者，觀其所以養人之道正不正也，指上下二陽也；"觀其自養"者，觀其求口實以自養之正不正也，指中間四陰也。本卦頤原從口，無養德之意，惟頤養得正，則養德即在其中矣。不但養人、自養，以至天地、聖人養萬物、養萬民，無非養之所在，故曰"頤之時大矣哉"。與大過、解、革同。

《象》曰：山下有雷，頤。君子以慎言語，節飲食。

"帝出乎震"，萬物得養而生；"成言乎艮"，萬物得養而成。君子"慎言語"以養其德，"節飲食"以養其體。言語、飲食，動之象；慎也，節也，止之象。此處方說出養德。

初九，舍爾靈龜，觀我朵頤，凶。 舍，音捨。

大象離，龜之象也。應爻艮止，中空，靈龜止而不食、服氣空腹之象也。"朵"者，垂朵也。震反生，朵之象也，垂下其頤以垂涎，乃欲食之貌也。

"爾"者，四也。"我"者，初也。靈龜以靜止爲養，朵頤以震動爲養，故爾四而我初。大象離目，又"觀"之象也。○初九陽剛，乃養人者也。但其位卑下，不能養人及民，又乃動體，當頤養之初，正上止下動之時，惟知有口體之欲。舍六四而不養，故有"舍爾靈龜，觀我朵頤"之象。飲食，人賤，凶之道也。故其占如此。

《象》曰："觀我朵頤"，亦不足貴也。

飲食之人，則人賤之，故不足貴。

六二，顛頤，拂經。于丘頤，征凶。

"顛"者，頂也，指外卦也。"拂"者，除也，去也，違悖之意。諸爻皆求養于同體之陽，不從應與，故有"顛拂"之象。"顛頤"者，求養于上也。"拂經"者，違悖養于同體之常經也。山阜曰丘，土之高者，艮之象也。"于丘頤"者，求養于外，即"顛頤"也。"凶"者，求食于權門，必見拒而取羞也。○六二陰柔，不能自養，必待養于陽剛。然震性妄動，不求養于初而求養于外，則違養道之常理，而行失其類矣。故教占者當求養于初。若于丘頤，不惟不得其養，而往則凶也。故其象占如此。

《象》曰：六二征凶，行失類也。

養道各從其類。二、三養于初，四、五養于上。今二顛頤，往失其類矣，故曰"失類"。曰"行"者，震足之象也。

六三，拂頤，貞凶。十年勿用，无攸利。

"拂頤"者，違拂所養之道，不求養于初，而求養于上之正應也。"貞"者，正也。上乃正應，亦非不正也。"十年"者，中爻坤土之成數也。"勿用"者，不得用其養也。"口容止"[①]，所以下三爻養于動者皆凶，上三爻養于止者皆吉。○六三陰柔，不中正，本乃動體，至三則動極而妄動矣，故有"拂頤"之象。占者得此，雖正亦凶，至于十年之久，理極數窮亦不可往，其凶至此。

《象》曰："十年勿用"，道大悖也。

震爲大塗，道之象也。"大悖"即拂頤。

---

① 見《禮記·玉藻》。

六四，顛頤，吉。虎視眈眈，其欲逐逐，无咎。眈，都含切。

顛者，頂也，與六二同。"顛頤"者，求養于上也。"吉"者，得養道之常經也。艮爲虎，"虎"之象也。天下之物自養于内者莫如龜，求養于外者莫如虎。龜自養于内，内卦初舍之，故凶；虎求養于外，外卦上施之，故吉。《爻辭》之精至此。"眈"者，視近而志遠也。變離目，視之象也。應爻初爲地位，虎行垂首，下視于地，視近也，而心志乃求養于天位之上，志遠也。故以"眈"字言之。視下卦，眈也；志上卦，眈也，故曰"眈眈"。陰者，人欲之象也。下卦二陰，欲也；上卦二陰，欲也，人欲重叠，追逐而來，故曰"逐逐"。眈者，四求養于上也。逐者，上施養于四也。○六四當頤養之時，求養于上，故有顛頤之象，吉之道也，故占者吉。然四求養于上，上施養于四，四得所養矣，故又有"視眈欲逐"之象。以求養而得逐逐之欲，似有過咎矣。然養得其正，故占者不惟吉，而又"无咎"也。

《象》曰：**顛頤之吉，上施光也**。施，去聲。

"施"者，及也，布散、惠與之義，詳見乾卦"雲行雨施"，言上養及于四也。"光"者，艮篤實光輝，其道光明也。變離日，亦光之象也。

六五，拂經，居貞吉，不可涉大川。

"拂經"者，五與内卦爲正應，亦如二之求養于上，違悖養于同體之常道也，故二、五皆言"拂經"。"居"者，静以守之也。"貞"者，求養于同體之陽，乃任賢養民之正道也。"吉"者，恩不自出而又①能養人也。"不可涉大川"者，言不可用用以濟人也。涉川必乾剛，五柔，故"不可涉"。○六五居尊，能自養人者也，但陰柔不正，無養人之才，又與内卦爲正應，故亦有"拂經"之象。然養賢及民，君道之正，故教占者順以從上，守此正道則吉，不可不量己之力而當濟人之任也。

《象》曰：**居貞之吉，順以從上也**。

中爻坤順，故曰"順"，言順從上而養人也。

上九，由頤，厲，吉，利涉大川。

---

① 又：虎林本、史念冲本作"能"，朝爽堂本、鄭燦本作"亦"。

"由"者，從也。九以陽剛居上位，是天下之養，皆從上九以養之也。"厲"者，上而知君賴我以養也，則恐專權僭逼，而此心無一事之或忽；下而知民由我以養也，則常握髮吐哺，而此心無一時之或寧。此上九之所謂厲也，故戒之以"厲"，而後許之以"吉"也。凡《易》言"涉大川"，取乾者，以卦德也，以乾天下至健、德行恒易以知險也，需、同人、大畜是也；取水木者，以卦體也，渙、蠱、未濟、謙，或取中爻，或取卦變是也；取中虛者，以卦象也，益、中孚、頤是也。五不可涉大川，上九利涉大川，方見五賴上九以養人。○上九以陽剛之德居尊位，六五賴其賢以養人，故有"由頤"之象。然位高任重，必厲而後吉。即天下有險阻，亦可以濟之而不失其養也。其占又如此。

《象》曰："由頤厲吉"，大有慶也。

得所養，下之慶，亦君上之慶，故大。

䷛ 巽下兌上 （大過）

"大過"，大者，陽也，陽過于陰也。乾坤也，坎離也，山雷也，澤風也，此八卦也，乾與坤錯，坎與離錯，澤風與山雷相錯，風澤與雷山相錯。六十四卦，惟此八卦相錯，其餘皆相綜。澤本潤木之物，今乃滅沒其木，是大過矣。又四陽居中過盛，此所以名"大過"也。不然，四陽之卦亦多，何以不名"過"？因其居中相聚而盛，所以得名也。《序卦》："頤者，養也。不養則不可動，故受之以大過。"所以次頤。

大過，棟橈。利有攸往，亨。 橈，乃教反。

梁上屋脊之木曰"棟"，所以乘椽瓦者也。木曲曰"橈"，本末弱而棟不正，有如木之曲也。椽垂𦠅以漸，而下曰宇。此卦大象坎，坎爲棟，坎主險陷，"橈"之象也。又爲矯輮，亦橈曲之象也。若以理論，本弱則無所承，末弱則無所寄附，此卦上缺下短，亦有橈之象。既"棟橈"矣，而又"利有攸往"，何也？蓋"橈"以成卦之象言，"利有攸往，亨"，則以卦體、卦德之占言。

《彖》曰："大過"，大者過也。"棟橈"，本末弱也。剛過而中，巽而說行，利有攸往，乃亨。大過之時大矣哉！説，音悦。

以卦體、卦德釋卦名、《卦辭》而嘆其大。陽大陰小，本卦大者過，故名"大過"。"本"謂初，"末"謂上。"弱"者，陰柔也。古人作字本末皆從木來，木下加一畫陽，取根株回煖，故爲本；木上加一畫陽，取枝葉向榮，故爲末。"剛過"者，四陽也。而"中"者，二、五也。雖三、四亦可言"中"，故復卦四曰"中行"，益卦三、四皆曰"中行"也。"巽而悦行"者，内巽而外行之以悦也。若以人事論，體質本是剛毅，足以奮發有爲，而又用之以中，不過于剛；德性本是巽順，足以深入乎義理，而又行之以和，不拂乎人情，所以"利有攸往，乃亨"。"大過之時"者，言人于大過之時，行大過之事，適其時當其事也。如堯舜禪受，湯武放伐，雖過其事而不過乎理是也。蓋無其時不可過，有其時無其才亦不可過。故嘆其大，與頤、解、革同。

《象》曰：澤滅木，大過。君子以獨立不懼，遯世无悶。

上一句，大過之象。下二句，大過之行。非達則不懼，窮則无悶也。窮亦有"獨立不懼"之時。"不懼"者，不求同俗而求同理，天下非之而不顧也。"无悶"者，不求人知而求天知，舉世不見知而不悔也。此必有大過人學問，義理見得明，有大過人操守，脚根立得定，方幹得此事。

初六，藉用白茅，无咎。

"藉"者，薦也，承薦其物也。因上承四剛，故曰藉。"茅"者，草也，巽陰木爲茅，故泰卦變巽曰茅，否卦大象巽，亦曰茅。巽爲白，"白茅"之象也。无咎者，敬慎不敗也。○初六①當大過之時，陰柔已能慎矣，又居巽體之下，則慎而又慎者也。亦如物不錯諸地而有所藉，可謂慎矣。而又藉之以茅，茅又用夫白，白則至潔之物矣，是慎之大過者也，故有此象。然慎雖大過，以其居大過之初，雖大過而不過，故占者无咎。

《象》曰："藉用白茅"，柔在下也。

陰柔居巽之下。

①　六：原作"九"，虎林本、朝爽堂本、鄭燦本作"六"，據改。

九二，枯楊生稊，老夫得其女妻，无不利。

巽爲楊，"楊"之象也。木生于澤下者，楊獨多，故取此象。楊乃木之弱者，四陽之剛皆同爲木，但二、五近本末之弱，故以楊言。曰"枯"者，取大過乎時之義，故二、五皆言枯也。至三、四，則成乾之堅剛，故言棟。"稊"，木稚也。二得陰在下，故言"生稊"。稊者，下之根生也。五得陰在上，故言"生華"。生華者，上之枝生也。根生則生生不息，枝生則無生意矣。下卦巽錯震，長男也，老夫之象，故稱"老夫"。"老夫"者，再娶女之夫也。應爻兌，兌乃少女也，"女妻"之象，故稱女妻。"女妻"者，未嫁而幼者也。九五兌錯艮，少男也，士夫之象，故稱"士夫"，士夫乃未娶者。應爻巽爲長女，老婦之象也，故稱"老婦"，老婦者，已嫁而老者也。周公《爻辭》，其精至此。舊注不知象，以二、五皆比于陰。殊不知九二下卦反稱"老夫"，九五上卦反稱"士夫"，近初者言老，近上者言少，説不通矣。○九二陽剛得中，當大過之時而應于少女，故取諸物有"枯楊生稊"，取諸身有"老夫得其女妻"之象，可以成生育之功矣。故占者"無不利"。

《象》曰：老夫女妻，過以相與也。

此慶幸之辭，言陽方大過之始，得少陰以之相與，則剛柔相濟，過而不過，可以成生育之功矣，故占者无不利。

九三，棟橈，凶。

變坎爲棟，又木堅多心，棟之象也。因坎，三、四皆以棟言；因巽，二、五皆以楊言。文王"棟橈"，本末皆弱。周公"棟橈"，因初之弱。○九三居内卦，下陰虛弱。下虛弱，則上不正。故有"棟橈"之象。占者之凶可知矣。

《象》曰：棟橈之凶，不可以有輔也。

同體之初，虛弱無輔助也。

九四，棟隆吉，有它吝。

變坎，亦有棟象。"隆"者，隆然而高起也。"它"者，初也。三、四皆棟，四居外卦，陰虛在上，非如三之陰虛在下也。上虛下實，則有所承載，故有"棟隆"之象。占者固吉矣，然下應乎初，若以柔濟之，則過于柔矣，其棟決不能隆，吝之道也。故又戒占者以此。

《象》曰：棟隆之吉，不橈乎下也。

因外卦虛在上，實在下，所以不橈，故曰"不橈乎下也"。"不可以有輔"者，下虛故也；"不橈乎下"者，下實故也。

九五，枯楊生華，老婦得其士夫，无咎无譽。

兌綜巽，又楊之象也。"生華"者，楊開花則散漫，終無益于枯也。老婦士夫，詳見九二爻下。○九五以陽剛應乎過極之長女，乃時之大過而不能生育者也。故有"枯楊生華，老婦得其士夫"之象，占者得此，揆之于理，雖無罪咎，而老婦反得士夫，亦非配合之美矣，安得又有譽哉？故其象占如此。

《象》曰："枯楊生華"，何可久也？"老婦士夫"，亦可醜也。

"何可久"，言終散漫。"亦可醜"，言非配合。言且不惟不能成生育之功，而配合非宜，亦可醜也。

上六，過涉滅頂，凶，无咎。

"頂"者，首也，變乾爲首，"頂"之象也。當過之時，遇兌澤之水，"過涉"之象也。澤水在首，滅沒其頂之象也。以二陰爻論之，初藉用白茅，大過于慎者也，以其居卦之初，故不凶而無咎。上"過涉滅頂"，大過于濟者也，以其居卦之終，故有凶而無咎。○上六處大過已極之時，勇于必濟，有冒險過涉之象。然才弱不能以濟，故又有"滅頂"之象。"過涉滅頂"，必殺身矣，故占者必"凶"。然不避艱險，慷慨赴死，殺身成仁之事也，故其義"無咎"。

《象》曰：過涉之凶，不可咎也。

"无咎"者，上六本无咎也。"不可咎"者，人不得而咎之也。以人事論，"過涉之凶"，雖不量其淺深以取禍，然有死難之節而無苟免之羞。論其心不論其功，論是非不論利害，人惡得而咎之？

坎下坎上（坎）

"習"，重習也；"坎"，坎陷也。其卦一陽陷于二陰之中，此坎陷之義也。

坎爲水者，四陰，土坎也；二陽，坎中之水也。"天一生水"，所以象水也。上坎下坎，故曰"重險"。《序卦》："物不可以終過，故受之以坎。"所以次大過。

習坎，有孚，維心，亨，行有尚。

"維"者，繫也。"尚"者，有功可嘉尚也。身在坎中，所可自主者，獨此心耳。人之處險，占得此者，能誠信以維係于其心，安于義命，而不僥幸苟免，則此心有主，利害禍福不能搖動，是以脫然無累而"心亨"矣。由是洞察時勢，惟取必于理而行之，故可出險有功，所以"行有尚"。九二、九五中實，"有孚"之象。陷于坎中，而剛中之德自若，"維心亨"之象。

《彖》曰："習坎"，重險也。**水流而不盈，行險而不失其信。"維心亨"，乃以剛中也。"行有尚"，往有功也。天險不可升也，地險山川丘陵也，王公設險以守其國。險之時用大矣哉！**

以卦象、卦德、卦體釋卦名、《卦辭》而極言之。上險下險，故曰"習坎"。"水流不盈"者，足此通彼，未常泛濫而盈滿也。"行險"，即水流以其專赴于壑，故曰行險。行此險陷，未常失其不盈之信，是天下之有孚者莫過于水矣，故教占者有孚。"剛中"者，二、五陽剛在內，則以理爲主，光明正大，而無一毫行險僥幸之私，所以亨也。故蒙卦、比卦皆坎，皆曰"以剛中"。心亨則洞見乎事機之變，自可以拯溺亨屯，出險而有功也。蓋存主于內者理不足以勝私，則推行于外者誠必不能動物，故剛中則心亨，心亨則"往有功"而出險矣，此內外功效之自然也。"天險"者，無形之險也；"地險"者，有形之險也。"設"者，置也。"設險"者，置險也，無形而欲其有形也。大而京師都會，則披山帶河、據其形勝以爲險也；小而一郡一邑，則築城鑿池、據其高深以爲險也。此則在人之險，因無形而成有形，欲其與天地同其險者也。坎，月之象；錯離，日之象；中爻震，雷之象；錯巽，風之象：日月風雷，故曰"天險"。不然，天蒼然而已，何處有險？因卦中有天象，所以言天險也。四坤土，地之象也。中爻艮，土山丘陵之象也。本卦坎，川之象也。九五居尊，王公之象也。中爻艮止，守之象也。坤土中空，國之象也。故益卦三陽三陰而曰"爲依遷國"。"時用"者，時有用也。險之爲用，上極于天，下極于地，中極于人，故以"大矣哉"贊之，與睽、蹇同。

《象》曰：水洊至，習坎。君子以常德行，習教事。行，下孟反。

"洊"，再至也。下坎，內水之方至也；上坎，外水之"洊至"也。水洊習則恒久而不已，是天下之有恒者莫如水也，君子體之。"常德行"者，以此進德也；"習教事"者，以此教民也。德行常則德可久，教事習則教不倦。

初六，習坎，入于坎窞，凶。①

"窞"者，坎中小坎，傍入者也。水性本下，而又居卦之下，坎體本陷，而又入于窞，則陷中之陷矣。〇初六陰柔，居重險之下，其陷益深，故有"在習坎"而又"入坎窞"之象。占者如是，則終于淪沒而無出險之期，凶可知矣。

《象》曰：習坎入坎，失道凶也。

剛中，維心孚，出險之道也。今陰居重險之下，則與剛中維心孚相反，失出險之道矣，所以凶。

九二，坎有險，求小得。

曰"有險"，則止于有險而已，非初與三入坎窞之甚矣。中爻震錯巽，巽爲近市利，"求得"之象也。故隨卦中爻巽，亦曰"隨有求，得"。變坤，陽大陰小，"求小得"之象也。〇九二處于險中，欲出險而未能，故爲"坎有險"之象。然剛雖得中，雖亦"有孚維心"，但在險中僅可"求小得"而已。若出險之大事，則未能矣。故其象占如此。

《象》曰："求小得"，未出中也。

未出險中。

六三，來之坎坎，險且枕，入于坎窞，勿用。

"之"者，往也。"來之"者，來往也。內外皆坎，"來往"之象也。下坎終而上坎繼，"坎坎"之象也，故乾九三曰"乾乾"。中爻震，木橫于內，而艮止不動，"枕"之象也。"險且枕"者，言面臨乎險而頭枕乎險也。初與三皆"入坎窞"，而二止言有險者，二中而初與三不中正也。"勿用"者，言終無出險之功，無所用也。〇六三陰柔，又不中正，而履重險之間，故其來也亦坎，

---

① 朝爽堂本、鄭燦本此處有音注："窞，徒覽切，淡，上聲，音胆。"

往也亦坎。蓋往則上坎在前，是前遇乎險矣。來則下坎在後，是後又枕乎險矣。前後皆險，將入于坎之窞而不能復出，故有此象。占者得此，勿用可知矣。

《象》曰："來之坎坎"，終无功也。

處險者以出險爲功，故曰"終无功"，與"往有功"相反。

六四，樽酒，句。**簋貳**，句。**用缶**，句。**納約自牖，終无咎**。

四變，中爻離巽，巽木，離中虛，"樽"之象也。坎水，"酒"之象也。中爻震竹，簋乃竹器，"簋"之象也。"缶"，瓦器，所以盛酒漿者。比卦坤土中虛，初變震有離象，故曰缶；離卦鼓缶，此變離，故曰缶。《漢書》："擊缶而歌烏烏。""貳"者，副也。言樽酒而簋即副之也，言一樽之酒，貳簋之食，樂用瓦缶，皆菲薄至約之物也。"納約自牖"者，自進于牖下，陳列此至約之物，而納進之也。在墙曰牖，在屋曰囪。牖乃受明之處，變離，"牖"之象也。此與"遇主于巷"同意，皆其坎陷艱難之時，故不由正道也。蓋樽酒、簋貳、用缶，見無繁文之設；納約曰"自"，見無儐介之儀。世故多艱，非但君擇臣，臣亦擇君。所以進麥飯者①，不以爲簡；而雪夜幸其家，以嫂呼臣妻者②，不以爲瀆也。修邊幅之公孫述③，宜乎爲井底蛙矣。○六四柔順得正，當國家險難之時，近九五剛中之君，剛柔相濟，其勢易合，故有簡約相見之象。占者如此，庶能共謀出險之計，始雖險陷，終得无咎矣。

《象》曰："樽酒簋貳"，剛柔際也。

"剛"，五；"柔"，四。"際"者，相接際也。五思出險而下求，四思出險而上交，此其情易合，而禮薄，亦可以自通也。

九五，坎不盈，祇既平，无咎。祇，作坻。

"祇"，水中小渚也，《詩》"宛在水中坻"是也。"坎不盈"者，坎水猶不盈滿，尚有坎也。"平"者，水盈而平也。"坻既平"，則將盈而出險矣。"坎不盈"者，見在之辭；"坻既平"者，逆料之辭。言一時雖未平，將來必平也。"无咎"者，出險而太平也。○九五猶在險中，以地位言，故有"坎不盈"之

---

① 指劉秀在河北爲王郎所困，馮異進麥飯事，見《後漢書·馮異傳》。
② 指趙匡胤雪夜訪趙普事，見《宋史·趙普傳》。
③ 《後漢書·公孫述傳》云："述性苛細，察於小事。敢誅殺而不見大體，好改易郡縣官名。然少爲郎，習漢家制度，出入法駕，鸞旗旄騎，陳置陛戟，然後輦出房闥。"

象。然陽剛中正，其上止有一陰，計其時亦將出險矣，故又有"坻既平"之象。若未平，未免有咎，既平則无咎矣，故占者无咎也。

《象》曰："坎不盈"，中未大也。

"中"者，中德也。"未大"者，時也。中德雖具，而值時之艱，未大其顯施而出險也。

上六，係用徽纆，寘于叢棘，三歲不得，凶。纆，音墨。

"係"，縛也。"徽""纆"皆索名，三股曰徽，二股曰纆。此爻變巽，巽①爲繩，又爲長，"徽纆"之象也。"寘"者，置也，囚禁之意。坎爲叢棘，"叢棘"之象也，今之法門，囚罪人之處，以棘刺圍墻是也。言縛之以徽纆，而又囚之于叢棘之中也。"三歲不得"者，言時之久而不得脱離也。坎錯離，"三"之象也。○上六以陰柔居險之極，所陷益深，終无出險之期，故有此象。占者如此，死亡之禍不能免矣，故凶。

《象》曰：上六失道，凶三歲也。

"道"者，濟險之道，即"有孚維心""以剛中"也。今陰柔失此道，所以有三歲不得之凶。

離下離上 （離）

"離"者，麗也，明也。一陰附麗于上下之陽，"麗"之義②也。中虛③，明之義也。離爲火，火无常形，附物而明。邵子所謂"火用以薪傳"是也。《序卦》："坎者，陷也。陷必有所麗，故受之以離。"火中虛而暗，以其陰也。水中實而明，以其陽也。有明必有暗，有晝必有夜，理之常也。所以次坎。

離，利貞，亨。畜牝牛吉。

---

① 巽：原作"其"，史念冲本、朝爽堂本、鄭燦本作"巽"，據改。
② "麗"之義：虎林本、史念冲本亦作"'麗'之義"，朝爽堂本、鄭燦本作"'離'之象"。
③ 中虛：虎林本、史念冲本亦作"中虛"，朝爽堂本、鄭燦本作"'離'者"。

六二居下離之中，則正。六五居上離之中，則不正。故利于正而後亨。"牛"，順物，"牝牛"則順之至也。"畜牝牛"者，養順德也。養順德于中者，正所以消其炎上之燥性也，故吉。

《彖》曰：離，麗也，日月麗乎天，百穀草木麗乎土，重明以麗乎正，乃化成天下。柔麗乎中正，故亨。是以畜牝牛吉也。

釋卦名義并《卦辭》。五爲天位，故上離有"日月麗天"之象，此以氣麗氣者也。二爲地位，故下離有"百穀草木麗土"之象，此以形麗形者也。離附物，故有氣有形。"重明"者，上離明下離明也。上下君臣皆"麗乎正"，則可以"化成天下"，而成文明之俗矣。"柔麗乎中正"者，分言之，六五麗乎中，六二麗乎中正也；總言之，柔皆麗乎中正也。惟其中正，所以利貞而後亨。惟柔中正而後亨，所以當"畜牝牛"，養其柔順中正之德而後吉也。

《象》曰：明兩作，離。大人以繼明照于四方。

"作"者，起也。"兩作"者，一明而兩作也，言今日明、明日又明也。"繼明"，如云聖繼聖也。以人事論，乃日新又新，緝熙不已也。"照于四方"者，光被四表也。大人以德言，則聖人以位言，則王者其所謂明者，內而一心，外而應事接物，皆明也。是以達事理，辨民情，天下之邪正得失皆得而見之，不必以察爲明，而"明照于四方"矣。"重明"者，上下明也；"繼明"者，前後明也。《彖》言二、五君臣，故以"重明"言之；《象》言"明兩作"，皆君也，故以"繼明"言之。

初九，履錯然，敬之，无咎。

"履"者，行也，進也。"錯"者，雜也，交錯也。《詩傳》云："東西爲交，邪行爲錯。"本爻陽剛，陽性上進；本卦離火，火性炎上。皆有行之之象，故曰"履"。又變艮，綜震足，亦"履"之象也。艮爲徑路，"交錯"之象也。"然"者，助語辭。"錯然"者，剛則躁，明則察，二者交錯于胸中，未免東馳西走，惟敬以直內，則安靜而不躁妄，主一而不過察，則敬者，醫錯之藥也，故无咎。无咎者，剛非躁，明非察也。〇初九以剛居下而處明體，剛明交錯，故有"履錯然"之象，惟敬則无此咎矣。故教占者以此。

《象》曰："履錯"之敬，以辟咎也。 辟，音避。

"避"者，迴也。敬則履錯之咎皆迴避矣。

六二，黃離，元吉。

"黃"，中色。坤爲黃，離中爻乃坤土，"黃"之象也。"離"者，附麗也。"黃離"者，言麗乎中也，即"柔麗乎中正"也。以人事論，乃順以存心而不邪側，順以處事而不偏倚是也。"吉"者，無所處而不當也。八卦正位離在二，故"元吉"。○六二柔麗乎中而得其正，故有"黃離"之象。占者得此，大吉之道也，故"元吉"。

《象》曰："黃離元吉"，得中道也。

得中道以成中德，所以凡事無過不及而元吉。

九三，日昃之離，不鼓缶而歌，則大耋之嗟，凶。

變震爲鼓，"鼓"之象也。離爲大腹，又中虛，"缶"之象也。中爻兌口，"歌"與"嗟"之象也。缶乃常用之物，鼓缶者，樂其常也。凡人歌樂必用鐘鼓琴瑟，則非樂其常矣。若王羲之所謂"年在桑榆，賴絲竹陶寫"，即非樂其常矣。蓋絲竹乃富貴所用之物，貧賤無絲竹者將何陶寫哉？故"鼓缶而歌"者，即席前所見之物以鼓之，乃安其常也。人壽八十曰"耋"。喜則"歌"，憂則"嗟"。嗟者歌之反。○重離之間，前明將盡，後明當繼之，時也，故有"日昃"之象。然盛衰倚伏，天運之常。人生至此，樂天知命，鼓缶而歌，以安其日用之常分可也，此則達者之事也。若不能安常以自樂，徒戚戚于"大耋之嗟"，則非爲無益，適自速其死矣，何凶如之！故又戒占者不當如此。

《象》曰：日昃之離，何可久也。

日既傾昃，明豈能久？

九四，突如其來如，焚如，死如，弃如。

"突"者，竈突也。離中虛，"竈突"之象也。"突如其來如"者，下體之火如竈突而炎上也。火性炎上，三之舊火既上于四，而不能回于其三，四之新火又發，五得中居尊，四之火又不敢犯乎其五，上下兩無所容，則火止于四而已，故必至于"焚如、死如"，成灰"弃如"而後已也。"如"者，助語辭。此爻暴秦似之。秦法如火，始皇舊火也，二世新火也，故至死弃而後已。坎性下，三在下卦之上，故曰"來"，此"來而下"者也；火性上，四在上卦之下，故曰來，此"來而上"者也。"來而下"，必至坎窞而後已；"來而上"，必至死弃而後已。○四不中正，當兩火相接之時不能容于其中，故有此象，占者之凶，可知矣。

《象》曰："突如其來如"，无所容也。

三炎上而不能反，三不能容也。五中尊而不敢犯，五不能容也。

六五，出涕沱若，戚嗟若，吉。

"涕"，沱①貌。離錯坎，"涕若"之象也。又加憂，"戚"之象也。中爻兌口，"嗟"之象也。"出涕沱若"者，憂懼之徵于色也；"戚嗟若"者，憂懼之發于聲也。二、五皆以柔麗乎剛，二之辭安，五之辭危者，二中正、五不正故也。○六五以柔居尊而守中，有文明之德，然附麗于剛強之間，若不恃其文明與其中德，能憂懼如此，然後能吉。戒占者當如此。

《象》曰：**六五之吉，離王公也**。離，音麗。

"王"指五，"公"指上九。"離王公"者，言附麗于王之公也。王與公相麗，陰陽相資，故吉。不言四者，四無所容，而上九能正邦也。

上九，王用出征，有嘉，句。**折首**，句。**獲匪其醜，无咎**。

"王"指五。離爲日，"王"之象也。"用"者，用上九也。五附麗于上九，"用之"之象也。"有嘉"者，嘉上九也，即"王三錫命"也，"折首，獲匪其醜"即可嘉之事也。離爲戈兵，變爲震動，戈兵震動，"出征"之象也。王用上九專征，可謂寵之至矣。爲上九者，若不分其首從而俱戮之，是火炎昆岡，安得可嘉哉？又安得无咎哉？"折首"者，折取其魁首，即"殲厥渠魁"也；"獲匪其醜"者，執獲不及其小醜，即"脅從罔治"②也。乾爲首，首象陽，醜象陰。明夷外卦錯乾，故曰大首。本爻乾陽，且離爲上稿，"折其首"之象也。本卦陽多陰少，陰乃二、五君臣，無群小之醜，"獲匪其醜"之象也。"无咎"者，勇足以折首而仁及于小醜也。"王用出征有嘉"一句，"折首"一句，"獲匪其醜"一句。○上九以陽剛之才，故有"王用出征，有嘉"之象。又當至明之極，首從畢照，故又有"出征惟折其首不及于醜"之象，乃无咎之道也。故

---

① 涕沱：虎林本、史念冲本亦作"涕沱"，朝爽堂本、鄭燦本作"沱涕"，疑是。
② 《書·夏書·胤征》："殲厥渠魁，脅從罔治。"

其象占如此。

《象》曰："王用出征"，以正邦也。

征之爲言正也。寇賊亂邦，故正之。

梁山來知德先生易經集注卷之七

平山後學崔華重訂　男巒齊、岱齊、矗齊同校

周易下經

䷞ 艮下兌上　（咸）

"咸"者，感也。不曰"感"者，咸有"皆"義，男女皆相感也。艮爲少男，兌爲少女，男女相感之深，莫如少者。蓋艮止則感之專，兌悅則應之至，此"咸"之義也。《序卦》"有天地"至"然後禮義有所錯"："天地"，萬物之本；"男女"，人倫之始。《上經》首乾坤者，天地定位也。《下經》首咸恒者，山澤通氣也。位欲其對待而分，《繫辭》"天地定位"一條是也，故天地分爲二卦。氣欲其流行而合，《繫辭》"剛柔相摩"一條是也。故山澤合爲一卦。

咸，亨，利貞，取女吉。取，七具反。

《彖辭》明。蓋八卦正位艮在三，兌在六。艮屬陽，三則以陽居陽；兌屬陰，六則以陰居陰。三爲艮之主，六爲兌之主。男女皆得其正，所以"亨貞吉"。

《彖》曰：咸，感也。柔上而剛下，二氣感應以相與。止而說，男下女，是以"亨利貞，取女吉"也。天地感而萬物化生，聖人感人心而天下和平。觀其所感，而天地萬物之情可見矣。

釋卦名義，又以卦綜、卦德、卦象釋《卦辭》而極言之。"感"者，感而

應也，無應不爲感矣。本卦二體初陰四陽，二陰五陽，三陽六陰，皆陽感而陰應，陰感而陽應，故曰"感"也，取其交相感之義也。凡天下之事，無心以感之者寂也，不能感也；有心以感之者私也，非所感也。惟心雖感之，而感之至公，無所容心于其間，則無所不感矣。故卦去其心而《象》加其心。"柔上而剛下"者，本卦綜恆，二卦同體，文王綜爲一卦，故《雜卦》曰："咸，速也。恆，久也。""柔上"者，恆下卦之巽上而爲咸之兌也；"剛下"者，恆上卦之震下而爲咸之艮也。"二氣"者，山澤之氣也。因二氣剛柔，一上一下，剛感而柔應之，柔感而剛應之，即山澤通氣也。故恆卦亦曰"上下相與"也，此感之所以亨也。"止而説"者，人心之説易失其正，惟"止而説"，則無徇情縱欲之私，此所以"利貞"也。"男下女"者，以艮之少男下于兌之少女也。凡婚姻之道，無女先男者，必女守貞静，男先下之，則爲得男女之正，此所以"取女吉"也。"化"者氣化，"生"者形生。"萬物化生"者，天地以氣感萬物而萬物無不通也。"和"者無乖戾，"平"者無反側。聖人以德感天下而天下無不通也。"觀其所感"者，由感通之，道引而伸之也。寂然不動者，性；感而遂通者，情。"天地萬物之情可見"者，見天地萬物之情不過此感通也。

《象》曰：山上有澤，咸。君子以虛受人。

澤性潤下，土性受潤。澤之潤，有以感乎山；山之虛，有以受乎澤，咸之象也。虛者未有私以實之也，受者受人之善也。人之一心寂然不動，感而遂通者，虛故也。中無私主，則無感不通，"聞一善言，見一善行，沛然若決江河矣"。① 苟有私意以實之，如有所好樂，是喜之私實于中矣；有所忿懥，是怒之私實于中矣。既有私意，則先入者爲主，而感通之機窒雖有至者，將拒而不受矣。故山以虛則能受澤，心以虛則能受人。

初六，咸其拇。拇，茂後反。

"拇"，足大指也。艮綜震，足之象也，故以拇言之。以理論，初在下，亦拇之象。"咸其拇"，猶言咸以其拇也。拇豈能感人？特以人身形體上下之位，象所感之淺深耳。六爻皆然。○初六陰柔，又居在下，當感人之時。志雖在外，

---

① 《孟子·盡心上》："舜之居深山之中，與木石居，與鹿豕游，其所以异於深山之野人者幾希。及其聞一善言，見一善行，若決江河，沛然莫之能禦也。"

然九四説之，初六止之，特有感人之心而無感人之事，故有"感其拇"之象，所以占無吉凶。

《象》曰："咸其拇"，志在外也。

"外"者，外卦也。初與四爲正應，所感雖淺，然觀其拇之動，則知其心志已在外卦之九四矣。

六二，咸其腓，凶。居吉。

"腓"，足肚也。拇乃枝體之末，離拇升腓，漸進于上，則較之"咸其拇"者其感不甚淺矣。"凶"者，以上應九五而凶也。感皆主于動，但九五君位，豈可妄動以感之？故凶。"居"者，非寂然不動也，但不妄動耳。蓋此爻變巽爲進退，且性入，上體兑悦，情悦性入，必不待其求而感，若居則不感矣，不感則不變，尚爲艮體之止，故設此"居吉"之戒。〇六二陰柔，當感人之時，咸之漸進，故有"咸其腓"之象。然上應九五，不待其求而感之，故占者不免于凶。若安其居以待上之求，則得進退之道而吉矣。故又教占者以此。

《象》曰：雖凶，居吉，順不害也。

"順"者，中正柔順之德也。"不害"者，不害其感也。言"居"者，非戒之以不得相感也，蓋柔順之中，德本静而不動，能居而守是德，則不至有私感之害也。

九三，咸其股，執其隨，往吝。

"股"者，髀也。居足之上，腰之下，不能自由隨身而動者也。中爻爲巽，"股"之象也。"執"者，固執也，專主也。"執其隨"者，股乃硬執之物，固執而惟主于隨也，以陽而從陰。以人事論，乃以君子而悦小人之富貴，故可羞吝。〇[1]然九三以陽剛之才而居下之上，是宜自得其正道以感于物矣。然所居之位應于上六，陽好上而悦陰，上居悦體之極，三往而從之，故有"咸股執隨"之象。占者以是而往，羞吝不必言矣。

《象》曰：咸其股，亦不處也。志在隨人，所執下也。

"處"者，居也，即六二"居吉"之"居"，因艮止，故言"居"、言

---

[1] 〇：原脱，據史念冲本、朝爽堂本、鄭燦本補。

"處"。處則不隨，隨則不處。曰"亦"者，承二爻而言，言六二陰柔，以不處而凶、處而吉，陰柔隨人，不足怪矣。今九三剛明，宜乎卓然自立，則所執主者乃高明自重之事，有何可羞①？今乃"亦不處"，而志在隨人，則所執者卑下之甚，不其可羞乎？"亦不處"，惜之之辭。"所執下"，鄙之之辭。

九四，貞吉，悔亡。憧憧往來，朋從爾思。

"貞"者，正而固也。此心不思乎正應之陰柔，則廓然太公，物來順應，正而固矣。"吉"者，誠無不動也。"悔亡"者，內省不疚也。"憧憧"，往來貌。"往來"者，初感乎四，二感乎五，三感乎六者，往也；六感乎三，五感乎二，四感乎初者，來也。四變，上下成坎，中爻成離，"來之坎坎""突如來如"者，往來之象也。"朋"者，中爻三陽牽連也，故曰"朋"。泰三陽牽連，亦曰"朋"。損六五，三陰也；益六二，三陰也；豫②九四，三陰也，故皆以"朋"稱之也。"思"者，四應乎初之陰，初乃四之所思也。五應乎二之陰，二乃五之所思也。三應乎六之陰，六乃三之所思也。"爾"者，呼其心而名之也。"朋從爾思"者，言四與三、五共從乎心之所思也。四居股之上脢之下，乃心也。心之官則思，思之象也。心統乎百體，則三與五皆四之所屬矣，故可以兼三、五而稱"朋"也。○九四乃心，爲咸之主，以陽居陰而失正，又應乎初之陰柔，不免悔矣。故戒占者，此心能正而固，則吉而悔亡。形于其感，無所不感矣。若此心憧憧往來，惟相從乎爾心之所思，則溺于陰柔，不能正大光明，而感應之機窒矣，又豈能吉而悔亡？故戒占者以此。

《象》曰："貞吉悔亡"，未感害也。"憧憧往來"，未光大也。

不正而感則有害，貞則未爲感之害也。往來於心者皆陰私，又豈能正大光明？

九五，咸其脢，无悔。脢，音梅。

"脢"，背脊肉不動者也。脢雖在背，然居口之下心之上，蓋由拇而腓、而股、而心、而脢、而口，六爻以漸而上也。初與四應，故拇與心皆在人身之前；二與五應，故腓與脢皆在人身之後；三與上應，故股與輔頰皆在兩旁，而舌則

---

① 羞：原作"羨"，史念冲本、朝爽堂本、鄭燦本作"羞"，據改。
② 豫：原作"復"，史念冲本、朝爽堂本、鄭燦本作"豫"，據改。

居中焉。雖由拇以漸而上，然對待之精至此。諸爻動而無静，非所感者也；此爻静而不動，不能感者也。〇九五以陽居悦體之中，比于上六，上六悦體之極，陰陽相悦，則九五之心志惟在此末而已，所以不能感物。不能感物，則亦猶脢之不動也，故有"咸其脢"之象。悔生于動，既不能動而感，則亦无悔矣。故占者"无悔"。

《象》曰："咸其脢"，志末也。

"末"者，上六也。大過上體亦兑卦，《彖辭》"本末弱"，末指上六可見矣。九五應二而比六，《小象》獨言"志末"，何也？二乃艮體，止而不動，六乃悦體，又悦之極，則九五之心志惟在此"末"而不在二矣，所以言"志末"。亦如謙卦九三比二，六二"鳴謙"則"中心得"；上六正應，"鳴謙"則"志未得"是也。人君感人心而天下和平者，以其廓然太公，物來順應也。今志在末，豈能感人？所以僅得无悔。

上六，咸其輔頰舌。

"輔"者，口輔也。近牙之皮膚與牙相依，所以輔相頰舌①之物，故曰輔。"頰"，面旁也。輔在内，頰在外，舌動則輔應而頰從之。三者相須用事，皆所用以言者，故周公兼舉之。兑爲口舌，輔頰舌之象也。咸卦有人身象，上陰爻爲口，中三陽爲腹背，下有腿脚象，故周公六爻自拇而舌。〇上六以陰居悦之終，處咸之極，感人以言而无其實，故其象如此。蓋小人女子之態，蘇秦、張儀之流也。

《象》曰：咸其輔頰舌，滕口説也。

"滕"，張口騁辭貌，見《説文》。口説豈能感人？

---

① 輔相頰舌：虎林本亦作"輔相頰舌"，史念冲本、朝爽堂本作"輔相齒舌"，鄭燦本作"輔齒牙"。

巽下震上（恒）

"恒"，久也。男在女上，男動乎外，女順乎內，人理之常，故曰恒。又見《彖辭》。皆恒之義也。《序卦》："夫婦之道，不可以不久也，故受之以恒。"言夫婦偕老，終身不變者也。蓋咸，少男在少女之下，以男下女，乃男女交感之義；恒，長男在長女之上，男尊女卑，乃夫婦居室之常。論交感之情，則少爲親切；論尊卑之序，則長當謹嚴。所以次咸。

恒，亨，无咎，利貞，利有攸往。

恒之道，可以亨通，恒而能亨，乃无咎也。恒而不可以亨，非可恒之道也，爲有咎矣。如君子恒于善，故无咎。小人恒于惡，焉得无咎？然恒亨而後无咎，何也？蓋恒必利于正，若不正，豈能恒？如孝，"置之而塞乎天地，溥之而橫乎四海"①，如此正，方得恒，故利貞。恒必"利有攸往"，達之家邦，萬古不窮。如孝，"施之後世而無朝夕"，方謂之恒。如不可攸往，不謂之恒矣。利貞，不易之恒也，恒之利者也。"利有攸往"，不已之恒也，亦恒之利者也。故恒必兩利。"恒"字，《廣韻》、《玉篇》皆有下一畫，獨《易經》無下一畫，與"无"字同，不同各經"無"字②。

《彖》曰：恒，久也，剛上而柔下，雷風相與，巽而動，剛柔皆應，恒。"恒，亨，无咎，利貞"，久於其道也。天地之道，恒久而不已也。"利有攸往"，終則有始也。日月得天而能久照，四時變化而能久成，聖人久於其道而天下化成。觀其所恒，而天地萬物之情可見矣。

釋卦字義，又以卦綜、卦象、卦德釋卦名、《卦辭》而極言之。"恒"者，長久也。若以恒字論，左旁從立心，右旁從一日，言立心如一日，久而不變也。"剛上而柔下"者，本卦綜咸。"剛上"者，咸下卦之艮，上而爲恒之雷也。"柔下"者，咸上卦之兌，下而爲恒之巽也。陰陽之理，剛上柔下，分之常；

---

① 此二句與下引句皆曾參語，見《禮記·祭義》。
② 本書"恒"字一律不改。

迅雷烈風，交助其勢，氣之常；男動作于外，女巽順于內，人理之常；剛以應柔，柔以應剛，交感之常。此四者，皆理之常，故曰恒。"恒，亨，无咎，利貞"者，以"久于其道"也。蓋道者，天下古今共由之路，天地之正道也。惟"久于其道"，故"亨"，故"无咎"，故"利貞"。若久非其道，亦不能恒矣。且恒久莫過于天地，"天地之道，恒久而不已"者也。惟其恒久不已，所以攸往不窮。蓋凡人事之攸往，至于終而不能恒久者，以其終而不能又始也。終而不能始，則自終而止，有止息間斷，非恒久不已者矣，安能攸往？惟天地之道，晝之終矣而又有夜之始，夜之終矣而又有晝之始；寒之終矣而又有暑之始，暑之終矣而又有寒之始。"終則有始"，循環無端，此天地所以恒久也。此恒所以必利有攸往，而後謂之恒也。若有所往，不能終始循環不窮，則與天地不相似，安得謂之恒哉？"得天"者，附麗于天也。變化者，寒而暑，暑而寒，迭相竭，還相本，陰變于陽，陽化爲陰也。"久成"者，成其歲功也。"久于其道"者，仁漸義摩也。"化成"者，化之而成其美俗也。此極言恒久之道。言觀其所恒，可見萬古此天地，萬古此恒也；萬古此萬物，萬古此恒也。若當春時爲夏，當秋時爲冬，當生物時不生，當成物時不成，此之謂變怪，安得謂之恒？

《象》曰：雷風恒，君子以立不易方。

"立"者，止于此而不遷也。"方"者，大中至正之理，理之不可易者也。如"爲人君止于仁，爲人臣止于敬"①是也。不易方者，非膠于一定也。理在于此，則止而不遷，如冬之寒，理在于衣裘，則衣裘而不易其葛；夏之暑，理在于衣葛，則衣葛而不易其裘是也。巽性入，入而在內。震性動，出而在外。二物各居其位，"不易方"之象也，故曰"不易方"。

初六，浚恒，貞凶，无攸利。

"浚"，深也，浚井之浚。"浚"字生于"巽性入"之"入"字來。初六爲長女之主，九四爲長男之主，乃夫婦也。巽性入，始與夫交之時即深求以夫婦之常道。四動而決躁，安能始交之時即能從其所求？"貞"者，初與四爲正應，所求非不正也。"凶"者，驟而求之深，彼此不相契合也。"无攸利"者，有所

---

① 語見《大學》。

往則夫婦反目矣。蓋初陰居陽位，四陽居陰位，夫婦皆不正，皆有氣質之性，所以此爻不善。下三爻皆以妻言：初爻凶者，妻求夫之深而凶也；三貞吝者，妻改節而見黜也。上三爻皆以夫言：四無禽者，夫失其剛而無中饋之具也；五凶者，夫順從其妻而凶也。○初與四爲正應，婦責備夫以夫婦之常道，亦人情之所有者。然必夫婦居室之久，情事孚契，而後可以深求其常道也。但巽性務入，方交四之始，即深以夫婦之常道求之，則彼此之情未免乖矣，故有"浚恒"之象。占者如此，則雖貞亦凶而無攸利也。

《象》曰："浚恒之凶"，始求深也。

"求"者，中饋之酒漿、器皿、衣服、首飾之類也。

九二，悔亡。

以陽居陰，本有悔矣，以其久中，故其"悔亡"。"亡"者，失之于初而改之于終也。

《象》曰：九二悔亡，能久中也。

可久之道，中焉止矣。人能恒久于中，豈止"悔亡"？孔子之言，蓋就周公之《爻辭》而美之也。

九三，不恒其德，或承之羞，貞吝。

陽德居正，故得稱德。"不恒其德"者，改節也。居巽之極，爲進退，爲不果，"改節"之象也。又①變坎，爲狐疑，此心不定，亦"改節"之象也。長女爲長男之婦，不恒其德而改節，則失其婦之職矣。既失其職，則夫不能容，而婦被黜矣。"或"者，外人也。"承"者，進也。"羞"者，致滋味也。變坎，有飲食之象，"羞"之象也。因婦見黜，外人與夫進其羞也。"貞"者，九三位正也。若依舊注，"羞"作"羞恥"，則下"吝"字重言"羞"矣。○九三位雖得正，然過剛不中，當雷風交接之際，雷動而風從，不能自守，故有"不恒其德，或承之羞"之象，雖正亦可羞矣。故戒占者如此。

《象》曰："不恒其德"，无所容也。

"无所容"者，夫不能容其婦而見黜也，所以使外人進其羞也。

---

① 又：原作"以"，史念冲本、朝爽堂本、鄭燦本作"又"，據改。

九四，田无禽。

應爻爲地道，又震爲大塗，故曰"田"，與師卦"田有禽"之"田"同。本卦《大象》與師卦《大象》皆與小過同，故皆曰"禽"。應爻巽，爲鸛，亦禽之象也。應爻深入，與井下卦同巽，故皆曰"無禽"也。師卦所應剛實，故"有禽"。本卦所應陰虛，故"无禽"。〇九四以陽居陰，久非其位，且應爻深入，故有"田无禽"之象。既無禽，則不能與妻備中饋之具，夫非其夫矣。故其象占如此。

《象》曰：久非其位，安得禽也。

"久非其位"，則非所久而久矣，故不得禽。

六五，恒其德，貞，婦人吉，夫子凶。

丈夫用剛用柔，各適其宜，以柔順爲常，是因人成事矣，所以凶。此爻變兌，兌爲少女，又爲妾，婦人之象也。婦人以順爲正，故吉。〇六五，恒其中，德正矣，故有"恒其德貞"之象，但剛而中可恒也，柔而中，婦人之常，非夫子之所當常也，故占者有吉有凶又如此。

《象》曰："婦人貞吉"，從一而終也。夫子制義，從婦凶也。

"從一"者，從夫也。婦人無專制之義，惟在從夫，順從乃其宜也。"制"者，裁制也。"從婦"者，從婦人順從之道也。夫子剛果獨斷，以義制事，若如婦人之順從，委靡甚矣，豈其所宜？故凶。

上六，振恒，凶。振，去聲。

"振"者，奮也，舉也，整也。"振恒"者，振動其恒也。如宋時，祖宗本有恒久法度，王安石以祖宗不足法，乃紛更舊制，正所謂"振恒"也。"凶"者，不惟不能成事，而反償[1]事也。在下入，乃巽之性，"浚恒"也；在上動，乃震之性，"振恒"也。方恒之始，不可浚而乃浚；既恒之終，不可振而乃振，故兩爻皆凶。〇上六陰柔，本不能固守其恒者也，且居恒之極，處震之終，恒極則反常，震終則過動，故有"振恒"之象。占者之凶可知矣。

《象》曰：振恒在上，大无功也。

---

[1] 償：原作"慎"，虎林本、史念冲本、朝爽堂本、鄭燦本皆作"償"，據改。

"大无功"者，不惟无功而大无功也。曰"大"者，上而无益于國家，下而不利于生民。安石、靖康之禍是也。

艮下乾上（遯）

"遯"者，退避也。六月之卦也。不言退而曰"遯"者，退止有退後之義，無避禍之義，所以不言退也。爲卦天下有山，山雖高，其性本止，天之陽性上進，違①避而去，故有"遯去"之義。且二陰生于下，陰漸長，小人漸盛，君子退而避之，故爲"遯"也。《序卦》："恒者，久也。物不可以久居其所。"久則變，變則去，此理之常。所以次恒。

遯，亨，小利貞。

"亨"，爲君子言也，君子能遯，則身雖遯而道亨。"小"者，陰柔之小人也，指下二陰也。"利貞"者，小者利于正而不害君子也。若害君子，小人亦不利也。

《彖》曰："遯亨"，遯而亨也。剛當位而應，與時行也。"小利貞"，浸而長也，遯之時義大矣哉！ 浸，居鴆切②。

以九五一爻釋"亨"，以下二陰爻釋"利貞"而贊之。"遯而亨"者，惟遯乃亨，見其不可不遯也。剛，指五。"當位"者，當中正之位；"而應"者，下與六二相應也。"時行"，言順時而行也。身雖在位而心則遯，此所以謂之"時行"也。九五有中正之德，六二能承順之，似亦可以不必于遯。然二陰浸而長，時不可以不遯，知時之當遯，與時偕行，此其所以亨也。"浸"者，漸也。"浸而長"，其勢必至于害君子，故戒以利貞。"時義大"者，陰雖浸長，尚未盛大，且九五與二相應，其陽漸消之意，皆人之所未見而忽略者，是以苟且留連而不能決去也。當此之時，使不審時度勢，則不知遯；若眷戀禄位，又不能遯。

---

① 違：虎林本、史念冲本亦作"違"，朝爽堂本、鄭燦本作"遠"。
② 居鴆切：虎林本、史念冲本作"字鴆切"，朝爽堂本、鄭燦本無此注。

惟有明哲保身之智，又有介石見幾之勇，方能鴻冥鳳舉，所以嘆其"時義之大"。漢元成之時，弘恭、石顯得志于內，而蕭望之、劉向、朱雲皆得巨禍；桓、靈之際，曹節、王甫得志于內，而李膺、陳蕃、竇武皆被誅戮者，均不知"遯之時義"者也。《易》中"大矣哉"有二：有贊美其所係之大者，豫、革之類是也；有稱嘆其所處之難者，大過、遯之類是也。

《象》曰：天下有山，遯。君子以遠小人，不惡而嚴。 遠，袁萬反。

"惡"者，惡聲厲色，疾之已甚也。"嚴"者，以禮律身，無可議之隙而凜然不可犯也。"不惡"者，待彼之禮；"嚴"者，守己之節。天下有山，天雖無意于絕山，而山自不能以及乎天，"遯"之象也，故"君子以遠小人，不惡而嚴"。曰"不惡而嚴"，則君子無心于遠小人而小人自遠，與天之無心于遠山而山自絕于天者同矣。"遠小人"，艮止象。"不惡而嚴"，乾剛象。

初六，遯尾，厲，勿用有攸往。

"遯"者，居當遯之時也。"尾"者，初也，因在下，故曰尾。"厲"者，天下賢人君子皆以遯去，是①何時也，豈不危厲？"往"者，往而遯去也。本卦遯，乃陽剛，與陰不相干涉，故不可往。且初在下無位，又陰柔，所居不正，無德無位，無德則無聲聞，不過凡民耳，與遯去之賢人君子不同，遯之何益？○初六居下，當遯之時，亦危厲矣。但時雖危厲，而當遯者非初之人，故教占者勿用遯去，但晦處以俟時可也。

《象》曰：遯尾之厲，不往何災也。

不遯，有何災咎！所以"勿用有攸往"。

六二，執之用黃牛之革，莫之勝說。 勝，音升，說，音脫。

"執"者，執縛也。艮性止，"執"之象也。"黃"，中色，指二。應爻錯坤，"牛"之象也。"勝"者，任也。"脫"者，解脫也。能勝其脫，欲脫即脫矣；"莫之勝脫"者，不能脫也。言執縛之以黃牛之皮，與九五相交之志堅固不可脫也。本卦遯者，乃陽。初與二，陰爻，皆未遯。故此爻不言"遯"字。○二陰浸長，近于上體之四陰，已凌迫于陽矣。然二與五爲正應，二以中正順

---

① 是：虎林本亦作"是"，史念冲本、朝爽堂本、鄭燦本作"時"。

應乎五，五以中正親合乎二，正所謂剛當位而應，不凌迫乎陽可知矣，故有"執之用黃牛之革，莫之勝說"之象。占者當是時，亦當如是也。

《象》曰：執用黃牛，固志也。

堅固其二、五中正相合之志也。

九三，繫遯，有疾，厲。畜臣妾，吉。

"繫"者，心維係而眷戀也。高祖有疾，手敕惠帝曰："吾得疾，隨困。以如意母子相累，其餘諸兒皆足自立，哀此兒猶小也。"曹瞞臨死，持姬女而指季豹以示四子曰："以累汝。"因泣下。此皆所謂"繫"也。中爻爲巽，巽爲繩，"繫"之象也。"繫遯"者，懷祿徇私，隱忍而不去也。"疾"者利欲，爲纏魔、困苦之疾也。"厲"者，禍伏于此而危厲也。"臣"者僕也，"妾"者女子也，指下二陰也，乃三所繫戀之類也，蓋臣妾也，宮室也，利祿也。凡不出于天理之公而出于人欲之私者，皆陰之類也，皆人之所係戀者也。本卦止言"臣妾"者，因二陰居下位故也。"畜"者，止也，與剝卦"順而止之"同，止之使制于陽而不陵上也。艮，畜止象，又爲閽寺，"臣"之象。又錯兌，"妾"之象。○九三當陰長陵陽之界，與初、二二爻同體，下比于陰，故有當遯而係戀之象。既有所繫，則不能遯矣，蓋疾而厲之道也。然艮性能止，惟剛正自守，畜止同體，在下之二陰，馭之以臣妾之正道，使制于陽而不陵上，斯吉矣。故又教占者必如此。

《象》曰：繫遯之厲，有疾憊也。畜臣妾吉，不可大事也。

"疾憊"者，疲憊于私欲，困而危矣。"不可大事"者，出處去就，乃丈夫之大事，知此大事，方知其遯。若畜止臣妾，不過以在我艮止之性禁令之爾，乃小事也。九三"繫遯"，能此小事，亦即吉矣，豈能決斷其出處去就之大事哉？

九四，好遯，君子吉，小人否。 好，呼報反。否，方有反。

三比二，故曰繫。四應初，故曰好。"好"者，愛也。"繫"者，縛也。愛者必眷戀而縛，縛者因喜悦而愛，其實一也。"好遯"者，又好而又遯也。"好"者，爵位、利祿、愛慕之事也；"遯"者，審時度勢、見幾之事也。好者四也，遯者九也。陽居陰位，陽可爲君子，陰可爲小人，故可好可遯也。所以聖人設小人之戒。"否"者，不也。○九四以剛居柔，下應初六，故有"好而不遯"之象，然乾體剛健，又有"遯而不好"之象，占者顧其人何如耳。若剛果之君子，則有以勝其人欲之私，止知其遯，不知其好，得以遂其潔身之美，故吉矣；若小人，則徇欲忘反，止知其好，不知其遯，遯豈所能哉？故在小人則否也。

《象》曰：君子好遯，小人否也。

君子剛果，故好而知遯，必于其遯。小人陰柔，故好而不知其遯，惟知其好矣。

九五，嘉遯，貞吉。

"嘉遯"者，嘉美乎六二也。當二陰浸長之時，二以艮體執之以"黃牛之革"，不凌犯乎陽，其志可謂堅固矣。爲君者，不嘉美以正其志，安能治遯？故貞吉。人君無逃遯之理，玄宗幸蜀，安得爲嘉？○九五陽剛中正，有治遯之才者也。當天下賢人君子遯去之時，下應六二之中正，見六二之志固，乃褒嘉之，表正其志，以成其不害賢人君子之美，正而且吉之道也。故其象占如此。

《象》曰："嘉遯貞吉"，以正志也。

二之固志者，堅固其事上之志，臣道中正之心也；五之正志者，表正其臣下之志，君道中正之心也。二、五小象皆同言"志"字，所以知五褒嘉乎二。

上九，肥遯，无不利。

"肥"者，疾憊之反。"遯"字從豚，故初六言"尾"，上九言"肥"，皆象"豚"也。以陽剛之賢而居霄漢之上，睟面盎背，莫非道德之豐腴，手舞足蹈，一皆仁義之膏澤，心廣體胖，何肥如之！"無不利"者，天子不得臣，諸侯不得友。堯雖則天，不屈飲犢之高；武既應人，終全孤竹之節。理亂不聞，寵辱不驚，何利如之！○諸爻皆疑二陰之浸長，心既有所疑而戚戚，則身亦隨之而疾瘠矣，安能肥乎？惟上九以陽剛而居卦外，去柔最遠，無所係應，獨無所疑，蓋此心超然于物外者也，故有"肥遯"之象。占者無不利可知矣。

《象》曰："肥遯，无不利"，无所疑也。

"无所疑"者，不疑二陰之浸長而消陽也。无所疑，所以逍遙物外，不至于愁苦而瘠。

䷡ 乾下震上 （大壯）

"大壯"者，大者壯也。大謂陽也，四陽盛長，故爲大壯。二月之卦也。爲卦震上乾下，乾剛而震動，"大壯"之義也。又雷之威震于天上，聲勢壯大，亦"大壯"之義也。《序卦》："遯者，退也。物不可以終遯，故受之以大壯。"遯者，陽衰而遯也。壯者，陽盛而壯也。衰則必盛，消長循環之理，所以次遯。

大壯，利貞。

陽壯則占者吉亨，不必言矣。然君子之所謂"壯"者，非徒以其勢之盛，乃其理之正也，故利于正。陰之進不正，則小人得以陵君子，故遯言小者利于貞；陽之進不正，則君子不能勝小人，故大壯言大者利于貞。大壯綜遯，二卦本是一卦，故卦下之辭如此。

《彖》曰：大壯，大者壯也。剛以動，故壯。"大壯利貞"，大者正也，正大而天地之情可見矣。

以卦體、卦德釋卦名，又釋"利貞"之義而極言之。陽長過中，"大者壯也"。蓋正月泰，陽雖長而未盛；三月夬，陽已盛而將衰，皆不可以言壯，惟四陽則壯矣。且乾剛震動，剛則能勝其人欲之私，動則能奮其必爲之志，何事不可行哉？此其所以壯也。卦體則勢壯，卦德則理壯，所以名"壯"。"大者正也"，言大者自無不正也。凡陽明則正，陰濁則邪，自然之理，故利于貞。若不貞，則非大矣。"正大"者，正則無不大也。"天地之情"者，覆載生成所發之情也。一通一復，皆一誠之貫徹，豈不正？既正，豈不大？故曰"正大"。蓋"大者壯"，以氣言，乃壯之本體也；"大者正"，以理言，所以運壯之道也。正大而天地之情可見，又推極上天下地莫非此正大之理，非特人爲然也。一陽來復，見天地之心，四陽見其情。仁者天地之心，情則其所發也。

《象》曰：雷在天上，大壯。君子以非禮弗履。

"非禮"者，人欲之私也。"履"者，踐履也。"非禮弗履"，則有以克勝其人欲之私矣。此惟剛健以動者可能，矯哉其強，何壯如之！"雷在天上大壯"

者，以聲勢而見其壯也。君子非禮①弗履，大壯者以克勝其私而見其壯也。

初九，壯于趾，征凶，有孚。

震爲足，又初在下，"趾"之象也。"征凶"者，往則必裁抑擯斥也。"孚"者，自信其陽剛之正德也。初以陽居陽，乾之剛未盛也，故"有孚"；至三，則乾剛極矣，故"貞厲"。〇初九陽剛處下，當壯之時，壯于進者也，故有"壯趾"之象，以是而往，凶之道也。然陽剛居正，本有其德，故教占者惟自信其德以甘窮困，不可有所往，往則凶矣。

《象》曰："壯于趾"，其孚窮也。

既無應援，又卑下無位，故曰"窮"。當壯進之時，有其德而不能進，進則必凶，乃處窮之時矣。故惟自信其德以自守可也，是"其孚"者不得已也，因"窮"也，故曰"其孚窮"。賢人君子不偶于時，棲止山林者，多是如此。

九二，貞吉。

中則無太過，不恃其強而猛于必進，所以此爻貞吉。〇九二以陽剛當大壯之時，居中而不過于壯，蓋正而吉者也。故其占如此。

《象》曰：九二貞吉，以中也。

"以中"者，居中位也，與解卦"得中道"、未濟"中以行正"同。"中立而不倚，強哉矯"②，九二有焉。

九三，小人用壯，君子用罔，貞厲。羝羊觸藩，羸其角。羸，力爲切。

"罔"者，無也，言不用也。君子以義理爲勇，以"非禮弗履"爲大壯，故不用壯也。"羝羊"，壯羊也。"羸"者，瘦也，病也。羝羊恃其強壯乃觸其藩，其角出于藩之外，易去而難反，不能用其力，是角之壯者反爲藩所困制而弱病矣，故曰"羸其角"也。本卦大象兌，中爻爲兌，皆"羊"之象，故諸爻皆以羊言之。震爲竹，爲葦，"藩"之象也。觸藩者，"用壯"之象也。陽居陽位，故曰貞。羸角者，又"貞厲"之象也。〇九三過剛不中，又當乾體之終，交震動之際，乃純用血氣之強，過于壯者也。然用壯爲小人之事，君子以義理爲主，豈其所用哉？故聖人戒占者曰：惟小人則用壯，君子則不用也，苟用其

---

① 禮：原作"理"，朝爽堂本、鄭燦本作"禮"，據改。
② 句見《中庸》。

壯，雖正亦厲，亦如羊之觸藩羸角也，壯其可恃哉？戒之之嚴，故占中之象又如此。

《象》曰："小人用壯"，君子罔也。

言用壯者小人之事，君子則無此也。

九四，貞吉，悔亡。藩決不羸，壯于大輿之輹。

"貞吉悔亡"者，惟正則吉而悔亡也。"決"，破也。"藩決不羸"，承上文而言也。三前有四之阻隔，猶有藩焉；四前二陰，則藩決而可前進矣。震爲大塗，兌爲附決，"藩決"之象也。輹與輻同，車輪之中幹也。車之敗常在折輹，輹壯則車強矣。四變坤，"大輿"之象也。"壯于大輿之輹"，言尚往而可進也。此二句又"貞吉悔亡"之象也。○九四當大壯之時，以陽居陰，不極其剛，前無困阻而可以尚往矣，故其占中之象如此。

《象》曰："藩決不羸"，尚往也。

"尚往"者，前無困阻而可以上進也。

六五，喪羊于易，无悔。易，音亦。

"易"，即場，田畔地也。震爲大塗，"場"之象也。○本卦四陽在下，故名大壯。至六五無陽，則喪失其所謂大壯矣，故有"喪羊于易"之象。既失其壯，則不能前進，僅得"无悔"而已，故其象占如此。

《象》曰："喪羊于易"，位不當也。

"位不當"者，以柔居五位也。

上六，羝羊觸藩，不能退，不能遂，无攸利，艱則吉。

震錯巽爲進退，"退""遂"之象也。"艱"者，處之艱難而不忽慢也。"吉"者，"无攸利"者終得攸利也。六五已"喪羊"矣，而上六又"羝羊觸藩"者，蓋六五以一爻言也，上六則合一卦而言也。三則剛之極，上則動之極，所以爻象皆同。○上六壯終動極，所以觸藩而不能退。然其質本柔，又不能遂其進也，故有"觸藩不能退遂"之象，占者之"无攸利"可知矣。然猶幸其不剛而不妄進也，若占者能艱以處之，則得以遂其進而吉矣。

《象》曰："不能退，不能遂"，不詳也。艱則吉，咎不長也。

"詳"者，慎密也。"不詳"者，當壯終動極之時，不能度勢而行、審幾而進也。既詳則能艱矣。"咎"者，不能退、不能遂之咎也。惟艱則能詳，而咎不長矣。心思之艱難，所以能詳。識見之詳明，所以方艱。

䷢ 坤下離上 （晉）

"晉"者，進也，以日出地上，前進而明也。不言進而言"晉"者，進止有前進之義，無明之義，晉則有進而光明之義，所以不言進也。《序卦》："物不可以終壯，故受之以晉。"蓋物既盛壯，則必前晉，所以次大壯。

晉，康侯用錫馬蕃庶，晝日三接。

"康侯"，安國之侯也。"錫"者，賜與也。"蕃庶"，見其恩之者隆；"三接"，見其禮之者頻。坤錯乾，"馬"之象。中爻艮綜震，震爲蕃，"蕃"之象。庶者，眾也，坤爲眾，"庶"之象。"蕃庶"者，言所錫之馬眾多也。"晝日"，離之象。離居三，"三"之象。艮爲手，"相接"之象。日者，君也；坤者，臣也。坤爲邑國，日在地上，照臨其邑國之侯，有"寵而錫馬、三接"之象。《易》止有是象，無是事，如"棟橈""金車""玉鉉"之類皆是也。諸儒不知象，乃以《周官》校人、大行人實之，失象旨矣。

《彖》曰：晉，進也。明出地上。順而麗乎大明，柔進而上行，是以"康侯用錫馬蕃庶，晝日三接"也。

釋卦名，又以卦象、卦德、卦綜釋《卦辭》。"明出地上"者，離日出于地之上也。"順而麗乎大明"者，坤順而附麗乎大明也。"柔進而上行"者，晉綜明夷，因二卦同體，文王綜爲一卦，故《雜卦》曰："晉，晝也。明夷，誅也。"言明夷下卦之離，進而爲晉上卦之離也。若以人事論，"明出地上"，乃世道維新治教休明之時也。"順"以臣言，"大明"以君言。"順"者，小心承順也。"麗"者，猶言攀龍鱗、附鳳翼也。"柔進而上行"，則成虛中矣，是虛中下賢之君而居于五之位也。上句以時言，中句以臣之德言，下句以君言。言爲康侯者，必際是時，備是德，遇是君，方得是寵也。

《象》曰："明出地上，晋。"君子以自昭明德。

地乃陰土，譬之人欲之私。"自"者，我所本有也。日本明，入于地則暗矣，猶人之德本明，但溺于人欲之私則暗矣，故"自昭其明德"，亦猶日之出地也。"自昭"者，"格物致知"以去其蔽明之私，"誠意正心修身"以踐其自昭之實也。"明德"者，即行道而有得于我者也。天下無道外之德，即五倫體之于身也。此德塞乎天地，横乎四海，如杲日當空，人人得而見之，故曰"明"，非《大學》舊注"虛靈不昧"之謂也。至健莫如天，故君子以之"自强"；至明莫如日，故君子以之"自昭"，所以二象皆以"自"字言之。

初六，晋如，摧如。貞吉，罔孚，裕，无咎。摧，音崔。

"晋如"者，升進也。"摧"者，崔嵬之崔，高也。中爻艮，山在坤土之上，"崔"之象也。四近君，又陽爻，故有"崔如"之象。若以爲"摧如"，則與《小象》"獨行正"不相合矣，依鄭爲"南山崔崔"之"崔"是也。"貞"者，盡其在我，不畔援苟且、汲汲以求進也。"吉"者，終得遂其進也。"罔孚"者，二、三不信之也。中爻坎爲狐疑，"不信"之象也。當升進之時，衆人通欲進，初卑下，故二、三不見信。觀《小象》曰"獨行正"、六三曰"衆允"可知矣。"裕"者，不以進退爲欣戚，從容以處之，而我之自修者猶夫初也。"无咎"者，不失其身也。貞即下文"罔孚，裕无咎"。○初六以陰居下，當升進之時，而應近君之四，故有"晋如，崔如"之象。占者守正則吉矣。設或不我見信，不可急于求信，惟寬裕以處之，則可以无咎矣。若求信之心切，則不免枉道失身，安得无咎？此所以利貞則吉也。

《象》曰："晋如摧如"，獨行正也。"裕无咎"，未受命也。

"獨行"者，獨進也。中爻艮綜震足，"行"之象也。"正"者，應與之正道也。言升進之時，四陽[1]在上，近乎其君，赫赫崔嵬，初又卑下，衆人不進而初獨進之，似不可進矣。然四與初爲正應，進之亦正道也，未害其爲進也。"未受命"者，離日在上，未受君王之命也。未受命，則無官守，所以得綽綽有餘裕。應四未應五，故曰"未受命"。六二曰"受兹介福于王母"，二"受"字相

---

[1] 四陽：諸本皆作"四陽"，據文意，疑是"九四"。

同。中爻艮爲手，有"授受"之象。故文王《卦辭》曰"接"，初二爻皆言"受"，皆有手象。

六二，晉如，愁如，貞吉。受茲介福，於其王母。

中爻坎，爲加憂，爲心病，"愁"之象也。其所以愁者：四乃大臣中鼫鼠之小人也，近君而據下三爻升進之路，二欲升進無應援；五陰柔，二愁五之不斷；四邪僻，二愁四之見害，此其所以愁也。"貞"者，中正之德也。初六之貞，未有貞而勉之也；六二之貞，因其本有而教以守之也。"吉"者，中正之德，久而必彰，上之人自當求之，下文所言"受介福于王母"是也。"介"者，大也。"受介福"者，應六五大明之君，因其同德而任用之，加之以寵祿也。"王母"者，六五也。離爲日，"王"之象也；離爲中女，"母"之象也。○六二中正，上無應援，故有"欲進而愁"之象。占者如是而能守正，則吉而受福矣。

《象》曰：受茲介福，以中正也。

"以中正"者，以六二有此中正之德也。八卦正位，坤在二，所以"受介福"，詳見《雜說》。

六三，衆允。悔亡。

坤爲衆，"衆"之象也。"允"者，信也。初"罔孚"，未允也；二"愁如"，猶恐未允也；三則允矣。"悔亡"者，亡其不中正之悔也。○六三不中正，當欲進之時，宜衆所不信而有悔矣。然所居之地近乎離明，又順體之極，有順上向明之志，則所謂"不中正"者，皆因親近其大明而中正矣，是以衆皆信之。同下二陰上進，故有"衆允"之象，而占者則"悔亡"也。

《象》曰：衆允之志，上行也。

"上"者，大明也。"上行"者，上順麗于大明也。上從大明之君，衆志之所同也。

九四，晉如，鼫鼠，貞，厲。 鼫，音石，市亦切。

"鼫鼠"，《廣韻》以爲螻蛄，則非鼠矣。《玉篇》以爲形大如鼠，頭似兔，尾有毛，青黃色，則又鼠之異者也。蔡邕以爲五技鼠，能飛不能過屋，能緣不能窮木，能游不能度谷，能穴不能掩身，能走不能先人，則飛鼠也。郭景純以

爲形大如鼠，好在田中食粟豆，則田鼠也。《廣韵》"鼫"字與"碩"字同一類，二字從石，皆音石，《詩·碩鼠》刺貪。碩，大也，陽大陰小，此爻陽，故爲大鼠，即《詩》之"碩鼠"無疑矣。中爻艮，變爻亦艮，"鼠"之象也。鼠竊人之物，然晝則伏藏，夜則走動，蓋不敢見日而畏人者也。離爲日，"晋"者晝也，鼠豈能見之哉？但當進之時，見衆人俱進，彼亦同進，不復畏其晝矣。"貞"者，當進之時，九四"晋如"，非不正也。○九四不中不正，當晋之時，竊近君之位，居三陰之上，上而畏六五大明之知，下而畏三陰群小之忌，故有"鼫鼠日下惟恐人見"之象。占者如是，雖正亦危矣。

《象》曰："鼫鼠貞厲"，位不當也。

"位不當"者，不中不正也。

六五，悔亡，失得勿恤。往吉，无不利。

"恤"者，憂也，中爻坎爲加憂，"恤"之象也。五變，則中爻不成坎，故不憂而"勿恤"矣。火無定體，倐然而活，倐然而没，"失得"其常事也。凡《易》中遇離，或錯離，或中爻離，皆言"失""得"二字，如比卦九五錯離曰"失前禽"，隨卦六三變離曰"失小子"，隨有"求得"，噬嗑九四曰"得金矢"，六五曰"得黃金"，坎卦錯離六二曰"求小得"，明夷九三曰"得其大首"，解卦九二錯離曰"得黃矢"，鼎卦初六曰"得妾"，震卦六二變中爻爲離曰"七日得"，漸卦中爻離六四曰"得其桷"，豐卦六二曰"得疑疾"，旅九四曰"得資斧"，巽上九變坎錯離曰"喪其資斧"。"得失""得喪"，皆一意也，既濟六二曰"七日得"，未濟上九曰"失是"，則或失或得，不以爲事者，乃離之本有也，非戒辭也。本卦以象論，日出地上，乃朝日也，非日中之艮。以德論，居大明之中，而下順從之。以卦變論，爲飛龍在天之君。六爻獨此爻善，所以《小象》曰"往有慶也"。"悔亡"者，中以行正也。"失得勿恤"者，虛中則廓然太公，不以失得累其心也，故"吉无不利"。○六五柔中爲自昭明德之主，天下臣民莫不順而麗之，是以事皆悔亡，而心則不累于得失。持此以往，蓋吉而无不利者也。占者有是德，斯應是占矣。

《象》曰："失得勿恤"，往有慶也。

"往有慶"，即"吉，无不利"。

上九，晉其角，維用伐邑，厲吉，无咎，貞吝。

"晉其角"，與"姤其角"同。晉極明終，日已晚矣。角在首之上，"晉其角"，言欲進而前無其地矣，甚言其前無所進也。"維"者，維繫也，繫戀其三之陰私也。陽繫戀乎陰私，皆不光明之事，所以孔子《小象》但陽比于陰者皆曰"未光"。離為戈兵，坤為眾，此爻變震，眾人戈兵震動，"伐邑"之象也。故離卦上九變震亦曰"王用出征"。"邑"即內卦坤之陰土也，詳見謙卦。"伐邑"，即同人"伏戎于莽"之意。凡《易經》爻辭無此事而有此象，如此類者甚多。"厲吉，无咎"者，言其理也。言邑若理可以伐，雖危厲亦吉而无咎也。"吉无咎"，即下文之貞也。"貞吝"者，言雖當伐亦可羞也。〇上九明已極矣，又當晉之終，前無所進，此心維繫戀乎三爻所應之陰私而已，故有"晉其角，維用伐邑"之象。夫繫戀其私以伐邑，其道本不光明，然理若可伐，而伐之事雖危厲，亦吉而无咎。但前無所進，既不能成康侯光明之業，反繫戀其私以伐邑，雖邑所當伐，其事故貞，亦可羞矣，安得"吉而无咎"哉？故戒占者以此。

《象》曰："維用伐邑"，道未光也。

此爻變震，下乃順體，陰陽相應，性順情動，豈有光明之事？

䷣ 離下坤上 （明夷）

"夷"者，傷也。為卦坤上離下，日入地中，明見其傷，與晉相綜，故曰明夷。《序卦》："晉者，進也。"進而不已，必有所傷，理之常也，所以次晉。

明夷，利艱貞。

"艱貞"者，艱難委曲以守其貞也。蓋暗主在上，去之則忘國，又有宗國同姓不可去者；比之則失身，又當守正；然明白直遂守正，又不免取禍，所以占者"利艱貞"以守正，而自晦其明也。

《象》曰：明入地中，明夷。內文明而外柔順，以蒙大難，文王以之。利

艱貞，晦其明也，內難而能正其志，箕子以之。 難①，乃旦反。

以卦象釋卦名，又以文王釋卦德，以箕子釋《卦辭》。"内文明"者，離也；"外柔順"者，坤也，此本卦之德也。"蒙"者，遭也。"以蒙大難"者，言以此德而遭此明傷之時也。"文王以之"者，言文王遭紂之囚，用此卦之德，所以內不失己，外得免禍也。"晦其明"者，晦其明而不露也。"大難"，關天下之難；"內難"，一家之難。"正其志"者，不失其正也。不失其正又不顯其正，是謂"晦其明"而"利艱貞"之義也。箕子爲紂近親，外而佯狂，內而明哲，是即"晦其明"也，故曰"箕子以之"。大抵箕子之難，雖與文王同其艱貞，然文王爲西伯，散宜生之徒以珍物美女獻于紂，而西伯即出羑里矣。若箕子佯狂，則必要君知其真狂，左右國人亦知其真狂，再不識其佯狂，至牧野之師誅君弔民，方釋箕子之囚，箕子逃之朝鮮，武王以朝鮮封之，因以《洪範》授于武王，人方知其不狂，則箕子艱貞，難于文王多矣。故以"艱貞"係箕子之下。要之，天命興周，故文王之"明夷"處之易；天命廢殷，故箕子之"明夷"處之難。雖人爲，實天意也。文王、箕子，一而已矣。

《象》曰："明入地中，明夷"，君子以莅眾，用晦而明。

坤爲眾，故言莅眾。"用晦而明"者，不用明爲明，用晦爲明也。言我本聰明睿知，乃不顯其明，若似不明者，以晦爲明，此之謂"用晦而明"也。若以晉、明夷相綜并論之：地在下，日在上，明在外也，君子以之，則絕去其人欲之私，以自昭明德，亦如日之極其高明，常升于萬物之上，此修己之道，當如是也；地在上，日在下，明在內也，君子以之，則存其寬厚渾含之德，去其刻薄殘忍之私，以之莅眾，如小過必赦，使人不求備，"罪疑惟輕""脅從罔治"之類皆是也。古之帝王，冕而前旒，以蔽其明，黈纊塞耳，以蔽其聰，亦此意②。此則居上之寬，治人者當如是也。故明夷之《大象》曰"莅眾，用晦而明"，修己治人，二卦之象盡之矣。

初九，明夷于飛，垂其翼。君子于行，三日不食。有攸往，主人有言。

"明夷于飛"者，傷其飛之翼也。"垂其翼"者，其翼見傷而垂觶也。離爲

---

① 難：原作"艱"，朝爽堂本、鄭燦本作"難"，據改。
② 此意：虎林本、朝爽堂本、鄭燦本亦作"此意"，史念冲本作"如是"。

雉，鳥之象也。此爻變艮，獨一陽在中。卦之中爲鳥身，初與六上下爲翼，故小過初六曰"飛"，上六亦曰"飛"，皆以翼言也。此爻居初，故曰"垂翼"也。垂其翼而猶能飛，則傷亦未太重矣。"三日不食"者，離居三，"三"之象也。離爲日，"三日"之象也。離中虛，又爲大腹，"空腹不食"之象也。"于行"者，方見幾而欲行也。"不食"者，自悲其見傷而不食也。此爻舊指伯夷恥食周粟之事。"有攸往"者，于行而長往也。中爻震足，"行而長往"之象也。"主人"者，所適之主人，對君子之言也。"有言"者，主人不相合，言語譏傷其君子也。外卦錯乾，乾爲言，有言之象也。象爲飛，占爲行、爲往。象爲垂翼，占爲不食、有言。象、占俱分明。〇初九陽明在下，當傷之時，故有飛而垂翼之象。占者不惟方行，而有不食之厄，及長往而猶有言語之譏，此其時之所遭，不可得而避者，安其義命可也。

《象》曰："君子于行"，義不食也。

義之所在，見幾而作，"不食"可也。

六二，明夷，夷于左股，用拯馬壯，吉。

"夷于左股"，言傷之猶未在上體也。以去暗君雖不如初之遠，然亦不得言近，故以足之上股象之。中爻爲震，震錯巽，"股"之象也。此爻變，中爻爲兌，兌綜巽，亦"股"之象也。明夷象人身，故初二爲股，三、四爲腹，五、上爲首。股居下體，蓋以人身上下爲前後也。凡《易》中言"左"者，皆"後"字，詳見師卦并本卦六四。"拯"者，救也。此爻變乾，爲健，爲良馬，"馬健壯"之象也。言用健壯之馬以救之則吉矣。文王囚于羑里，"夷于左股"也；散宜生之徒獻珍物美女，"用拯馬壯"也；脫羑里之囚，得專征伐，"吉"也。〇六二去暗主稍遠，故有傷下體左股之象。然二有中正之德，能速以救之則吉矣。故其象占如此。

《象》曰：六二之吉，順以則也。

"順"者，外柔順也。"則"者，法則也。言外雖柔順而內實文明，有法則也，所以"用拯馬壯"也。因六二中正，故言"順以則"。

九三，明夷于南狩，得其大首，不可疾貞。

"南狩"者，去南方狩也。離爲火，居南方，"南"之象也。離爲戈兵，中

爻震動，戈兵震動，"出征遠討"之象也。"大首"者，元惡也。坤錯乾，乾爲首，"首"之象也。居天位，"大首"之象也。"不可疾"者，不可亟也。九三雖剛明，臣也。上六雖昏暗，君也。必遲遲以俟之，出于萬一不得已。如天命未絕，人心尚在，則一日之間猶爲君臣也。征者，伐暴救民，其事正也，故"不可疾"，惟在于"貞"。若亟亟以富天下爲心，是疾而不貞矣。○九三以陽剛居明體之上，而屈①于至暗之下，正與上六暗主爲應，故有向明除害、"得其大首"之象。然不可亟也，故有"不可疾"，惟主于"貞"之戒。占者有成湯文武之德，斯應是占矣。

《象》曰：南狩之志，乃大得也。

"志"，與"有伊尹之志則可"之"志"同。得天下有道，得其民也；得其民者，得其心也。故除殘去暴，必大得民心，不然，以暴易暴，安能行南狩之志？

六四，入于左腹，獲明夷之心，于出門庭。

此爻指微子言。蓋初爻指伯夷，二爻指文王，三爻指武王，五爻指箕子，上六指紂，則此爻乃指微子無疑矣。"左腹"者，微子乃紂同姓，左右腹心之臣也。坤爲腹，"腹"之象也。此爻變，中爻爲巽，巽爲入，"入"之象也。因六四與上六同體，故以腹心言之。然必曰"左腹"者，右爲前，左爲後，今人言左遷，師卦六四"左次"是也。六四雖與上六同體，然六五近上六在前，六四又隔六五在後，是六五當入其右，而六四當入其左矣，故以左言之。坤爲黑，腹中乃黑暗幽隱之地也。心者，心意也。明夷者，紂也。"明夷之心"者，紂之心意也。"出門庭"者，遁去也。中爻震綜艮，艮爲門，"門"之象也。震足動，"出門庭"之象也。言微子終日在腹裏左邊黑暗幽隱之中，已得明夷之心意，知其暴虐無道，必亡天下，不可輔矣，于是出門庭而歸周。《書》云："吾家耄遜②于荒"，又曰"我不顧行遯"。正此爻之意也。○六四陰柔得正，與上六同體，已于幽暗之中得其暴虐之心意，故有"入腹獲心"之象，于是出門庭而遜去矣。占者得此，亦當遠去也。

---

① 屈：原作"居"，史念沖本、朝爽堂本、鄭燦本作"屈"，據改。
② 遜：原作"遯"，史念沖本、朝爽堂本、鄭燦本作"遜"，據改。按：《商書·微子》正作"遜"。

《象》曰："入于左腹"，獲心意也。

凡人腹中心事，難以知之。今入于左腹，已得其心意。知其不可輔矣，微子所以去也。

六五，箕子之明夷，利貞。

六五居至暗之地，近至暗之君，然有柔中之德，晦其明而正其志，所以佯狂受辱也。居明夷如箕子，乃貞之至矣。故占者利于貞。諸爻以五爲君位，故周公以"箕子"二字明之，上六以"登天"二字明之。又凡三與上六爲正應，曰"得其大首"，皆欲人知上六之爲君也。"《易》不可爲典要"者以此。然周公爻辭必以上六爲君者，何也？蓋九三明之極，惟武王可以當之；上六暗之極，惟紂可以當之。若六五有柔中之德，又非紂之所能當也。

《象》曰：箕子之貞，明不可息也。

"不可息"者，耿耿不昧，常存而不息也。"明不可息"者，言明可晦不可息，以其在内不露，所以爲貞也。

上六，不明晦，初登于天，後入于地。

"不明晦"者，日落不明而晦也。"初登于天"者，日在地上也；"後入于地"者，日在地下也。本卦原是日在地下，傷其明，名爲明夷。上六爲明夷之主，至此則明夷成矣，故復以明夷之本象言之。○上六以陰居坤土之極，昏暗之至者也。惟其昏暗之至，不明而晦，是以初則尊爲天子，居可傷人之勢，專以傷人之明爲事；終則自傷而墜厥命，欲爲匹夫而不可得矣。故有"日落不明而晦、初雖登天而後入地"之象。其象如此，而占者可知矣。

《象》曰："初登于天"，照四國也。"後入于地"，失則也。

"照四國"，以位言，言日居天上，能照四國，亦如人君高位，得傷人之勢也。"失則"，以德言，言爲人君止于仁，視民如傷者也，豈可以傷人爲事哉？君以傷人爲事，失其君之則矣。是以始而登天以傷人，而終于自傷也。文王之"順以則"者，外柔順而内實文明，凡事通有法則，文王之所以興。紂之"失則"者，居坤順之極而内實昏暗，凡事通失法則，紂之所以亡。故二六皆言"則"字。

梁山來知德先生易經集注卷之八

平山後學崔華重訂　男戀齊、岱齊、蕅齊同校

䷤ 離下巽上 （家人）

"家人"者，一家之人也。八卦正位，巽在四，離在二，此卦巽以長女而位四，離以中女而位二，二、四皆得八卦正位。又九五、六二內外各得其正，皆"家人"之義也。《序卦》："夷者，傷也。傷于外者必反于家，故受之以家人。"所以次明夷。

家人，利女貞。

言占者利于先正其內也。以占者之身而言也，非女之自貞也。蓋女貞乃家人之本，治家者之先務，正雖在女，而所以正之者則在丈夫，故曰"利女貞"。

《彖》曰：家人，女正位乎內，男正位乎外，男女正，天地之大義也。家人有嚴君焉，父母之謂也。父父，子子，兄兄，弟弟，夫夫，婦婦，而家道正。正家而天下定矣。

釋卦名、《卦辭》而推言之。"男女"二字，一家之人盡之矣，父母亦男女也，曰"男女"即卦名也。"女正位乎內，男正位乎外"，"正"即《卦辭》之貞也。《本義》"上父初子"之說非也。吳幼清以五爲巽女之夫，三爲離女之夫，亦非也。惟依《彖辭》"女正""男正"二句，則卦名、《卦辭》皆在其中矣。言"女正位乎內，男正位乎外，男女正"，乃天地間大道理原是如此，所以"利女貞"。"嚴"，乃尊嚴，非嚴厲之嚴也。"尊"，無二上之意，言一家父母爲尊，必父母尊嚴，內外整肅，如臣民之聽命于君，然後父尊子卑，兄友弟

恭，夫制婦順，各盡其道，而後"家道正"，正家而"天下定"矣。定天下係于一家，豈可不利女貞？此推原所以當女貞之故。

《象》曰：風自火出，家人。君子以言有物而行有恒。

"風自火出"者，火熾則炎上而風生也，自內而及外之意。知"風自火出"之象，則知風化之本自家而出，而家之本又自身出也。"有物"者，有實物也，言之不虛也，言孝則實能孝，言弟則實能弟也。"有恒"者，能恒久也，行之不變也，孝則終身孝，弟則終身弟也。"言有物"則言顧行，"行有恒"則行顧言，如此則身修家齊，風化自此出矣。

初九，閑有家，悔亡。

"閑"者，防也，闌也。其字從門從木，木設于門，所以防閑也。又變艮，艮爲門，又爲止，亦門闌止防之意也。"閑有家"者，閑一家之衆，使其父父、子子、兄兄、弟弟、夫夫、婦婦也。〇初九以離明陽剛處有家之始。離明則有豫防先見之明，陽剛則有整肅威如之吉，故有"閑其家"之象。以是而處家，則有以潛消其一家之瀆亂而"悔亡"矣，故其象占如此。

《象》曰："閑有家"，志未變也。

九五爲男，剛健得正。六二爲女，柔順得正。在初之時，正志未變，故易防閑也。

六二，无攸遂，在中饋，貞吉。

"攸"者，所也。"遂"者，專成也。"无攸遂"者，言凡閫外之事皆聽命于夫，無所專成也。"饋"者，餉也，以所治之飲食而與人飲食也。饋食內事，故曰"中饋"。中爻坎，飲食之象也。言六二無所專成，惟中饋之事而已，自中饋之外，一無所專成也。〇六二柔順中正，女之正位乎內者也，故有此象。占者如是，貞則吉矣。

《象》曰：六二之吉，順以巽也。

"順以巽"者，順從而卑巽乎九五之正應也。《易》、《小象》言"順以巽"者三，蒙六五中爻爲順變爻爲巽，漸六四變乾錯坤爲順、未變爲巽，本卦亦變乾錯坤爲順、應爻爲巽，三"順以巽"皆同。

九三，家人嗃嗃，悔，厲，吉。婦子嘻嘻，終吝。嗃，呼落反。

"家人"者，主乎一家之人也。惟此爻獨稱"家人"者，三當一卦之中，又介乎二陰之間，有夫道焉，蓋一家之主方敢"嗃嗃"也。"嗃嗃"，嚴大之聲。"嘻嘻"，嘆聲。"婦"者，兒婦也。"子"者，兒子也。〇九三過剛不中，爲家①人之主，故有"嗃嗃"之象。占者如是，不免近于傷恩，一時至於"悔厲"。然家道嚴肅，倫叙整齊，故漸趨于吉。夫曰"嗃嗃"者，以齊家之嚴而言也。若專以嗃嗃爲主，而無惻怛聯屬之情，使婦子不能堪，而至有嘻嘆悲怨之聲，則一家乖離，反失處家之節，不惟"悔厲"，而終至於"吝"矣。因九三過剛，故又戒占者以此。

《象》曰："家人嗃嗃"，未失也。"婦子嘻嘻"，失家節也。

"節"者，竹節也，不過之意，不過于威、不過于愛也。處家之道，當威愛并行。"家人嗃嗃"者，威也，未失處家之節也。若主于威而無愛，使婦子不能容，則反失處家之節矣。

六四，富家，大吉。

巽爲近市利三倍，"富"之象也。又變乾，爲金，爲玉，亦"富"之象也。承、乘、應皆陽，則上下內外皆富矣。《記》曰："父子篤，兄弟睦，夫婦和，家之肥也。""肥"字即"富"字。因本卦六爻皆中正而吉，所以説此富字，亦因本爻有此象也。若家庭之間不孝不弟，無仁無義，縱金玉滿堂，將何爲哉？然則周公之所謂富者，必有所指歸，觀孔子《小象》之"順在位"可知矣。〇六以柔順之體而居四得正，下三爻乃一家之人，皆所管攝者也。初能閑家，二位乎內而主中饋，三位乎外而治家之嚴，家豈不富？而四又以巽順保其所有，惟享其富而已，豈不大吉？是以有富家之象，而占者"大吉"也。

《象》曰："富家大吉"，順在位也。

以柔順居八卦之正位，故曰"順在位"。見前《八卦正位圖》。

九五，王假有家，勿恤，吉。 假，音格。

"假"，至也。自古聖王，未有不以修身正家爲本者，所謂"刑于寡妻，至于兄弟，以御于家邦"②是也。"有家"即初之有家也。然初之"有家"，家道

---

① 家：原作"衆"，史念冲本、朝爽堂本、鄭燦本作"家"，據改。
② 見《詩·大雅·思齊》。

之始。五之"有家",家道之成。大意謂,初閑有家,二主中饋,三治家嚴,四巽順以保其家,故皆吉,然不免有憂恤而後吉也。若王者至于有家,不恤而知其吉矣。蓋中爻坎,憂恤之象,此爻出于坎之外,故"勿恤"。○九五剛健中正,臨于有家之上,蓋身修家齊,家正而天下治者也,不憂而吉可知矣。故其占如此。

《象》曰:"王假有家",交相愛也。

"交相愛"者,彼此交愛其德也。五愛二之柔順中正,足以助乎五,二愛五之剛健中正,足以刑乎二。非如常人情欲之愛而已。以周家論之,以文王爲君,以太姒爲妃,以王季爲父,以大任爲母,以武王爲子,以邑姜爲婦,以周公爲武王之弟,正所謂父父、子子、兄兄、弟弟、夫夫、婦婦也,彼此皆有德,故交愛其德,非止二、五之愛而已。孔子曰:"無憂者,其惟文王乎!"[①] 惟其交相愛,所以無憂恤。

上九,有孚,威如,終吉。

一家之中,禮勝則離,寡恩者也;樂勝則流,寡威者也。"有孚",則至誠惻怛,聯屬一家之心而不至乖離。"威如",則整齊嚴肅,振作一家之事而不至瀆亂。"終吉"者,長久得吉也。○上九以剛居上,當家人之終,故言正家長久之道,不過此二者而已。占者能誠信威嚴,則終吉矣。

《象》曰:威如之吉,反身之謂也。

"反身",修身也,如言有物,行有恒,正倫理,篤恩義,正衣冠,尊瞻視,凡反身整肅之類皆是也。如是則不惡而嚴,一家之人有不威之畏矣。

兌下離上 (睽)

"睽"字從目,目少睛也。目主見,故周公《爻辭》初曰"見惡人",三曰

[①] 見《中庸》。

"見輿曳",上曰"見豕負塗",皆"見"字之意。若從耳,亦曰"聣",蓋耳聾之甚也。"睽",乖異也。爲卦上離下兑。火炎上,澤潤下,二體相違,"睽"之義也。又中、少二女,同居志不同,亦"睽"之義也。《序卦》:"家道窮必乖,故受之以睽。""家道窮"者,教家之道理窮絕也。無教家之道理,則乖異矣,所以次家人。睽綜家人。家人,離之陰在二,巽之陰在四,皆得其正。睽則兑之陰居三,離之陰居五,皆居陽位,不得其正。不正則家道窮,故曰"家道窮必乖,故受之以睽"。

睽,小事吉。

《彖辭》明。

《彖》曰:睽,火動而上,澤動而下。二女同居,其志不同行。説而麗乎明,柔進而上行,得中而應乎剛,是以小事吉。天地睽而其事同也,男女睽而其志通也,萬物睽而其事類也。睽之時用大矣哉!

以卦象、卦德、卦綜、卦體釋卦名、《卦辭》,極言其理而贊之。火燥炎上,澤濕就下,物性本然之睽;中女配坎,少女配艮,人情必然之睽,故名"睽"。兑説離明,"説麗乎明"也。"柔進而上行"者,睽綜家人,二卦同體,文王綜爲一卦,故《雜①卦》曰:"睽,外也。家人,内也。"言家人下卦之離、進而爲睽之上卦,六得乎五之中,而下應乎九三之剛也,三者皆柔之所爲。柔本不能濟事,又當睽乖之時,何由得"小事吉"?然説麗明則有德,進乎五則有位,應乎剛則有輔,因有此三者,是以小事吉也。"事同"者,知始作成,化育之事同也。"志通"者,夫唱婦隨,交感之情通也。"事類"者,聲應氣求,感應之機類也。天地不睽不能成造化,男女不睽不能成人道,萬物不睽不能成物類,此其"時用"所以"大"也。與坎、蹇同。

《象》曰:上火下澤,睽。君子以同而異。

"同"者,理;"异"者,事。天下無不同之理,而有不同之事。异其事而同其理,所以"同而异"。如禹、稷、顏回同道而出處异,微子、比干、箕子同仁而去就死生异是也。《彖辭》言"异而同",《象辭》言"同而异",此所

---

① 雜:原作"離",史念冲本、朝爽堂本、鄭燦本作"雜",據改。

以爲聖人之言也。

初九，悔亡。喪馬勿逐，自復。見惡人，无咎。喪，息浪反。

"喪"者，喪去也。中爻坎，爲亟心之馬，馬亟心，倏然喪去，"喪馬"之象也。"勿逐自復"者，不追逐而自還也。兌爲悅體，凡《易》中言"兌"者，皆勿逐自復，如震之六二變兌亦"勿逐七日得"，既濟六二變兌亦"勿逐七日得"是也。坎爲盜，"惡人"之象也。中爻應爻離，持戈兵，亦"惡人"之象也，故大有初爻曰"無交害"，二爻曰"小人害也"，曰"小人"，則指離矣。"見惡人"者，惡人來而我即見之，不以惡人而拒絕也。離爲目，"見"之象也。○初九當睽乖之時，上無應與相援，若有悔矣，然陽剛得正，故占者悔亡。但時正當睽，不可強求人之必合。故必去者不追，惟聽其自還；來者不拒，雖惡人亦見之。此善于處睽者也。能如是，則悔亡而无咎矣。故又教占者占中之象如此。

《象》曰：**見惡人，以辟咎也**。辟，音避。

當睽之時，行動即有咎病，故惡人亦不拒絕而見之者，所以"避咎"也。"咎"即睽乖之咎。

九二，遇主于巷，无咎。

"遇"者，相逢也。詳見噬嗑六三"遇毒"。"巷"有二，街巷也，里巷也。兌錯艮，艮爲徑路，"里巷"之象也；應爻離中虛，"街巷"之象也。離爲日，"主"之象也。當睽之時，君臣相求，必欲拘堂陛之常分，則賢者無自而進矣。"遇主于巷"者，言不在廊廟之上，而在于巷道之中，如鄧禹諸臣之遇光武是也。○九二以剛中而居悅體，上應六五，六五正當人心睽乖之時，柔弱已甚，欲思賢明之人以輔之，二以悅體，兩情相合，正所謂得中而應乎剛也，故有"遇主于巷"之象。占者得此，睽而得合矣，故"无咎"。

《象》曰："**遇主于巷**"，未失道也。

本卦離爲戈兵，中爻離亦爲戈兵，兌爲毀折，中爻又爲坎陷，言君臣相遇于巷，豈不失道哉？然當天下睽乖之時，外而前有戈兵，後有戈兵，中原坎陷，內而主又柔弱，國勢毀折，分崩離析，正危迫之秋，非但君擇臣，臣亦擇君之時也。得一豪杰之士，即足以濟睽矣，況又正應乎？聖人見得有此象，所以周

公許其"无咎"，孔子許其"未失道也"。所以《易經》要玩象。

六三，見輿曳，其牛掣。其人天且劓。无初有終。 掣，音徹。劓，魚器反。

上卦離爲目，"見"之象也。"見"者，六三與上九并見之也；又爲牛，"牛"之象也。中爻坎，"輿"之象也，"曳"之象也。"曳"者，拖也，引也。"掣"者，挽也。兌錯艮，爲"手挽"之象也。"其人天"者，指六三與上九也：六三，陰也。居人位，故曰"人"；上九，陽也，居天位，故曰"天"。周公《爻辭》之玄至此。錯艮，又爲鼻，"鼻"之象也。刑，割去鼻曰劓。鼻之上有戈兵，"劓"之象也。艮又爲閽寺，刑人不曰閽寺而曰"劓"者，戈兵之刑，在卦之上體也。若閽寺則在下體矣。然非真割鼻也，鼻者，通氣出入之物，六三、上九，本乃正應，見其曳掣，怒氣之發，如割鼻然，故取此象。"且"者，未定之辭，言非真割鼻也。大意言車前必有牛，六三在車中，後二曳其車，前四掣其牛，所以上九見之而發怒也。此正所謂"无初"也。此皆本爻自有之象，《易》惟有此象無此事，如"入于左腹"之類是也。後儒不悟象，所以將此等險辭，通鶻突放過去了。○六三不中不正，上應上九，欲與之合，然當睽乖之時，承、乘皆不正之陽，亦欲與之相合，曳掣不能行，上下正應，見其曳掣，不勝其怒，故有此象。然陰陽正應，初雖睽乖，而終得合也，故其象占如此。

《象》曰："見輿曳"，位不當也。"无初有終"，遇剛也。

陰居陽位，故"不當"。"遇剛"者，遇上九也。

九四，睽孤，遇元夫。交孚，厲，无咎。

"元"者，大也；"夫"者，人也。陽爲大人，陰爲小人，指初爲大人也。"交孚"者，同德相信也。"厲"者，兢兢然危心以處之，惟恐交孚之不至也。○九四以陽剛當睽之時，左右之鄰皆陰柔之小人，孤立而無助者也，故有"睽孤"之象。然性本離明，知初九爲大人君子，與之同德相信，故又有"遇元夫交孚"之象。然必危心以處之，方可"无咎"。故又教占者如此。

《象》曰："交孚无咎"，志行也。

"志行"者，二陽同德，而相與濟睽之志行也。蓋睽者乖之極，孤者睽之極，二德交孚，則睽者可合，孤者有朋，志可行而難可濟，不特无咎而已也。

六五，悔亡，厥宗噬膚，往何咎？

"宗"字，詳見同人六二。"噬膚"，詳見噬嗑六二。言相合甚易，如噬膚之柔脆也。九二"遇主于巷"，曰"主"者，尊之也；六五"厥宗噬膚"，曰"宗"者，親之也。臣尊其君，君親其臣，豈不足以濟天下之睽？〇六五當睽之時，以柔居尊，宜有悔矣，然質本文明，柔進上行，有柔中之德，下應剛中之賢，而虛己下賢之心甚篤，故悔可亡，有"厥宗噬膚"之象。惟其合之甚易，所以"悔亡"也。占者以是而往，睽可濟矣，故无咎也。

《象》曰："厥宗噬膚"，往有慶也。

往則可以濟睽，故"有慶"。

上九，睽孤見豕負塗，載鬼一車，先張之弧，後說之弧。匪寇，婚媾。往遇雨則吉。 說，吐活反。

九四之"孤"，以人而孤也，因左右皆陰爻也；上九之"孤"，自孤也，因猜疑而孤也。"見"者，上九自見之而疑也。"負"者，背也；"塗"者，泥也。離錯坎，坎爲豕，又爲水，"豕負塗"之象也。坎爲隱伏，"載鬼"之象也。又爲弓，又爲狐疑。"張弓"，"說弓"，心狐疑不定之象也。變震爲歸妹，男悅女，女悅男，"婚媾"之象也。"寇"指九二、九四。又坎爲雨，"雨"之象也。"遇雨"者，遇六三也，雨則"三"之象也，三居澤之上，乃雨也。〇上九以陽剛處明，終睽極之地，猜疑難合，故爲"睽孤"。與六三本爲正應，始見六三輿曳牛掣，乃疑其爲豕，又疑其非豕而乃鬼，方欲張弓射之，又疑其非鬼，乃脫弓；而近于前，乃六三也。使非二、四之"寇"，上則早與六三成其"婚媾"矣。始雖"睽孤"，終而群疑亡，又復相合，故有此象。"往遇雨"，又"婚媾"之象也。占者凡事必如是則吉。

《象》曰：遇雨之吉，群疑亡也。

惟"群疑亡"，所以"遇雨吉"。

䷦ 艮下坎上 （蹇）

"蹇"，難也。爲卦艮下坎上，坎險艮止，險在前，見險而止，不能前進，"蹇"之義也。《序卦》："睽者，乖也。乖必有難，故受之以蹇。"所以次睽。

蹇，利西南，不利東北。利見大人，貞吉。

"蹇難"在東北，文王《圓圖》，艮、坎皆在東北也。若西南則無難矣，所以利西南。"大人"者，九五也。舊注坤方"體順而易"，艮方"體止而險"。又云"西南平易，東北險阻"，皆始于王弼。弼曰"西南爲地，東北爲山"，後儒從之，遂生此說。而不知文王卦體，乃與解卦相綜也。

《彖》曰："蹇"，難也，險在前也。見險而能止，知矣哉！"蹇利西南"，往得中也。"不利東北"，其道窮也。"利見大人"，往有功也。當位"貞吉"，以正邦也。蹇之時用大矣哉！ 難，乃旦反。知，音智。

以卦德、卦綜、卦體釋卦名、《卦辭》而贊之。"難"者，行不進之義也。坎之德爲險，居卦之前，不可前進，此所以名爲"蹇"也。然艮止在後，止之而不冒其險，明哲保身者也，不其智哉！"往得中"者，蹇綜解，二卦同體，文王綜爲一卦，故《雜卦》曰："解，緩也。蹇，難也。"言解下卦之坎，往而爲蹇上卦之坎，所以九五得其中也。訟卦"剛來而得中"者，坎自需上卦來，故曰"來"；此卦解自下卦往，故曰"往"。"其道窮"者，解上卦之震，下而爲蹇下卦之艮也。蹇難在東北，今下于東北，又艮止不行，所以"其道窮"。文王《圓圖》，東北居《圓圖》之下，西南居《圓圖》之上，故往而上者則入西南之境矣，故"往得中"，來而下者則入東北之境矣，故"其道窮"。"往有功"之"往"，即"往得中"之"往"，故利見九五之大人，則"往有功"。"當位"者，陽剛皆當其位也。八卦正位，坎在五，艮在三。今二卦陽剛皆得正位，有貞之義，故"貞吉"。漸卦巽艮，男女皆得正位，故《彖辭》同。若以人事論，"往得中"者，是所往得其地，據形勝而得所安也，若非其地，其道窮矣；"往有功"者，所依得其人也，蓋陽剛中正，以居尊位，則其德足以聯屬天下之心，其勢足以汲引天下之士，故"往有功"；"正邦"者，所處得其正，正則"行一不義、殺一不辜而不爲"[1]，所以能明信義于天下，而邦其底定矣。有此三者，方可濟蹇，故嘆其時用之大。與坎睽同。

《象》曰：山上有水，蹇。君子以反身修德。

山上有水，爲山所阻，不得施[2]行，"蹇"之象也。君子以行有不得者，乃此身之蹇也。若怨天尤人，安能濟其蹇？惟"反身修德"，則誠能動物，家邦必達矣。此善于濟此身之蹇者也。

初六，往蹇，來譽。

"往""來"者，進退二字也。本卦"蹇"字從足，艮綜震，震爲足，故諸爻皆以"往來"言之。"譽"者，有智矣哉之譽也。"往"以坎言，上進則爲往，入于坎矣；"來"以艮言，不進則爲來，艮而止矣。〇六非濟蹇之才，初非濟蹇之位，故有"進而往則冒其蹇，退而來則來其譽"之象。占者遇此，亦當有待也。

《象》曰："往蹇來譽"，宜待也。

"待"者，待其時之可進也。

六二，王臣蹇蹇，匪躬之故。

"王"者，五也；"臣"者，二也。外卦之坎，王之蹇也；中爻之坎，臣之蹇也。因二、五在兩坎之中，故以兩蹇字言之。六二艮體，有"不獲其身"之象，故言"匪躬"。"匪躬"者，不有其身也，言王、臣皆在坎陷之中，蹇而又蹇，不能濟其蹇。六二不有其身者，因此蹇蹇之故也。張巡、許遠，此爻近之。〇六二當國家蹇難之時，主憂臣辱，故有"王臣蹇蹇"之象。然六二柔順中正，蓋事君能致其身者也，故又有"匪躬"之象。占者得此，成敗利鈍非所論矣。

《象》曰："王臣蹇蹇"，終无尤也。

力雖不濟，心已捐生，有何所尤？初六以不往爲有譽，六二以匪躬爲无尤，

---

[1]《孟子·公孫丑上》："得百里之地而君之，皆能以朝諸侯，有天下；行一不義，殺一不辜，而得天下，皆不爲也。"

[2] 施：虎林本亦作"施"，史念冲本、朝爽堂本、鄭燦本作"流"。

有位無位之間耳。

九三，往蹇，來反。

"來反"者，來反而比于二也。此爻變坤，爲水地比。"來反"者，親比于人之象也。六二忠貞之臣，但其才柔，不能濟蹇，蹇而又蹇，思剛明之人以協助之，乃其本心，所以喜其反也。〇九三陽剛得正，當蹇之時，與上六爲正應，但爲五所隔，故來反而比于同體之二。三則資其二之巽順，二則資其三之剛明，可以成濟蹇之功矣，故有"往則蹇而來反"之象。占者得此，亦宜反也。

《象》曰："往蹇來反"，內喜之也。

內者，內卦之二也。二之陰樂于從陽，故"喜之"。

六四，往蹇，來連。

"連"者，相連也。許遠當祿山之亂，乃對張巡曰："君才十倍于遠。"由是帷帳之謀一斷于巡，此六四之"來連"者也。六二"喜之"者，內之兄弟，喜其己之有助也；六四"連之"者，外之朋友，喜其人之有才也。〇六四近君，當濟蹇矣，但六四以陰柔之才，無撥亂興衰之略，于是"來連"于九三，合力以濟，故其象如此。占者凡事親賢而後可。

《象》曰："往蹇來連"，當位實也。

陽實陰虛，實指九三，與"獨遠實"之"實"同。"當位實"者，言九三得八卦之正位，實當其位也。陽剛得其正位，則才足以有爲，可以濟蹇矣。

九五，大蹇，朋來。

陽大陰小，"大"者陽也，即九五也，言九五之君蹇也。"朋"指三，即九五同德之陽，三與五同功异位者也。上六"來碩"，應乎三者也；六四"來連"，比乎三者也。三有剛實之才，惟三可以濟蹇。然三與五非比非應，不能從乎其五；惟二與五應，乃君臣同其患難者；餘四爻，則不當其責者也。"朋來"合乎二以濟蹇，則諸爻皆共濟其蹇矣。自下而上曰往，自上而下曰來。今曰"朋來"，則知六、四、三皆來合乎二也。"朋來"之"來"，即"來反"之"來"。此爻變坤，坤爲衆，"朋"之象也。自本爻言之，所謂"當位貞吉，以正邦"也；自上下諸爻言之，所謂"利見大人，往有功"也。所以"大蹇朋來"。〇九五居尊，有陽剛中正之德，當蹇難之時，下應六二。六二固匪躬矣，而爲三者，又來反乎二而濟蹇，三之朋既來，則凡應乎朋而"來碩"，比乎朋而"來連"，皆翕然并至，以共濟其蹇矣，故有"大蹇朋來"之象。占者有是德，方應是占也。

《象》曰："大蹇朋來"，以中節也。

"中"者，中德也，即剛健中正之德也。"節"者，節制也。言爲五者有剛健之中德，足以聯屬之；有九五之尊位，足以節制之。所以"大蹇朋來"也。

上六，往蹇，來碩。吉，利見大人。

"碩"者，大也。陽大陰小，故言大。不言大而言"碩"者，九五已有"大"字矣。"來碩"者，來就三也。"吉"者，諸爻皆未能濟蹇，此獨能濟也。"見大人"者，見九五也。○上六才柔，未能濟蹇，且居卦極，往無所之，益以蹇耳。九三乃陽剛當位，衆志之所樂從者，反而就之，則可以共濟其蹇矣，何吉如之！若此者，非因人成事也。以九五大人之君，方在蹇中，上與三利見之，共濟其蹇，則往有功矣，此其所以吉也。故占者來碩則吉，而見大人則利也。若舊注"來就九五"，則"見大人"爲重復矣。且《小象》曰"志在內也"，若就九五，則志在外卦，不在內卦矣。

《象》曰："往蹇來碩"，志在內也。"利見大人"，以從貴也。

"內"，指九三，對外卦而言則曰"內"。"貴"，指九五，對下賤而言則曰"貴"。志內所以尚賢，"從貴"所以嚴分。

䷧ 坎下震上 （解）

"解"者，難之散也。居險能動，則出于險之外矣，"解"之象也。又雷雨交作，陰陽和暢，百物解散，亦"解"之象也。《序卦》："蹇者，難也。物不可以終難，故受之以解。"所以次蹇。

解，利西南。无所往，其來復，吉。有攸往，夙吉。 解，佳買反。

"夙"，早也。此教占者之辭。言解"利西南"，當往西南，若不往，"來

"復"于東北之地，亦吉。但往西南，則早得吉。不然，來復于東北之地，雖吉，不若西南之早矣。解與蹇相綜，解即解蹇難，故文王有此辭。"无所往"者，蹇下卦乃艮止，止則不往，所以"无所往"也。前儒不知文王《序卦》，所以注蹇、解二卦不成其說。

《彖》曰：解險以動，動而免乎險，解。"解利西南"，往得衆也。"其來復吉"，乃得中也。"有攸往，夙吉"，往有功也。天地解而雷雨作，雷雨作而百果草木皆甲拆。解之時大矣哉！

以卦德、卦綜釋卦名、《卦辭》又極言而贊之。險之爲物，見天則訟，見澤則困，見山則蹇，在外卦則屯。惟坎險在內，震動在外，是動而出乎險之外，得以免于險難，所以名"解"也。自下而上曰往，自上而下曰來。"往得衆"者，解綜蹇，蹇下卦之艮，往而爲解上卦之震也。震二爻皆坤土，坤爲衆，故"得衆"也。"得中"者，蹇上卦之坎，來而爲解下卦之坎也。九二"得中"，與訟卦"剛來而得中"同。故蹇、坎往上曰"得中"，解、坎來下曰"得中"也。"往有功"，即上文"得衆"也，得衆故有功。來復東北，止"得中"而已，往西南，則"得衆有功"，所以早吉也。"天地解"者，雨出于天，雷出于地也，窮冬之時，陰陽固結不通，所以雷不隨雨，及至陰陽交泰，則氣解而雷雨交作，由是形隨氣解，而"百果草木皆甲拆"矣。"甲"者萌甲，"拆"者拆開。解之時既至，天地不能閉之而使不解，則天地之所以成化功者此解也，皆此解之時也，所以爲"大"。

《象》曰：雷雨作，解。君子以赦過宥罪。

"赦過宥罪"，君子之用刑原當如此，非因大難方解之後當如此也。無心失理之謂"過"，恕其不及而"赦"之不問；有心爲惡之謂"罪"，矜其無知而"宥"之從輕。雷雨交作，天地以之解萬物之屯；"赦過宥罪"，君子以之解萬民之難。此正《雜卦》"解緩"之意。

初六，无咎。

難既解矣，六以柔在下，而上有剛明者爲正應，以濟其不及，"无咎"之道也。故其占如此。

《象》曰：剛柔之際，義无咎也。

"剛柔際"者，剛柔相交際也。方解之初，宜安静以休息。六之柔，四之剛，交相爲用，則不過剛，不過柔，而所事皆得宜矣，故于"義无咎"。

九二，田獲三狐，得黄矢，貞吉。

坎爲狐，"狐"之象也。坎爲弓，"矢"之象也。中爻離，離居三，"三"之象也。又爲戈兵，戈兵震動，"田"之象也。變坤，坤爲黄，"黄"之象也。狐，媚物，"小人"之象。黄，中色；矢，直物。"中直"者，"君子"之象。即六五爻所言"君子小人"。○九二陽剛得中，上應六五，爲之信任于國家大難方解之後，蓋有舉直錯枉之權，退小人而進君子者也。故能去邪媚，得中直，有"田獲三狐，得黄矢"之象。正而且吉之道也。故其占如此。

《象》曰：九二貞吉，得中道也。

居中而得中道也。

六三，負且乘，致寇至，貞吝。

坎爲輿，三居上，"乘"之象也。又爲盗，"寇"之象也。"負"者小人之事，"輿"者君子之器。此二句雖孔子據理之言，然亦本卦象之所有者。蓋三負四乘二，四不中不正，乃"小人"也；二得中，乃"君子"也。"貞"者，位乃君所輿，故正也。"負且乘"，固無以正得之之理，如漢文帝寵鄧通，擢爲太中大夫，此"負且乘"也。天子所擢，豈不爲正？後景帝時下吏，是寇之至也。此之謂貞而吝。○六三陰柔，不中不正，而乃居下之上，是小人竊高位，而終必失之者也，故有"負乘致寇"之象。占者得此，雖正亦可羞也。

《象》曰："負且乘"，亦可醜也。自我致戎，又誰咎也？

"誰咎"者，言我之咎也，非人之咎也。同人"又誰咎也"言人誰有咎我者也，節"又誰咎也"言無所歸咎于人也。與[1]節小异。

九四，解而拇，朋至斯孚。

"而"者，汝[2]也。震爲足，拇居足下。三居震之下，"拇"之象也。二與四同功，皆有陽剛之德，故曰"朋"。"解而拇"，占中之象也。若舊注以初爲拇，則"剛柔之際義无咎"，不當解者也，惟負乘之小人則當解之矣。○二與

---

[1] 史念冲本、朝爽堂本、鄭燦本"與"前有"此"字。
[2] 汝：原作"涉"，史念冲本、朝爽堂本、鄭燦本作"汝"，據改。

四爲同德之"朋"。當國家解難之時，四居近君之位，當大臣之任，而二爲五之正應，則四與二皆同朝君子之朋也。但四比于三，間于負乘之小人，則君子之朋安得而至？惟解去其小人，則君子之朋自至而孚信矣。故戒占者必如此。

《象》曰："解而拇"，未當位也。

以陽居陰，故未當位。惟"未當位"，故有"解拇"之戒。

六五，君子維有解，吉，有孚于小人。

"維"者，繫也。文王坎卦"有孚維心"，此卦上坎①下坎，故亦用此"維"字、"孚"字。"君子"者，四與二也。"吉"者，君子用事，小人遠退，何吉如之！"孚"者，信也，言信于小人而小人自退也。○本卦四陰，六五以陰居尊，而三陰從之，乃宦官、宮妾、外戚之類也。然六五近比于四，又與九二爲正應，皆陽剛之君子也。六五若虛中下賢，此心能維繫之，則凡同類之陰皆其所解矣，所以吉也。何也？蓋君子用事，自能孚信于小人，而小人自退矣。此其所以"有解而吉"也。故教占者必如此。

《象》曰：君子有解，小人退也。

君子維而有解，則小人不必逐之而自退矣。

上六，公用射隼于高墉之上，獲之，无不利。 隼，思尹切。

上高而無位，"公"也。"隼"，祝鳩也，鷂屬，鷙鳥之害物者也。震爲鵠，變爻爲雉，"鳥"之象也。坎爲弓，居下卦，"自下射上"之象也。震錯巽，高之象也。墉者，墻也。"高墉"者，王宮之墻也。變離，外闈中空，近于六五之君，"高墉"之象也，故泰卦上六亦曰"城"。九二地位，故曰"田"，狐則地之走者也；上六天位，故曰"高"，隼則天之飛者也。"獲之"者，獲其隼也。隼栖于山林，人皆得而射之，惟栖于王宮高墉之上，則如城狐社鼠，有所憑依，人不敢射矣。蓋六五之小人，乃宦官、宮妾。上六之隼則外戚之小人，王莽之類是也。○上六柔順得正，而居尊位，當動極解終之時，蓋能去有所憑依之小人者也，故有"公用射隼于高墉而獲"之象。占者得此，則小人悖逆之大患解之已盡矣，故无不利。

---

① 上坎：諸本皆作"上坎"，據文意，疑是"中爻"之誤。按：解卦下卦爲坎，中爻爲坎。此説待商榷。

《象》曰，"公用射隼"，以解悖也。

以下叛上謂之"悖"，王莽是也。《繫辭》別是孔子發未盡之意，與此不同。

䷨ 兌下艮上 （損）

"損"者，減損也。其卦，損下剛卦，益上柔卦，此"損"之義也。又澤深山高，損其深以增其高，此"損"之象也。《序卦》："解者，緩也。緩必有所失，故受之以損。"所以次解。

損，有孚，元吉，无咎，可貞，利有攸往。曷之用？二簋可用享。

"有孚"者，言損不可聲音笑貌爲之，必當至誠也。凡曰"損"，本拂人情之事，或過或不及，或不當其時，皆非合正理而有孚也。非有孚，則不吉有咎，非可貞之道，不能攸往矣。惟"有孚"，則"元吉"也，"无咎"也，"可貞"也，"利有攸往"也，有是四善矣。"曷之用"者，言何以用損也，若問辭也。"二簋"至薄，亦可享于鬼神，若答辭也。享鬼神當豐不當損，曰"可用享"，言當損時，至薄亦無害也。

《彖》曰：損，損下益上，其道上行。損而"有孚"，元吉、无咎、可貞、利有攸往。曷之用？二簋可用享。二簋應有時，損剛益柔有時，損益盈虛，與時偕行。

以卦綜釋卦名、《卦辭》。本卦綜益卦，二卦同體，文王綜爲一卦。故《雜卦》曰："損、益，盛衰之始也。"益卦，柔卦居上，剛卦居下。"損下益上"者，損，益下卦之震。上行居損卦之上而爲艮也，故"其道上行"，如言柔進而上行也。若以人事論，乃剝民奉上，民既貧矣，君不能以獨富，是上下俱損矣，故名"損"。"時"者，理之當然，勢之不得不然者也。言文王之所謂"二簋可用享"者，非常道也，以其時當于損，所以二簋也。本卦損下卦之剛，益上卦之柔，亦非常道也，以時當損下益上，所以"損剛益柔"也。蓋天下之

理，不過"損益盈虛"而已。物之盈者，盈而不已，其勢必至于消，消則損矣；物之虛者，虛而不已，其勢必至于息，息則益矣。是以時當盈而損也，不能逆時而使之益；時當虛而益也，不能逆時而使之損。此皆物理之常，亦因時而有損益耳。文王之"二簋可用享"者，亦"時"而已，不然，致孝鬼神當豐，豈可損乎？

《象》曰：山下有澤，損。君子以懲忿窒欲。

澤深山高，損下以增高，"損"之象也。"懲"者，戒也；"窒"者，塞也。"忿"多生于怒，心剛惡也，突兀而出，其高如山，況多忿如少男乎？故當戒。"欲"多生于喜，心柔惡也，浸淫而流，其深如水，況多欲如少女乎？故當塞。忿不懲，必遷怒；欲不窒，必貳過。君子修身所當損者，莫切于此。

初九，己事遄往，无咎。酌損之。

"己"者，我也。本卦"損剛益柔"，"損下益上"，乃我之事也。即韓子"莫憂世事兼身事""身事"[①] 之意。"遄"者，速也。"酌"即"損剛益柔有時""時"字之意。〇本卦初剛四柔，當損初以益四，故有"己事遄往"之象。占者得此，固無咎矣。然損剛益柔有時，不可以驟損，必斟酌而後損也，故許其"无咎"而又戒之以此。

《象》曰："己事遄往"，尚合志也。

"尚"與"上"通，指四也。陰陽正應，故"合志"。四之志欲"損其疾"，而初"遄往"，"合其志"也。

九二，利貞，征凶。弗損，益之。

"貞"者，即九二之剛中也，中則正矣。"利"者，安中德以自守，未有不利者也。"征"者，不守其剛中之德而有所往也。"凶"者，六五君位，本卦性悅，此爻變震，以悅而動，必容悅以媚上，則流于不中不正矣，所以凶也。"弗損"者，弗損其剛中之德，即貞也。"益"者，即利也。蓋五雖柔而居剛，非不足；二雖剛而居柔，非有餘，所以損剛不能益柔也。初以剛居剛，且欲酌損，況二居柔乎？何以弗損而能益？二乃五之正應，爲臣者能爲正人君子，豈不有

[①] 身事：二字原本爲空白，據虎林本補。按：史念冲本此處作"莫憂世事兼身事"，後無"身事"二字，朝爽堂本、鄭燦本無此句。

益于君？所以損則不益，弗損則能益也。○九二剛中，當損剛之時，志在自守，"弗損"，貞之道也。故占者利于此貞，若失此貞而有所往，則凶矣。蓋不變其所守正以益上，故貞則利而征則凶也。

《象》曰：九二利貞，中以爲志也。

德以中爲美，志定則守斯定矣。二中以爲志，所以弗損益之。

六三，三人行，則損一人，一人行，則得其友。

本卦綜益，二卦原是陰陽相配之卦，因"損下益上"正在此爻，所以發此《爻辭》也。益卦下震三爲人位，"人"之象也。震爲足，"行"之象也。又爲大塗，"行人"之象也。中爻坤爲衆，"友"之象也。"三人行"者，益下卦三爻居于損之上三爻也，即《彖辭》"其道上行"也。"損一人"者，損六三也。"一人行"，即六三也。六三行，上而居四也。三行上而居四，即損下之三而益上之四也。益卦下三爻乃一陽二陰，今損一陰以居四，則陰陽兩相配矣。居四，以初爲正應，則"得其友"也。兩相得則專，三則雜亂。"三損其一"者，損有餘也，兩也；"一人得友"者，益不足也，兩也。天地間陰陽剛柔，不過此"兩"而已，故孔子《繫辭》復以天地男女發之。○本卦綜益。"損下益上"，此爻正損益上下交接之爻，故有此象。占者得此，凡事當致一，不可參以三而雜亂也。

《象》曰：一人行，三則疑也。

"一人行"，得友而成兩，則陰陽配合而專一。若"三"，則雜亂而疑矣，所以"損其一"也。

六四，損其疾，使遄有喜，无咎。

四變，中爻爲坎。坎爲心病，"疾"之象也。"遄"，即初"遄往"之"遄"。初與四陰陽相合，當損下之時，初即以爲己之事而遄往矣。使其初果得遄往，則有喜矣，所以加一"使"字。兌悅在下，"喜"之象也。○六四陰柔得正，與初九爲正應，賴其陽剛益己而損其疾，故有"損其疾"之象。使初能遄往，則四得損其疾而有喜矣，"无咎"之道也，故其象占如此。

《象》曰："損其疾"，亦可喜也。

賴初"損疾"，亦可喜矣，而況初之"遄往"哉。

六五，或益之十朋之龜，弗克違，元吉。

兩龜爲一朋，"十朋之龜"，大寶也。大象離，"龜"之象也。"十"者，土之成數。中爻坤，"十"之象也。坤土兩兩相比，"朋"之象也。本卦錯咸，故咸九四亦曰"朋從"。綜益，益之六二即損之六五，特顛倒耳，故亦曰"十朋"。兩象相同。"或"者，不期而至，不知所從來也。"弗克違"者，雖欲違之而不可得也。○六五當損之時，柔順虛中，以應九二，蓋有下賢之實心，受天下之益者也，故有此象。占者得此，"元吉"可知。然必有是德，方有是應也。

《象》曰：六五元吉，自上祐也。

與大有"天祐"、旅"上逮"同，蓋皆五之虛中也。

上九，弗損，益之，无咎。貞吉。利有攸往，得臣，无家。

居損之時，若用剛以損下，非爲上之道矣，安得無咎？安得正而吉？又安能行之而得人心也？今不損下而自益，是即益其下也。九二"弗損，益之"，益其上，上九"弗損，益之"，益其下。所以大得志如此。"得臣"者，陽爲君，陰爲臣，三爲正應，"得臣"之象也。"无家"者，此爻變坤，"有國無家"之象也。故師卦上六坤變艮則曰"承家"，此爻艮變坤則曰"無家"，可見矣。若以理論，乃國爾忘家，無自私家之心也。若用剛以損下，是自私而有家矣。○上九居損之終，則必變之以不損；居艮之極，則必止之以不損。當"損下益上"之時，而能"弗損"以益下，所以"無咎"也，"正而吉"也，"利有攸往"也，"得臣無家"也。占者有是德，方應是占矣。

《象》曰：弗損益之，大得志也。

"无咎"，"貞吉"，"利有攸往"，"得臣无家"，豈不"大得志"。

☲ 震下巽上 （益）

益與損相綜。益之震上而爲艮，則損下以益上，所以名"損"；損之艮下而爲震，則損上以益下，所以名"益"。《序卦》："損而不已必益，故受之以益。"所以次損。

益，利有攸往，利涉大川。

"利有攸往"者，凡事無不利也。"利涉大川"者，言不惟利所往，可以處常，亦可以濟變。

《彖》曰：益，損上益下，民說無疆。自上下下，其道大光。"利有攸往"，中正有慶。"利涉大川"，木道乃行。益動而巽，日進无疆。天施地生，其益无方。凡益之道，與時偕行。"下下"二字，上遐嫁反，下如字。

以卦綜釋卦名，以卦體、卦象、卦德釋《卦辭》而贊之。損，損上卦之艮；益，益下卦而爲震也。"民說无疆"，就損益所及之澤而言也，益在民也；"其道大光"，就損益所行之事而言也，益在君也。人君居九重之上，而能膏澤及于閭閻之民，則其道與乾坤同其廣大，與日月同其光明，何"大光"如之！卦本損上，然能損上以益下，則并上亦益矣。民益君益，所以名益。九五以中正位乎上，而六二以中正應之，是聖主得賢臣而慶澤自流于天下矣，所以"利有攸往"也。"木道乃行"者，亦如《中孚》之"舟虛"，乃風中之木，故木道乃行。中孚、渙，皆風水[①]，且本卦象離錯坎，亦有水象。"動而巽"者，動則有奮發之勇而不柔弱，巽則有順入之漸而不鹵莽，所以德崇業廣，"日進无疆"。此以卦德言也。震乃剛卦，爲天，"天施"者，初之陽也；巽乃柔卦，爲地，"地生"者，四之陰也。天以一陽施于下，則天道下濟而資其始；地以一陰升于上，則地道上行而資其生。所以"品物咸亨"而"其益無方"。此以卦體言也。"時"者，理之當其可也。言凡益之道，非理之本無而勉強增益之也，乃理之當其可而後增益也。如曰"日進無疆"者，以人事當然之理而益也；曰"其益无方"者，以造化自然之理而益也。理之所在，當益而益。是以自我益之，"改過遷善"，不嫌其多；自人益之，"十朋之龜"，愈見其吉矣。

《象》曰：風雷，益。君子以見善則遷，有過則改。

風雷之勢，交相助益，"益"之道也。"善"者，天理也，吾性之本有也；

---

① 水：原作"木"，朝爽堂本、鄭燦本作"水"，據改。

"過"者，人欲也，吾性之本無也。理欲相爲乘除，去得一分人欲，則存得一分天理。人有善而遷從，則過益寡；己有過而速改，則善益增。即風雷之交相助益矣。

初九，利用爲大作，元吉，无咎。

"大作"者，厚事也，如遷國大事之類是也，故曰"益以興利"。陽大陰小，此爻陽，故以"大"言之。"元吉"，以功言，非諸爻以效言也。○初剛在下，爲動之主，當益之時受上之益者也。六四近君，與初爲正應，而爲六四所信任，以其有剛明之才。故占者"利用爲大作"。然位卑任重，則有所不堪者，必其所作之事周悉萬全，爲經久之良圖，至于元善，方可"無咎"。苟輕用敗事，必負六四之信任矣。故戒占者以此。

《象》曰：元吉，无咎，下不厚事也。

"下"者，下位也。"厚事"者，"大作"也。初位卑，本不可以任厚事，豈能无咎？故必大善而後"无咎"也。

六二，或益之十朋之龜，弗克違，永貞吉。王用享①于帝，吉。

損之六五即益之六二，以其相綜，特倒轉耳，故其象同。損受下之益，此則受上之益。"十朋之龜"者，寵錫優渥之象也。"永貞吉"者，必長永貞固，守其虛中之德，而後可以常保其優渥之寵錫也。"王用享于帝"者，言永貞虛中之心，必如人君之對越在天、小心翼翼也。此一句又"永貞"之象，乃占中之象也。帝出震齊巽，本卦下震上巽，"帝"之象也。○六二當益之時，虛中處下，蓋精白一心以事君，本無求益之心，而自得君之寵益者也，故有"或益十朋之龜，弗克違"之象。然爻位皆陰，又戒以"永貞"，必事君如事天，而後可以受此益也，故又有"王用享于帝"之象。占者必如是方吉也。

《象》曰：或益之，自外來也。

言不知所從來也，與上九"自外來"同。二則吉來，上則凶來。

六三，益之用凶事，无咎。有孚，中行告公，句。**用圭。**

"凶"者，險阻盤錯也。如使大將出師及使至海外之國，豈不是凶？三之

---

① 享：原作"亨"，據史念冲本、鄭燦本改。

爻位本凶。《說文》云："凶，象地穿交陷其中。"中爻坤地、震極，未有不陷者，凶之象也。"无咎"者，凶事乃上之所益，三不得與焉，所以無咎也。"有孚"者，誠信也。"中行"者，中道可行之事也；凶事乃太過之事，故以中言之。"告公"者，告于四也，故六四曰"中行告公從"。"圭"乃通信之物，祭祀朝聘用之，所以達誠信也。六爻中虛，"有孚"之象也。巽綜兌，兌爲口，"告"之象也，故夬外卦兌亦曰"告自邑"，泰卦中爻兌亦曰"自邑告命"。震爲玉，"圭"之象也。"用圭"，乃有孚之象，又占中之象也。"有孚"以下，乃聖人教占者開凶事之路也。○六三陰柔，不中不正，又居益下之極，然當益下之時，故有受上之益而用行凶事之象。占者得此，可以无咎，若以陰柔不堪此凶事，必當有孚誠信，以中道可行之事告于公，如用圭通誠信焉，庶乎凶事或可免也。故又有"中行告公用圭"之象，教占者必如此。

《象》曰：益用凶事，固有之也。

"固有之"者，本有之也。言三之爻位多凶，則凶事乃三之本有也。孔子"三多凶"之句本原于周公之《爻辭》。六十四卦，惟謙卦三爻有"吉"字，餘皆無，故"三多凶"。

六四，中行告公，從。利用爲依遷國。爲字，去聲。

"中行告公"者，即三爻以中道可行之事而告于四也。"從"者，巽性順從之象也。"爲"字，去聲。凡遷國安民，必爲其依而後遷。"依"者，依其形勝也，依形勝即所以依民也。如漢高祖之徙長安，以其地阻三面可守，獨以一面東制諸侯，依其險而遷者也。國有所依，則不費其兵，不費其財，而民有所依矣。宋太祖亦欲徙長安，因晉王固諫，乃嘆曰："不出百年，天下民力殫矣。"以四面受敵，無所依也。故周公不曰"利用遷國"，而曰"爲依遷國"。中爻坤，"國"之象也。損益相綜，損卦艮之一陽，下而遷爲益之初，兌三之陰，上而遷爲益之四，"遷"之象也。九五坐于上而三陰兩列，中空如天府，前後一陽爲之藩屏，有所憑依，一統之象也，故"利用爲依遷國"。蓋遷國安民，乃益下中行之大事，則非凶事矣，故三告而四從也。○四陰得正，有益下之志，而又有益下之權者也。三乃受四之益者，若以中道可行之事告于四，而四從之，上下協謀，則"利用爲依遷國"，而凡事之可遷移者亦無不利也。故其象如此，占可知矣。

《象》曰："告公從"，以益志也。

八卦正位巽在四，四以益下爲志，故"告公從"。

九五，有孚惠心，勿問，元吉，有孚惠我德。

"惠"者，即益下之惠也。"心"者，益下之心也。"德"者，益下之政也。二三皆受上之益者也，則益之權在四矣。三比四，有孚于四，以中行告四，四從之。五比四，有孚于四，四不必告五，五亦不必問四矣。下于上曰"告"，上于下曰"問"。蓋正位在四，知其必能惠下也，所以勿問也，故《小象》曰"勿問之矣"。巽爲命，綜兌爲口；中爻坤，錯乾爲言，皆告問之象也。故三爻、四爻、五爻，曰"告"曰"問"。五爻變，成艮矣。艮止，"勿問"之象也。"我"者，五自謂也。"元吉"，即"有孚惠德"也，言四之惠者皆五之德也。○九五陽德中正，爲益下之主，當益之時，以益下之惠心有孚于四，不必問而知其元吉矣。何也？蓋五孚于四，五之心知四必能"惠我之德"也，故有"勿問"之象，而占者"元吉"。

《象》曰：有孚惠心，勿問之矣。惠我德，大得志也。

四之《小象》曰"告公從"，五曰"勿問之矣"，見"告""問"二字爲重，上下相聯屬也。四曰"以益志也"，五曰"大得志也"，見四以益下爲志，而此則大得益下之志也。看六爻要留心《小象》。

上九，莫益之，或擊之。立心勿恒，凶。

"莫益"者，莫能益也。此爻與恒卦九三同，亦"不恒其德"者也，所以下句言"勿恒"。蓋巽爲進退不果，"勿恒"之象也，所以"莫益"也。又變坎爲盜，中爻艮爲手，《大象》離爲戈兵，坎錯離亦爲戈兵，盜賊手持戈兵，"擊"之象也。此與蒙卦上九"擊"字相同，通是有此象。前儒不識象，止以理度之，就說"求益不已，'放于利而行，多怨'①，'不奪不饜'②，往往似此"，失《易》之旨。殊不知益卦不比損卦，損剛益柔有時，非恒常之道也，若益而不已，則日進無疆，其益無方，所以立心當恒。若不恒，不能益而不已，

---

① 見《論語・里仁》：子曰："放於利而行，多怨。"
② 見《孟子・梁惠王上》："苟爲後義而先利，不奪不饜。"

則凶矣。〇上九以陽剛居益之極，極則變而不益矣，故有"莫益或擊"之象。所以然者，以其立心不恒也。若益民之心恒久不變，則民説無疆矣，安有擊之之凶哉？惟其立心不恒，所以占者凶。

《象》曰："莫益之"，偏辭也。"或擊之"，自外來也。

"辭"者，《爻辭》也。"偏"對"正"言，言非《爻辭》之正意也。正意在下句，言"且莫言，莫能益也"，此非到底之辭，猶有"擊之"之者，此是正辭也。"自外來"與六二同，但分吉凶耳。

梁山來知德先生易經集注卷之九

平山後學崔華重訂　男戀齊、岱齊、囍齊同校

䷪ 乾下兌上 （夬）

"夬"者，決也，陽決陰也。三月之卦也。其卦乾下兌上。以二體論，水在天上，勢必及下，"決"之象也。以爻論，五陽長盛，一陰將消，亦"決"之象也。《序卦》："益而不已必決，故受之以夬"。所以次益。

夬，揚于王庭，孚號有厲。告自邑，不利即戎，利有攸往。

"揚于王庭""孚號有厲"，皆指上六小人。"揚"者，得志放肆之意。"于王庭"，在君側也。五爲君，王之象也。兌錯艮，爲門闕，庭之象也。故節卦中爻艮亦曰"庭"。六與三爲正應，故曰"孚"。兌爲口舌，"號"之象也，故上六陰消曰"无號"。六號呼其三與之孚契，三在衆君子之中，不敢與之相交，則三亦危矣，故"有厲"也。此見小人難決也。蓋容悅小人在君之側，君聽信不疑，孚者且[1]危厲，則不孚者可知矣，此所以難決也。"告自邑"者，告同類之陽也，如言告于本家之人也。乾錯坤，"邑"之象也。坤爲衆，又"衆人"之象也。乾爲言，"告"之象也。不"即戎"，不尚武勇也。言雖告于衆人，亦不合力以尚武勇也，方"利有攸往"，而小人可決矣。此正所謂"決而和"也。非舊注"正名其罪，相與合力"也。若如此，乃是"即戎"矣。

《彖》曰：夬，決也，剛決柔也。健而説，決而和。"揚于王庭"，柔乘五

---

[1] 且：虎林本亦作"且"，史念冲本作"即"，朝爽堂本、鄭燦本作"既"。

剛也。"孚號有厲"，其危乃光也。"告自邑，不利即戎"，所尚乃窮也。"利有攸往"，剛長乃終也。說，音悅。長，丁丈反。

釋卦名、《卦辭》。惟"健"，則不怯以容其惡。惟"說"，則不猛以激其變。"健而說"者，德也。"決而和"者，事也。一陰加于五陽之上，則君亦在下矣。又與君同體，又容悅，豈不肆于王庭！三雖危，能舍正應而從君子，所以危而有光。君側之小人，豈可尚武勇？尚武勇，世道亂矣，故尚則必窮，剛長，陰自消矣。

《象》曰：澤上于天，夬。君子以施祿及下，居德則忌。

此象諸家泥滯程朱"潰""決"二字，所以皆說不通。殊不知，孔子此二句乃生于"澤"字，非生于"夬"字也。蓋夬乃三月之卦，正天子春來布德行惠之時，乃"惠澤"之澤，非"水澤"之澤也。"天"者，君也。"祿"者，澤之物也。"德"者，澤之善也。"居"者，施之反也。紂鹿臺之財，居德也。周有大賚，施祿也。下句乃足上句之意，言澤在于君，當施其澤，不可居其澤也，居澤乃人君之所深忌者。

初九，壯于前趾，往，不勝為咎。

震為足。本卦大象震，又變巽錯震，又居下，故以足趾言之。"壯"者，大壯也。四陽為壯，五陽為夬。"前"者，初居下而欲急進于四陽大壯之位，近九五以決上六，故不曰趾，而曰"前趾"也。"往"者，往決上六也。既曰前又曰往，則初九急進而決之之情見矣。凡所謂咎者，皆以其背于理而為咎病也。若君子之決小人，非背于理也，但不量力，不能勝小人，反為小人所傷，則為咎也，故曰"不勝為咎"。○初九當夬之時，是以君子欲決小人者也。但在下位卑，又無應與，恃剛而往，故有此象，其不勝小人可必矣，故占者以不勝為咎。

《象》曰：不勝而往，咎也。

言往之前已知其不勝小人矣，不慮勝而決，所以咎也。

九二，惕號，莫夜有戎，勿恤。莫，音暮。

"惕""恤"，皆憂懼也。剛居柔地，內而憂懼之象也。又變離錯坎，為加憂，亦憂懼之象也。"號"，呼眾人也。乾為言，外而呼，"號"之象也。二為地位，離日在地下，"莫夜"之象也；又離爲戈兵，坎爲盜，又爲"夜"。又本卦大象震。莫夜，盜賊，戈兵，震動，"莫夜有戎"之象也。本卦五陽一連，重剛，有戎象，所以卦爻、爻辭皆言"戎"。非真有戎也，決小人之時，喻言小人不測之禍也。狄仁杰拳拳以復盧陵王爲憂者，"惕"也；密結五王者，"號"也；卒能反周爲唐，是亦"有戎勿恤"矣。○九二當夬之時，以剛居柔，又得中道，故能憂惕號呼以自戒備，思慮周而黨與衆，是以莫夜有戎，變出于不測亦可以無患矣。故教占者以此。

《象》曰："有戎勿恤"，得中道也。

得中道者，居二之中也。得中則不恃其剛，而能惕號，不忘備戒，所以"有戎勿恤"。

九三，壯于頄，有凶。君子夬夬，獨行遇雨，若濡，有慍，无咎。

"頄"，音逵，面顴也。乾爲首，"頄"之象也。"夬夬"者，以心言也，言去小人之心決而又決也。"獨行"者，陽性上行，五陽獨此爻與上六爲正應，"獨行"之象也。上六陰爻，又兌爲雨澤，"雨"之象也。"濡"者，濕濡也，言九三合上六之小人而若爲所污也。"慍"者，見恨于同類之君子，而嗔其與小人合也。前儒不知此爻乃聖人爲占者設戒，又不知夬夬乃君子之心，故以爻辭爲差錯。王允之于董卓，溫嶠之于王敦，此爻近之。○九三當夬之時，以剛居剛，又與上六爲正應，聖人恐其不能決而和也，故爲占者設其戒曰：決去小人，若壯見于面目，則事未成而幾先露，反噬之凶不免矣。惟其決小人之心夬而又夬，而面目則不夬夬，而與之相合，如獨行遇雨，有所濕濡，雖迹有可疑，不免爲君子所慍，然從容以觀其變，委曲以成其謀，終必能決小人也。占者能如是，可以免凶而無咎矣。

《象》曰："君子夬夬"，終无咎也。

心夬夬而面目相合，是決而和矣，所以"終無咎"。

九四，臀无膚，其行次且，牽羊悔亡，聞言不信。 臀，徒敦反。次，七私反。且，七餘反。

人身①出腹中之物皆在于臀。"臀"字從殿，殿者後也。凡《易》中言

---

① 身：原作"心"，史念冲本、朝爽堂本、鄭燦本作"身"，據改。

"臀"者皆坎也，坎爲溝瀆，"臀"之象也，故姤九三變坎曰"臀"，困下卦坎初六曰"臀"，此爻變坎亦曰"臀"。乾一兌二爲膚，詳見噬嗑。此爻變坎，則不成一二矣，故"无膚"也。兌爲毀折，亦"无膚"之象也。"次且"，即趑趄二字，行不進也。惟其臀無膚，所以行不進也。兌爲羊，"羊"之象也。"牽羊"者，牽連三陽而同進也。兌綜巽爲繩，"牽連"之象也。觀大壯六五，乾陽在下曰"喪羊"，則此牽羊可知其牽三陽矣。乾爲言，下三陽之言也，乃前"告自邑"之言也。變坎爲耳痛，"聞言不信"之象也，所以困卦亦有"有言不信"之句。蓋變坎，則情險性健，乃傲物也，故"聞言不信"。〇九四以陽居陰，不中不正，有臀无膚，行不進而不能決小人之象。然當決之時，不容不決也。故教占者能牽連下三陽以同進，用人成事，則可以亡其不進之悔。但不中不正之人，不樂聞君子之言，度其雖言之亦不信也。占者如是，其有悔也必矣。

《象》曰："其行次且"，位不當也。"聞言不信"，聰不明也。

"位不當"者，不中正也。"聰"者，聽也。聽之不聰，理不明也。① 此原不信之由。位不當，以位言。聽不明，以變坎言。

九五，莧陸夬夬，句。**中行无咎。**

"莧"者，莧菜也。諸菜秋冬皆可種，獨莧三月種之。夬，三月之卦，故取象于莧。亦如瓜五月生，故姤取瓜象。"陸"者，地也，地之高平曰陸。莧乃柔物，上六之象也。陸地所以生莧者，六乃陰土，"陸"之象也。"莧陸夬夬"者，即俗言斬草除根之意。言欲決去其莧，并其所種之地亦決之。上"夬"者，夬莧也；下"夬"者，夬陸也。亦如"王臣蹇蹇"，上"蹇"，王之蹇也，下"蹇"，臣之蹇也。決而又決，則根本枝葉皆以決去，無復潛滋暗長矣。"中行"者，五本居中得正，爲近上六，陰陽相比，則心事不光明，能夬夬，則復其中行之舊矣。九三"夬夬"以心言，以應爻而言也；九五"夬夬"以事言，以親比而言也。蓋三居下位，五則擅夬決生殺之權，故與三不同。〇九五當夬之時，爲夬之主，本居中得正，可以決小人者也。但與六相近，不免溺于其私，外雖欲決，而一時溺愛之心復萌，則決之不勇矣。故必如決莧，并

---

① "聽之不聰，理不明也"：原作"聽之不能明其理也"，據史念冲本改。

其地而決之，則可以去其邪心，不爲中德之累而无咎矣。故其象占如此。

《象》曰："中行无咎"，中未光也。

"中未光"者，恐中德近陰，未光明也，故當夬而又夬。

上六，无號，終有凶。

上六當權之時，號呼其正應之三。今三正應"夬夬"，則正應不可"號"矣。當權之時，"揚于王庭"，亦可以號呼而哀求于五，今五相親比亦夬夬，則五不可號矣，故曰"无號"。"終有凶"，即小象"終不可長"。占者之凶可知矣。

《象》曰：无號之凶，終不可長也。

言一陰在上，不可長久，終爲五陽所決去也。

巽下乾上 （姤）

"姤"，遇也。五月之卦也。一陰生于下，陰與陽遇，以其本非所望而卒然值之，如不期而遇者，故爲"姤"也。《序卦》："夬，決也，決必有所遇，故受之以姤。"所以次夬。

姤，女壯，勿用取女。 取，七慮①反。

一陰而遇五陽，有"女壯"之象。故戒占者"勿用取女"，以其女德不貞，決不能長久從一而終也。幽王之得褒姒，高宗之立武昭儀，養鶩弃鶴，皆出于一時一念之差，而豈知後有莫大之禍哉？故一陰生于五陽之下，陰至微矣，而聖人即曰"女壯勿用取"者，防其漸也。

《象》曰：姤，遇也，柔遇剛也。"勿用取女"，不可與長也。天地相遇，品物咸章也。剛遇中正，天下大行也。姤之時義大矣哉！

釋卦名、《卦辭》而極贊之。取妻非一朝一夕之事，故曰"夫婦之道不可

---

① 慮：虎林本誤作"前"，史念冲本、朝爽堂本、鄭燦本作"喻"。

以不久也"。① "不可與長"者，言"女壯"則女德不貞，不能從一而長久也。上五陽，"天"也。下一陰，"地"也。"品物咸亨"者，萬物相見乎離，亨嘉之會也。"天地相遇"，止可言"資始""資生"，而曰"咸章"者，"品物"在五月，皆章美也。剛，指九二。"剛遇中正"者，九二之陽德遇乎九五之中正也。遇乎中正，則明良會而庶事康，其道可大行于天下矣。姤本不善，聖人義理無窮，故又以其中之善者言之。言一陰而遇五陽，"勿用取女"，固不善矣。然天之遇地，臣之遇君，又有極善者存乎其中焉。以一遇之間而有善不善，可見世之或治或亂，事之或成或敗，人之或窮或通，百凡天下國家之事，皆不可以智力求之，惟其"遇"而已矣。時當相遇，莫之爲而爲，莫之致而至，遇②之時義不其大矣哉！

《象》曰：天下有風，姤。后以施命誥四方。

風行天下，物無不遇，"姤"之象也。"施命"者，施命令于天下也。興利除害，皆其命令之事也。"誥"者，告也，曉諭警戒之意。君門深于九重，堂陛遠于萬里，豈能與民相遇？惟施命誥四方，則與民相遇，亦猶天之風與物相遇也。乾爲君，"后"之象，又爲"言誥"之象，又錯坤，"方"之象。巽乃"命"之象。

初六，繫于金柅，貞吉。有攸往，見凶，羸豕孚蹢躅。 柅，女履反。蹢，音的。躅，直録反。

"柅"者，收絲之具也。"金"者，簨上之孔用金也，今人多以銅錢爲之。巽爲木，"柅"之象也；又爲繩，"繫"之象也。變乾，"金"之象也。"貞吉"者，言"繫于金柅"，前無所往，則得其正而吉也。若無所繫，有所攸往，往而相遇相比之二、正應之四，則立見其凶也。"羸豕"者，小豕也。"孚"者，誠也。"蹢躅"者，跳躑纏綿也。言小豕相遇乎豕，即孚契蹢躅，不肯前進，此立見其凶，可醜之象也。凡陰爻居下卦者，不可皆以爲小人害君子。如姤有相遇之義，觀有觀示之義，此卦因以爲小人害君子，所以將九五極好之爻通説壞了。〇初六一陰始生，當遇之時，陰不當往遇乎陽，故教占者有"繫于金

---

① 句見《序卦》。
② 遇：諸本皆作"遇"，據文意，疑是"姤"字之誤。

柅"之象，能如此則正而吉矣。若有所往，立見其凶，故又有"羸豕蹢躅"之象。其戒深矣。

《象》曰："繫于金柅"，柔道牽也。

"牽"者，牽連也。陰柔牽乎陽，所以戒其往。

九二，包有魚，无咎。不利賓。

"包"者，包裹也，詳見蒙卦九二。"魚"，陰物，又美，初之象也。剥變巽曰"貫魚"，井曰"射鮒"，姤曰"包魚"，皆以巽爲少女，取象于陰物之美也。言二包裹纏綿乎初，猶包魚也。"无咎"者，本卦主于相遇，故无咎也。"不利賓"者，理不當奉及于賓也。蓋五月包裹之魚必餒而臭矣，所以不利于賓也。巽爲臭，魚臭，"不及賓"之象也。五陽纏綿一陰，故于四爻五爻皆取包裹之象。无咎，以卦名取義。"不及賓"，以魚取義。若以正意論，初與四爲正應，二既先包乎初，則二爲主而四爲賓矣，所以"不利賓"。而四包无魚，但《易》以象爲主，故只就魚上説。○九二與初，本非正應，彼此皆欲相遇，乃不正之遇也，故有五月包魚之象。占者得此，僅得无咎。然不正之遇，已不可達及于賓矣，故"不利賓"。

《象》曰：包有魚，義不及賓也。

五月包魚，豈可及賓？以義揆之，不可及賓也。

九三，臀無膚，其行次且，厲，无大咎。

夬之九四，與姤相綜，倒轉即姤之九三，所以爻辭同。○九三當遇之時，過剛不中，隔二未牽連乎初，相遇之難，故有此象。然不相遇，則亦无咎矣。故占者雖危厲而"无大咎"也。

《象》曰："其行次且"，行未牽也。

本卦主于相遇，三其行，未得與初牽連，所以"次且"。

九四，包无魚，起凶。

初六不中不正，《卦辭》以"女壯勿取"戒之矣。若屯卦六二，與初相比不從乎初，"十年乃字"，蓋六二柔順中正故也。今不中正，所以舍正應而從二，既從乎二，則民心已離矣。九四才雖剛而位則柔，據正應之理，起而與二相争，亦猶三國之争荆州，干戈無寧日也，豈不凶？故不曰"凶"而曰"起凶"，如言起釁也。○九四不中不正，當遇之時，與初爲正應。初爲二所包，故有"包無魚"之象。九四不平，與二爭之，豈不起其凶哉？故其象占如此。

《象》曰：无魚之凶，遠民也。

陰爲民，"民"之象也。故觀卦下陰爻曰"觀民"。"遠民"者，二近民而四遠民也。

九五，以杞包瓜，含章，有隕自天。

"杞"，枸杞也，杞與瓜皆五月所有之物。乾爲果，"瓜"之象也。因前爻有"包魚"之"包"，故此爻亦以"包"言之。"含章"者，含藏其章美也。此爻變離，有文明章美之意，又居中，有包含之意，故曰"含章"。"含"即杞之包，"章"即瓜之美。"以杞包瓜"，即"含章"之象也。"隕"者，從高而下也。"有隕自天"者，言人君之命令自天而降下也。巽爲命，乾爲天，故命令自天而降。孔子"后以施命誥四方"一句，本自周公"有隕自天"來，故《小象》曰"志不違命"，且此爻變成鼎，又"正位凝命"之君，三個"命"字可證。○九五當遇①之時，有中正之德，深居九重，本不與民相遇，故有"以杞包瓜、含藏章美"之象。然雖含藏中正之章美，不求與民相遇，及"施命誥四方"，如自天而降，亦猶天下之風，無物不相遇也，其相遇之大，爲何如哉？占者有是德，方應是占也。

《象》曰：九五含章，中正也。"有隕自天"，志不舍命也。舍，音捨。

有中正之德，所以含其中正之章美不發露也。"志"者，心志也。"舍"，違也。"命"者，命令也。雖不發露章美，然心志不違，施命誥四方，所以"有隕自天"。

上九，姤其角，吝，无咎。

與"晉其角"同。當遇之時，高亢過②剛，不遇于初，故有"姤其角"之象，吝之道也。然不近陰私，亦"無咎"矣。故其占如此。

《象》曰："姤其角"，上窮吝也。

居上卦之極，故"窮"。惟窮，所以"吝"。

---

① 遇：原作"變"，史念沖本、朝爽堂本、鄭燦本作"遇"，據改。
② 過：原作"遇"，史念沖本、朝爽堂本、鄭燦本作"過"，據改。

坤下兑上（萃）

"萃"者，聚也。水潤澤其地，萬物群聚而生，"萃"之象也。又上悦而下順，九五剛中，而二以柔中應之，"萃"之由也。《序卦》："姤者，遇也，物相遇而後聚，故受之以萃。"所以次姤。

萃，亨。王假有廟，利見大人，亨，利貞。用大牲吉。利有攸往。

卦大象坎，坎爲宫，中爻巽艮，巽木在艮闕之上，皆"廟"之象也。坎爲隱伏，"鬼神"之象也。九五中正，"大人"之象也。上"亨"字，占得此卦者亨也。下"亨"字，見大人之亨也。大象坎爲豕，外卦兑爲羊，内卦坤爲牛，"大牲"之象也。言當此萃時，可以格鬼神，可以見大人，必亨，但利于正耳。凡物當豐厚，不宜儉嗇；凡事宜攸往，不宜退止。此教占者處萃之時當如此也。

《彖》曰：萃，聚也。順以説，剛中而應，故聚也。"王假有廟"，致孝享也。"利見大人，亨"，聚以正也。"用大牲吉，利有攸往"，順天命也。觀其所聚，而天地萬物之情可見矣。

以卦德、卦體釋卦名，又釋《卦辭》而極贊之。内順乎外，外悦乎内，五以剛中而下交，二以柔中而上應，内外君臣，皆相聚會，所以名"萃"。盡志以致其孝，盡物以致其享。"聚以正"者，如蕭何、張良諸臣，一時聚會以從高祖，"聚"也；除暴秦，"正"也；能成一統之功，"亨"也。"天命"者，天理之自然也。以人事言，即當其可之時也，言時當豐而豐，時當往而往者，乃所以順其天理之自然也。"情"者，所以發出之情也。陽倡陰和，乾始坤生，天地此聚也；形交氣感，聲應氣求，萬物亦此聚也。"天地萬物之情"，聚而已矣。

《象》曰：澤上于地，萃。君子以除戎器，戒不虞。

"澤"字義多，有水澤，有雨澤，有恩澤，有潤澤。澤在天上，有恩澤之意，所以施禄及下，居德則忌。此則有水澤、潤澤之意，所以生萬物而萃也。"除"者，去舊取新之意，謂整理其敝壞也。"戒"者，備也；"虞"者，度也，言變出不測而不可虞度也。衆萃必有爭奪之事，故君子"除戎器"者，非耀武也，所以"戒不虞"也。聖人之心，義理無窮。姤卦，文王《卦辭》本不善，聖人則發出"姤之時義大"一段；本卦文王《卦辭》極善，聖人又發出此一段。蓋本卦錯大畜，有離、震二象，戈兵震動，故言戎器不虞。又大象坎錯離，中爻艮綜震，亦有此象。

初六，有孚不終，乃亂乃萃，若號，一握爲笑，勿恤，往无咎。

"孚"者，與四正應，相孚信也。"有孚不終"者，陰柔之人不能固守，所以孚不長久也。欲萃之急，不擇正應，而與同類群小相萃也。"號"者，呼也；"握"者，持也，言呼九四近前而以手握持之也。"若"者，如也，言當如此象也。言有孚之心，能若孚于前，而以手握之不釋，則有孚之心至矣，雖爲衆人所笑，勿恤此笑，方得无咎也。中爻巽爲進退，"有孚不終"之象也。坤爲迷，"亂"之象也。坤爲衆，"萃"之象也。兌爲口舌，"號"之象也。坤錯乾，乾居一，"一"之象也。中爻艮手，"握持"之象也。兌爲悅，"笑"之象也。大象坎，爲加憂，"恤"之象也。今此爻變，不成坎，不憂矣，"勿恤"之象也。○初六陰柔，與九四爲正應，當萃之時，比于同類之陰，有"有孚不終，乃亂乃萃"之象。故教占者有孚堅固，如將九四呼于前，而以手握之，以陰握陽，雖不免爲人所笑，然必勿恤此笑，方得往而與九四爲聚也，故无咎。

《象》曰："乃亂乃萃"，其志亂也。

質本陰柔，急于欲萃，方寸已亂矣。所以不暇擇其正應而萃也。

六二，引，吉，无咎，孚乃利用禴。

"引"，開弓也，與"君子引而不發"之"引"同，本卦大象坎，又此爻變坎，坎爲弓，"引"之象也。凡人開弓射物，必專心于物，當物之中，不偏于左，不偏于右，方得中箭，蓋中德不變之象也。二雖中正，居群小之中，少偏私則非中矣，故言"引"則"吉，无咎"也。中爻艮手，故初曰"一握"，握者，手持之也；二曰"引"，引者，手開之也，皆"手"之象也。"吉"者，得萃于九五也。"无咎"者，二與九五皆同德，又正應也。"孚"者，孚于五也。"利用禴"者，言薄祭亦可以交神。又與五相聚，吉而无咎之象也。坎爲隱伏，有人鬼之象，此爻變坎成困，故困之二爻亦"利享祀"，未濟①坎亦言"禴"，渙亦言"有廟"也。此爻變中爻成離。"禴"，夏祭。故與既濟皆言"禴"。○六二中正，上應九五之中正，蓋同德相應者也。二中德不變，故有"引之"之象。占者得此，不惟吉而且无咎矣。然能引則能孚信于五，而與五相聚矣，故有"利用禴"之象。其占中之象又如此。

《象》曰："引吉无咎"，中未變也。

二本有中德，惟能如引，誠信而中，則中德未變矣。所以吉而无咎。

六三，萃如，嗟如，无攸利。往无咎，小吝。

此爻變艮成咸，咸三爻亦往吝。但咸以君子而隨小人，可羞之事。此則以小人而聚小人，所以僅"小吝"也。大象坎，爲加憂。兌爲口，"嗟嘆"之象也。○六三陰柔，不中不正，當萃之時，欲萃者，其本志也，故②有"萃如"之象。但上無應與，不得相聚，故有"嗟如""無攸利"之象。然三之于上，雖彼此陰爻，無相偶之情，能往而從之，我性順而彼性悅，必能相聚，可以"无咎"。但不能萃剛明之人，而萃陰柔群小，亦有"小吝"矣。故其占如此。

《象》曰："往无咎"，上巽也。

"巽"者，三之中爻本巽也。兌綜巽，亦巽也。上往以巽而從之，我順而彼悅，可以相聚者也。故无咎。

九四，大吉，无咎。

"大吉无咎"，與隨卦九四"隨有獲"同。就時位上說，不就理上說，正所謂"處不以其道得之富貴者"③也。近悅體之君，臨歸順之民，豈不大吉，人誰咎病？六爻初"亂萃"，二"引萃"，三"嗟如"，五"有悔"，六"涕洟"，惟四不中不正，而自然相聚，聚之不勞心力，故"大吉"。時位自然，非四勉強求之，故"无咎"。○九四不中不正，居多懼之地，本"不吉有咎"者也。然近九五之君，有相聚之權，率三陰順而聚于五，上悅下順，則不勞心力，而自能相聚矣。若不論其九四之德，惟以其萃論之，蓋"大吉无咎"者也，故有

---

① 未濟《彖辭》無"禴"字，而既濟《彖辭》云："九五，東鄰殺牛，不如西鄰之禴祭，實受其福。"疑"未濟"爲"既濟"之誤，而下文亦言是"既濟"。

② 故：虎林本亦作"故"，史念冲本、朝爽堂本、鄭燦本作"欲"。

③《論語·里仁》：子曰："富與貴，是人之所欲也；不以其道得之，不處也。"

此象。占者得此，亦當如是也。

《象》曰："大吉无咎"，位不當也。

"位不當"者，不中不正也。既不中正，則大吉者亦不吉，无咎者亦有咎矣。周公就"時位能萃"之象上説，孔子就理上説。

九五，萃有位，无咎，匪孚。元永貞，悔亡。

"匪"者，不也。"匪孚"者，不信于人也。九四比群陰在下，以分其萃，大吉无咎，所以"匪孚"也。"元"者，元善也，即陽剛中正之德也。"永貞"者，長永貞固也。"悔"者，五與上六相近，同居悦體，陰陽比暱①，恐其雖萃天下之位而其德未甚光明，所以"悔"也。○九五當天下之尊，爲萃之主，臣民皆萃，可以无咎矣。然四分其萃，未免匪孚，上溺陰私，未免有悔，故必反己自修，俾元善中正之德長永貞固，斯悔亡而人孚矣。戒占者必如此。

《象》曰："萃有位"，志未光也。

此爻與夬"中未光"相同。蓋陰陽相悦，此"未光"也。又變震，爲情動性順，此"未光"也。變震成豫，又和樂矣，此"未光"也。陽與陰相聚會之時，又悦，又動，又順，又和樂，安能保其志之光明哉？故曰"志未光"。若依本爻，陽剛中正，有何疚病？

上六，齎咨，涕洟，无咎。

"齎"者，持也，遺也，有所持而遺之之義。中爻艮，爲手，"持遺"之象也。"咨"者，咨嗟也，自鼻出曰涕，自目出曰洟。兑爲口，"咨"之象也。又爲澤，"涕洟"之象也。○上六處萃之終，求萃而不可得，惟持遺咨嗟涕洟，哀求于五而已，故有此象。然憂思之過，危者必平，所以"无咎"。六爻皆"无咎"者，水潤澤其地，萬物群聚而生，乃"天地爲物不貳、生物不測"②之理也，所以六爻皆无咎。

《象》曰："齎咨涕洟"，未安上也。

"未安于上"，所以哀求其五。

---

① 暱：原作"暱"，朝爽堂本、鄭燦本作"暱"，據改。
②《中庸》："其爲物不貳，則其生物不測，天地之道。"

巽下坤上 （升）

"升"者，進而上也。爲卦巽下坤上，木生地中，長而益高，"升"之象也。又綜萃，萃下卦之坤上升而爲升之上卦，亦"升"之象也。《序卦》："萃者，聚也。聚而上者謂之升，故受之以升。"所以次萃。

升，元亨，用見大人，勿恤，南征吉。

言占得此卦者大亨。"用見大人"，不可憂懼。從南方行則吉，所以"元亨"也。不曰"利見"而曰"用見"者，九二雖大人，乃臣位，六五之君欲用九二，則見之也。六四"王用亨于岐山"即此"用"字也。"勿恤"者，本卦大象坎，有"憂恤"之象，故教之以"勿恤"。"南征吉"者，文王《圓圖》，巽東南之卦，過離而至坤，是巽升于坤，故"南征吉"。若東行，則至震，非升矣。

《彖》曰：柔以時升，巽而順，剛中而應，是以大亨。"用見大人，勿恤"，有慶也。"南征吉"，志行也。

以卦綜釋卦名，以卦德、卦體釋《卦辭》。"柔"者，坤土也。本卦綜萃，二卦同體，文王綜爲一卦，故《雜卦》曰："萃聚而升不來也。""柔以時升"者，萃下卦之坤，升而爲升之上卦也。柔本不能升，故"以時升"，所以名"升"。内巽外順，則心不躁妄，行不悖理，又我有剛中之德，而六五以順應之，豈不能"升"？所以"元亨"。"有慶"者，慶幸其道之得行，"勿恤"者此也。"志行"者，心期其道之必行，吉者此也。"有慶志行"者，即"元亨"也。

《象》曰：地中生木，升。君子以順德，積小以高大。

本卦以坤土生木而得名，故曰"君子以順德"。坤順之德，即"敬以直内，義以方外"也。積者，日積月累，如地中生木，不覺其高大也。巽爲高，"高"之象也。

初六，允升，大吉。

"允"者，信也。本卦原是坤土上升，初與四皆坤土，故"允升"。○初六柔順居初，當升之時，與四相信而"合志"，占者如是，必能升矣，故"大吉"。

《象》曰："允升大吉"，上合志也。

與四"合志"，故"允升"。大畜九三與上九皆陽爻，然本卦皆欲畜極而通，故《小象》曰"上合志也"。此卦初居内卦之初，四居外卦之下，因柔以時升，皆欲升者也，故小象亦曰"上合志也"。

九二，孚乃利用禴，无咎。

九二以陽剛居中，六五以柔順應之，蓋孚信之至者矣，故有"利用薄祭亦可交神"之象。占者如是，得遂其升而有喜矣，故无咎。升綜萃，萃六二"引"者，陰柔也。此剛中，故止言"孚乃利用禴"。

《象》曰：九二之孚，有喜也。

"有喜"者，喜其得升也。蓋誠信之至，則君必信任之專，得以升矣，周公許之曰"无咎"，孔子曰君臣相孚，豈止无咎，且"有喜也"。中爻兌，"喜悦"之象也。

九三，升虛邑。

陽實陰虛，上體坤，有"國邑"之象，詳見謙卦。以三升四，以實升虛，故曰"升虛邑"。或曰"四邑爲丘，四丘爲虛，非空虛也，乃丘虛也"，亦通。○九三以陽剛之才，當升之時而進臨于坤，故有"升虛邑"之象。占者得此，其升而無疑也，可知矣。

《象》曰："升虛邑"，无所疑也。

本卦六五之君陰柔，九二之臣陽剛，似君弱臣強，正人之所疑也。況當升之時，自臣位漸升于君位，使四乃陽剛，則逼其五矣，安得而不疑？今"升虛邑"，陰土與五同體，故"無所疑"。

六四，王用亨于岐山，吉，无咎。

坤錯乾，乾爲君，"王"之象也。王指六五也。物兩爲岐，故曰岐路，兩路也。坤上兩拆，"岐"之象也。隨卦兌爲西，故曰"西山"。此兩拆，故曰"岐山"。中爻震，綜艮，"山"之象也，則三、四、五皆山矣，皆因有此象，故以"岐""西"二字别之。前儒不知象，乃曰"岐山在西"，失象之旨矣。此言"岐山"，指四也。"亨"者，通也，與"公用亨于天子""王用亨于西山""亨"字同。"王用亨于岐山"者，即"用見大人"也。言六五欲用乎九二，乃通于四而求之也。四爻皆言升，獨二與五爲正應，故曰"用禴"。四與五相比，故曰"用亨"。蓋君位不可升也。二"用禴"而五"用亨"，上下相用，正所謂"剛中而應"也，何吉如之！故吉而无咎。○六四以柔居柔，與五同體，蓋順事乎五之至者也。故六五欲用乎九二，乃通乎四以求之，故有"王用亨于岐山"之象，吉而无咎之道也。故其象占如此。

《象》曰：王用亨于岐山，順事也。

四本順體，又以柔居柔，得正。順事乎五，故五欲用乎九二，乃通乎四以求之也。四若非正，則成容悅之小人，安能通乎其二？

六五，貞吉，升階。

"王用享于岐山"，上孚乎下，賢君之事也；九二即覲君而升階，下孚于上，良臣之事也。故先言貞吉之占，而後言"升階"之象。階者，階梯也，如梯之等差也。○六五以柔居尊，下任剛中之賢，乃通于四以求之，貞而且吉者也。九二當升之時，因六五用六四之求，即覲君而升階矣。上下相孚，故其占象如此。

《象》曰："貞吉升階"，大得志也。

"大得志"，即《彖辭》"有慶""志行"也。

上六，冥升，利于①不息之貞。

"冥"與"冥豫"之"冥"同，昏于升而不知止者也。坤爲迷，"冥"之象也。"不息之貞"，天理也。惟天理可以常升而不已，若富貴利達，涉于人欲之私而非天理者，則有消長矣。"冥豫"，動體，故教之以渝②；"冥升"，順體，故教之以貞。○上六居升之極，乃昏于升而不知止者也，有"冥升"之象。故聖人教占者曰：升而不已，惟"利不息之貞"，他非所利也。爲占者開遷善之門如此。

---

① 于：原脱，據史念冲本、朝爽堂本、鄭燦本補。
② 渝：原作"豫"，史念冲本、朝爽堂本、鄭燦本作"渝"，據改。

《象》曰："冥升"在上，消不富也。

"消"者，消其所升之業也。"富"者，富有也。凡升者，乃天理不息之貞，則成富有之業矣。若升其人欲之私，往而不返，溺而不止，則盈者必虛，泰者必否，見其日消而不見其長，消而不富矣，故曰"消不富"也。本卦下體巽，巽爲富。此爻外卦，故曰"不富"，亦如无妄二爻，未入巽之位，曰"未富"。

䷮ 坎下兌上 （困）

"困"者，窮困也。爲卦水居澤中，枯涸無水，"困"之義也。又六爻皆爲陰所掩，小人之掩君子，"窮困"之象也。《序卦》："升而不已必困，故受之以困。"所以次升。

困，亨，貞。大人吉，无咎。有言不信。

此《卦辭》乃聖人教人處困之道也。言當困之時，占者處此，必能自亨其道，則得其正矣。他卦"亨貞"，言不貞則不亨，是亨由于貞也；此卦"亨貞"，言處困能亨，則得其貞，是貞由于亨也。然豈小人所能哉？必平素有學有守之"大人"，操持已定，而所遇不足以戕之，方得吉而无咎也。若不能實踐躬行，自亨其道，惟欲以言求免其困，人必不信，而益困矣。言處坎之險，不可尚兌之口也。二、五剛中，"大人"之象。兌爲口，"有言"之象。坎爲耳痛，耳不能聽，"有言不信"之象。

《象》曰：困，剛掩也。險以説，困而不失其所亨，其唯君子乎！"貞，大人吉"，以剛中也。"有言不信"，尚口乃窮也。說，音悦。

以卦體釋卦名，又以卦德、卦體釋《卦辭》。坎剛爲兌柔所掩，九二爲二陰所掩，四、五爲上六所掩，此困之所由名也。兌之掩坎，上六之掩四、五者，小人在上位也。如絳、灌之掩賈誼，公孫弘之掩董仲舒是也。二陰之掩九二者，前後左右皆小人也。如曹節、侯覽輩之掩黨錮諸賢，王安石、惠卿之掩元祐諸賢是也。"險以説"，卦德也。"困而不失其所亨"者，人事也。處險而能悦，則是在困窮艱險之中而能樂天知命矣。"所"者，指此心也，此道也。言身雖困，此心不愧不怍，心則亨也；時雖困，此道不加不損，道則亨也。不于其身于其心，不于其時于其道，如羑里演易，陳蔡弦歌，顏子在陋巷不改其樂是也。"君子"，即大人也。"貞大人吉"者，"貞"字在文王《卦辭》連"亨"字讀，《彖辭》連"大人"者，孔子恐人認"貞"字爲戒辭也。"剛中"者，二、五也。剛中則知明守固，居易俟命，所以"貞大人吉"也。"貞大人"者，貞正大人也。"尚口乃窮"者，言不得志之人，雖言亦不信也。蓋以口爲尚，則必不能求其心之無愧，居易以俟命矣，是不能亨而貞者也。故聖人設此戒，以"尚口"則自取困窮矣。"尚口"如三上相書，凡受人之謗，不反己自修而與人辨謗之類。

《象》曰：澤无水，困。君子以致命遂志。

澤所以潴水，"澤无水"，是水下漏而上枯矣，"困"之象也。"致"者，送詣也。命存乎天，志存乎我。"致命遂志"者，不有其命，送命于天，惟遂我之志，成就一個是也。患難之來，論是非不論利害，論輕重不論死生。殺身成仁，舍生取義，幸而此身存則名固在，不幸而此身死則名亦不朽，豈不身困而志亨乎？身存者，張良之椎、蘇武之節是也；身死者，比干、文天祥、陸秀夫、張世傑是也。

初六，臀困于株木，入于幽谷，三歲不覿。

凡言困者皆柔掩剛，小人困君子也。"臀"，坎象，詳見夬卦。人之體，行則趾在下，坐則臀在下，故初言臀。"株"者，根株也，乃木根也。《詩》"朝食於株"，諸葛亮《表》"成都有桑八百株"，王荆公詩"日月無根株"，皆言根也。中爻巽木在坎之上，初又居坎之下，"木根"之象也。坎爲隱伏，"幽谷"之象也。水在上，幽谷在下，則谷之中皆木根矣。言入于幽谷之中，而臀坐于木根之上也。此倒言也。因有"臀"字，文勢必將"困于株木"之句居于"臀"下，故倒言也。若曰"臀入于幽谷"，則不通矣。"覿"，見也。坎錯離爲目①又居三，"三歲不覿"之象也。"不覿"者，不覿二與四也。○初六以陰柔之才居坎陷之下，當困之時，遠而與四爲應，近而與二爲比，亦欲掩剛而困君子矣。然才柔居下，故有"坐木根、入幽谷、終不得見二、四"之象。欲困君子而反自困，即象而占可知矣。

《象》曰："入于幽谷"，幽不明也。

此言不覿之故。幽對明言，二與四合成離，有明象。初居離明之下，則在離明之外而幽矣。所以二與四得見乎幽谷，而入幽不明者不得見乎二、四也。

九二，困于酒食，朱紱方來，利用亨祀。征凶，无咎。紱，音弗。

"困于酒食"者，言酒食之艱難窮困也。如孔子之疏食飲水②，顏子之簞食瓢飲，《儒行》之"并日而食"是也。酒食且困，大于酒食者可知矣。《程傳》是。凡《易》言"酒"者皆坎也，言"食"者皆兌也。故需中爻兌言"酒食"，未濟與坎皆言"酒"也。"朱紱"者，組綬用朱也。"方來"者，其德升聞，而爲君舉用之也。"利用亨祀"者，亨者，通也，誠應之意，乃象也，亦如"利用禴"之意，言當通之以祭祀之至誠也。坎隱伏，有"人鬼"象，故言"祀"。"征凶"者，當困之時，往必凶也。"凶"字，即《大象》"致命"之意，正所謂"困而亨"也，所以"无咎"。中爻離，"朱"之象。又巽繩，"紱"之象。坎乃北方之卦，朱乃南方之物，離在二之前，故曰"方來"。此即孔明之事："困酒食"者，臥南陽也；"朱紱方來"者，劉備三顧也；"利用亨祀"者，應劉備之聘也；"征凶"者，死而後已也；"无咎"者，君臣之義无咎也。○九二以剛中之德，當困之時，甘貧以守中德，而爲人君之所舉用，故有"困于酒食、朱紱方來"之象。故教占者至誠以應之，雖凶而无咎也。

《象》曰："困于酒食"，中有慶也。

言有此剛中之德，則自亨其道矣。所以有此"朱紱方來"之福慶。

六三，困于石，據于蒺藜，入于其宮，不見其妻，凶。

兌錯艮，艮爲石。石之爲物，堅而不納，其質無情。石在前，"困于石"之象也。"據"者，依也。坎爲"蒺藜"，蒺藜乃有刺之物，不可依據。蒺藜在

---

① 目：原作"卦"，史念冲本、鄭燦本作"目"，據改。
② 飲水：鄭燦本亦作"飲水"，虎林本、史念冲本、朝爽堂本作"水飲"。

後，"據于蒺藜"之象也。坎爲宫，"宫"之象也。中爻巽，爲入，"入其宫"之象也。此爻一變，中爻成乾，不成離目，"不見"之象也。坎爲中男，兑爲少女，則兑乃坎之妻也。兑之中宫、坎之中宫，皆陽爻，非陰爻，"入其宫不見其妻"之象也。此爻一個"入"字"見"字，不輕下，周公之爻辭極其精矣。舊注不知象，所以以石指四，蒺藜指二，宫指三，妻指六也。○六三陰柔，不中不正，當困之時，亦欲掩二之剛而困君子矣。但居坎陷之極，所承所乘者皆陽剛，孤陰在于其中，前困者無情，後據者有刺，則一己之室家且不能保，將喪亡矣，况能困君子乎？故有此象，所以占者凶。

《象》曰："據于蒺藜"，乘剛也。"入于其宫，不見其妻"，不祥也。

"乘剛"者，乘二之剛也。"不祥"者，死期將至也。此爻變爲大過，有棺椁象，所以死期將至。人豈有"不見其妻"之理？乃不祥之兆也。殷仲文從桓玄，照鏡，不見其面，數日禍至。此亦不祥之兆也。

九四，來徐徐，困于金車，吝，有終。

"金車"指九二。坎，車象，乾金當中，"金車"之象也。自下而上曰"往"，自上而下曰"來"。"來徐徐"者，四來于初也。初覯乎四，四來乎初，陰陽正應故也。○九四與初爲正應，不中不正，志在于初，故有"徐徐而來于初"之象。然爲九二所隔，故又有"困于金車"之象。夫以陰困陽之時，不能自亨其道猶志在于初，固爲可羞，然陽有所與，終不能爲陰所困也。故其占如此。

《象》曰："來徐徐"，志在下也。雖不當位，有與也。

"志在下"者，志在初也。"有與"者，四陽初陰，有應與也。且四近君，故陰不能困。井卦二、五皆陽爻，故曰"无與"。

九五，劓刖，困于赤紱，乃徐有說，利用祭祀。說，音悦。

兑錯艮，鼻象；變震，足象。截鼻曰劓，去足曰刖。上體兑爲毁折，錯艮爲閽寺、刑人；下體中爻離爲戈兵，又坎錯離亦爲戈兵。上下體俱有刑傷，"劓刖"之象也。若以六爻卦畫論之，九五爲困之主，三陽居中，上下俱陰坼，亦"劓刖"之象也。"赤紱"者，臣之紱也。中爻離巽，與九二同。紱乃柔物，故亦以此象之。三柔困，"赤紱"之象也。赤紱者，四與二也。四乃五之近臣，三比之；二乃五之遠臣，三掩之，故曰"困于赤紱"。"劓刖"者，君受其困也；"赤紱"者，臣受其困也。兌爲悅，"悅"之象也，"乃徐有悅"者，言遲久必有悅，不終于困也。"利用祭祀"者，乃"徐有悅"之象也，蓋祭盡其誠則受其福矣。教九五中正之德，不可以聲音笑貌爲之也。○九五當柔掩剛之時，上下俱刑傷，故有"劓刖"之象。三柔比四而掩二，故不惟劓刖，又有"困及于赤紱"之象，則君臣皆受其困矣。然九五中正而悅體，既有能爲之才，又有善爲之術，豈終于其困哉？必"徐有悅"而不終于困也。蓋能守此中正之德，如祭祀之誠信，斯有悅而受其福矣。故教占者，占中之象又如此。

《象》曰："劓刖"，志未得也。"乃徐有說"，以中直也。"利用祭祀"，受福也。

爲陰所掩，故"志未得"。以中直，與同人九五同。直即正也。"受福"者，中正之德，如祭祀之誠信則受福而不受其困矣。

上六，困于葛藟，于臲卼，曰動悔有悔，征吉。

艮爲山，爲徑路，爲果蓏，《周禮》"蔓生曰蔬"①、葛藟之類。高山蹊徑，臲卼不安。兌錯艮有此象。又正應，坎爲陷，爲叢棘，爲蒺藜，亦皆"葛藟"之類之象。蓋"葛藟"者，纏束之物，"臲卼"者，危動之狀。"曰"者，自訟之辭也。兌爲口，變乾爲言，"曰"之象也。"曰動悔"者，自訟其動，則"有悔"，亦將爲之何哉？"動悔"之悔，事之悔也，上六之悔也；"有悔"之悔，心之悔悟也，聖人教占者之悔也。"征"者，去而不困其君子也，與蒙卦"幾不如舍""舍"字同。○上六陰柔，亦欲掩剛而困君子矣。然處困之極，反不能困，故欲動而掩乎剛，則纏束而不能行。欲靜而不掩乎剛，則又居人君之上，危懼而不自安，是以自訟其動則有悔，故有此象。然處此之時，顧在人之悔悟何如耳，誠能發其悔悟之心，去其陰邪之疾，知剛之不可掩，棄而去之可也，故占者惟征則吉。

《象》曰："困于葛藟"，未當也。"動悔有悔"，吉行也。

欲掩剛，故未當。"有悔"，不掩剛，故從吉而行。

---

① 蔓生曰蔬：見《周禮》注，非《周禮》本文。

巽下坎上（井）

"井"者，地中之泉也。爲卦坎上巽下。巽者，入也，水入于下，而取于上，"井"之義也。巽爲木①，汲水者，以木承水而上，亦井之義也。《序卦》："困于上者，必反于下，故受之以井"。所以次困。

井，改邑不改井，无喪无得，往來井井。汔至亦未繘井，羸其瓶，凶。②

井綜困，二卦同體，文王綜爲一卦，故《雜卦》曰："井通而困相遇也。""改邑不改井"者，巽爲市邑，在困卦爲兑，在井爲巽，則改爲邑矣。若井則"无喪无得"。在井卦坎往于上，在困卦坎來于下，剛居于中，往來不改，故曰"往來井井"。《易經》與各經不同，玄妙處正在于此。"汔"，涸也。巽下有陰，"坼涸"之象也。"繘"者，井索也。巽爲繩，"繘"之象也。"羸"者，弱也，與"羸其角"同。汲水之人，弱不勝其瓶，將瓶墜落于井也。中爻離，"瓶"之象也。在離曰"缶"，在井曰"瓶"、曰"甕"，皆取中空之意。○言井乃泉脉，不可改變。其德本無得喪，而往來用之者不窮，濟人利物之功大矣。若或井中原涸無水，以至或有水而人不汲，又或不惟不得水、或汲之而羸其瓶，則無以成濟人利物之功，故占者凶。

《彖》曰：巽乎水而上水，井。井養而不窮也，"改邑不改井"，乃以剛中也。"汔至亦未繘井"，未有功也。"羸其瓶"，是以凶也。

以卦德、卦綜釋卦名、《卦辭》。凡井中汲水，井上用一轆轤，以井索加于其上，用桶下汲，方能取上，是以桶入乎其水方能上也，故曰"巽乎水而上水"。巽字有"木"字、"入"字二意，《文選》"殫極之綆斷幹"，綆即轆轤之索也。"養而不窮"者，民非水火不生活也。"改邑不改井"者，以剛居中，在困卦居二之中，在井卦居五之中，往來皆井，不可改變也。"未有功"者，井以得水爲功，井中水涸，以至汲水之索未入于井，皆無功也。"若羸其瓶"，是

---

① 巽爲木：朝爽堂、鄭燦本作"坎爲水。"
② 朝爽堂本、鄭燦本此處有音注："繘，音聿"。

不惟不得其水，并汲水之具亦喪亡矣，豈不凶？青苗之法，安石之意將以濟人利物，而不知不宜于民，反以致禍，正"羸其瓶"之凶也。

《象》曰：木上有水，井。君子以勞民勸相。

"木上有水"者，水承木而上也。"勞"者，即"勞之"也。"勸"者，即"來之"也。"相"者，即匡直輔翼也。"勞民勸相"者，言勞之不已，從而勸之；勸之不已，又從而相之也。人有五性之德，即地脉井泉流行不息者也。逸居而無教，則近于禽獸，不能成"井養不窮"之功矣。君子"勞民勸相"，則民德可新，父子有親，君臣有義，夫婦有別，長幼有序，朋友有信，往來用之，"井井不窮"矣。是"勞民勸相"者，君子之井也。

初六，井泥不食，舊井无禽。

陰濁在下，"泥"之象也。凡言"食"者，皆兌口也，今巽口在下，"不食"之象也。又巽爲臭，"不可食"之象也。坎有小過象。凡《易》言"禽"者，皆坎也：故師六五曰"田有禽"，以本卦坎，又變坎也；比卦九五"失前禽"，以坎變坤也。恒大象坎，此卦坎居上卦，但二卦下卦皆巽。巽，深入。禽，高飛之物，安得深入于井中？故恒、井二卦皆曰"無禽"。井以得水，齊井之口，易汲爲善，故初則"不食"，二則"漏"，三則求"王明"，四則"修井"，惟五、六則水齊井口，易于汲取，故五、六獨善。○初六陰濁在下，乃井之深而不可浚渫者也。則泥而不食，成舊廢之井，無井旁①汲水之餘瀝，而禽亦莫之顧而飲矣，故有此象。占者不利于用可知矣。

《象》曰："井泥不食"，下也。"舊井無禽"，時舍也。 舍，音捨。

陰濁在下，爲時所弃捨。

九二，井谷射鮒，甕敝漏。

上陽爻，下陰爻，兩開，"谷"之象也。又變艮，山下有井，必因谷所生，亦"谷"之象也。坎爲弓，在上，"射"之象也。巽爲魚，"鮒"之象也。鮒，小魚。莊子周視轍中，有鮒魚焉，曰："我東海之波臣也。"又《爾雅》"鱦，小魚也"，注云："似鮒子而黑，俗呼爲魚婢，江東呼爲妾魚。"曰臣，曰婢，

---

① 旁：虎林本作"滂"，史念冲本、朝爽堂本、鄭燦本作"傍"。

曰妾，皆小之意。前儒以爲蝦蟆，又以爲蝸牛，皆非也。巽綜兌，爲毁折，"敝"之象也。下陰爻，有"坏漏"之象也。坎水在上，巽主入，水入于下，亦"漏"之象也。○九二陽剛居中，才德足以濟世①，但上無應與，不能汲引，而乃牽溺于初，與卑賤之人相與，則不能成"井養不窮"之功矣。故以井言，有"旁水下注，僅射其鮒"之象；以汲水言，有"破瓮漏水"之象，占者不能成功可知矣。

《象》曰："井谷射鮒"，无與也。

"无與"者，無應與也，所以比初"射鮒"。

九三，井渫不食，爲我心惻，可用汲王明，句。**並受其福。**

"渫"者，治井而清潔也。中爻三變成震，不成兌口，"不食"之象也。"爲我心惻"者，我者，三自謂也，言可汲而不汲，人爲我惻之也；坎爲加憂，惻之象也。"王明"者，指五也。中爻三與五成離，"王明"之象也。"可用汲王明"者，可求用汲于王明也。汲字雖汲水，其實汲引之汲。"並"者，三之井可食，福也，食三之井者亦福也。九二比于初之陰爻，不能成功，故教九三求九五之陽明。○九三以陽居陽，與上六爲正應，上六陰柔不能汲引，則不爲時用而成濟人利物之功矣。故有"井渫不食、人惻"之象。所以然者，以正應陰柔，又無位故也。"可用汲"者，其惟舍正應而求五之王明言，若得陽明之君以汲引之，則能成"井養"之功而"並受其福"矣。故教占者必如此。

《象》曰："井渫不食"，行惻也。"求王明"，受福也。

"行惻"者，行道之人亦惻也。三變中爻成震足，"行"之象也。"求王明"者，五非正應，故以"求"字言之，孔子以周公《爻辭》忽然説起王明，恐人不知指五，所以加一"求"字也。不求正應而"求王明"，此《易》之所以時也。比卦六四舍正應而比五，皆此意。管仲舍子糾而事桓公，韓信舍項羽而事高祖，馬援舍隗囂而事光武，皆舍正應而"求王明"者也。

六四，井甃，无咎。

"甃"者，砌其井也。陰列兩旁，"甃"之象也。初爲"泥"，三之"渫"，渫其泥也。二"射鮒"，四之"甃"，甃其谷也。既渫且甃，井日新矣。寒泉之

---

① 世：原作"利"，史念冲本作"世"，據改。

來，"井養"豈有窮乎？○六四陰柔得正，近九五之君，蓋修治其井以潴畜九五之"寒泉"者也，故有"井甃"之象。占者能修治臣下之職，則可以因君而成"井養"之功，斯无咎矣。

《象》曰："井甃无咎"，修井也。

修井畜泉，能盡職矣，安得有咎？

九五，井洌，寒泉食。

"洌"，甘潔也。五變坤，爲甘；以陽居陽，爲潔。"寒泉"，泉之美者也。坎居北方，一陽生于水中，得水之正體，故甘潔而寒美也。"食"者，人食之也，即"井養而不窮"也。中爻，兌口之上，"食"之象也。井以寒洌爲貴，泉以得食爲功。以人事論，洌者，天德之純也；食者，王道之溥也。黃帝、堯、舜、禹、稷、周、孔，立養立教，萬世利賴，"井洌寒泉食"之者也。○九五以陽剛之德，居中正之位，則井養之德已具，而井養之功已行矣，故有此象。占者有是德方應是占也。

《象》曰：寒泉之食，中正也。

"寒泉之食"，王道也。"中正"者，天德也。

上六，井收，句①。**勿幕。有孚，**句。**元吉。**

"收"者，成也。物成于秋，故曰秋收。"井收"者，井已成矣，即《小象》"大成"之"成"也。周公曰"收"，孔子曰"成"，一意也。"幕"者，蓋井之具也。坎口在上，"勿幕"之象也，言不蓋其井也。"有孚"者，信也。齊口之水，无喪无得，用之不竭，如人之誠信也。"元吉"者，"勿幕有孚"，則澤及于人矣。○上六居井之極，井已成矣。九五寒泉，爲人所食。上六乃不掩其口，其水又孚信不竭，則澤及于人，成井養不窮之功矣。故有"勿幕有孚"之象。占者之"元吉"可知矣。

《象》曰：元吉在上，大成也。

"大成"者，井養之功大成也。蓋有寒泉之可食，使掩其口，人不得而食之，或不孚信，有時而竭，則澤不及人，安得爲大成？今"勿幕有孚"，則澤及人而井養之功成矣。"元吉"，以澤之所及言。"大成"，以功之所就言。

---

① 句：原本無，據史念冲本、朝爽堂本、鄭燦本補。

梁山來知德先生易經集注卷之十

平山後學崔華重訂　男戀齊、岱齊、囍齊同校

䷰ 離下兌上　（革）

"革"者，變革也。澤在上，火在下，火燃則水涸，水決則火滅，又中、少二女不相得，故其卦爲變革也。《序卦》："井道不可不革，故受之以革。"所以次井。

革，己日乃孚，元亨，利貞，悔亡。 己，音紀，十干之名。

"己"者，信也。五性仁義禮智信，惟信屬土，故以己言之。不言戊而言"己"者，離、兌皆陰卦，故以陰土言。且文王《圓圖》，離兌中間乃坤土，故言己也。凡離火燒兌金斷裂者，惟土可接續，故《月令》于金火之間置一中央土。十干丙丁、戊己而後庚辛，言離火燒金，必有土方可孚契之意。"日"者，離爲日也。"己日乃孚"者，信我後革也。言當人心信我之時，相孚契矣，然後可革也。不輕于革之意。"元亨利貞悔亡"者，言除弊去害，掃而更之，大亨之道也。然必利于正，亨以正，則革之當其可而悔亡矣。蓋不信而革，必生其悔，惟亨而正，則人心信我矣。所以己日乃孚而後革也。

《彖》曰：革，水火相息，二女同居，其志不相得，曰革。己日乃孚，革而信之。文明以說，大亨以正，革而當，其悔乃亡。天地革而四時成。湯武革命，順乎天而應乎人。革之時大矣哉！

以卦象釋卦名，以卦德釋《卦辭》而極贊之。火燃則水乾，水決則火滅，有相滅息之勢；少女志在艮，中女志在坎，有不相得之情。水火以滅息爲革，

210

二女以不能同居各出嫁爲革，故曰"革"。"革而信之"者，言革而人相信也。東征西怨，南征北怨，"革而信之"之事也。離之德明，兌之德悅。明則識事理而所革不苟，悅則順時勢而所革不驟。"大亨"者，除弊興利，一事之大亨也；伐暴救民，舉世之大亨也。"以正"者，揆之天理而順，即之人心而安也。又亨又正，則革之攸當，所以"悔亡"，正所謂"革而信之"也。陽極，則陰生而革乎陽；陰極，則陽生而革乎陰。故陰往陽來而爲春夏，陽往陰來而爲秋冬，四時成矣。命者，王者易姓受命也。王者之興，受命于天，故曰"革命"。天命當誅，順天也；人心共忿，應人也。天道改變，世道遷移，此革之大者，然要之同一時也。時不可革，天地聖人不能先時；時所當革，天地聖人不能後時，"革之時"不其大哉！故曰："禮，時爲大，順次之，體次之，宜次之，稱次之。"① 堯授舜，舜授禹，湯放桀，武王伐紂，時也。

《象》曰：澤中有火，革。君子以治歷明時。

水中有火，水若盛則息火，火或盛則息水，此相革之象也。"歷"者，經歷也，次也，數也，行也，過也，蓋日月五緯之纏次也。又作"曆"。"時"者，四時也。"治歷以明其時"。晝夜者，一日之革也；晦朔者，一月之革也；分至者，一年之革也；元會運世者，萬古之革也。

初九，鞏用黃牛之革。

離爲牛，"牛"之象也。中爻乾錯坤，"黃"之象也。"鞏"者，固也，以皮束物也。束之以"黃牛之革"，則固之至矣。此爻變即遯之艮止矣。艮止，故不革，所以《爻辭》同。本卦以離火革兌金。下三爻，主革者也，故二、三言革；上三爻受革者也，故四言改，五、六言變。〇初九當革之時，以陽剛之才，可以革矣。然居初位卑，無可革之權，上無應與，無共革之人，其不可有爲也必矣。但陽性上行，火性上炎，恐其不能固守其不革之志，故聖人教占者曰：革道匪輕，不可妄動，必固之以黃牛之革而後可，所以其象如此。

《象》曰："鞏用黃牛"，不可以有爲也。

無位無應之故。

---

① 見《禮記·禮器》。

六二，己日乃革之，征吉，无咎。

離爲日，"日"之象也。陰土，"己"之象也。此爻變夬，情悦性健，故易于革。○六二以文明之才而柔順中正，又上應九五之君，故人皆尊而信之，正所謂"己日乃孚，革而信之"者也，故有此象。占者以此而往，則人皆樂于耳目之新，有更化善治之吉，而無輕變妄動之咎矣。故占者吉而无咎。

《象》曰："己日革之"，行有嘉也。

應九五，故"有嘉"，即"征吉"二字也。

九三，征凶，貞厲。革言三就，有孚。

"革言"者，革之議論也。正應兌爲口，"言"之象也。中爻乾，爲言，亦"言"之象也。"就"者，成也。"三就"者，商①度其革之利害可否，至再至三，而革之議論定也。離居三，"三就"之象也。故同人曰"三歲不興"，未濟曰"三年有賞于大國"，既濟曰"三年克之"，明夷曰"三日不食"，皆以離居其三也。若坎之"三歲不得"，困之"三歲不覿"，解之"田獲三品"，皆離之錯也。漸之"三歲不孕"，巽之"田獲三品"，皆以中爻合離也。豐之"三歲不覿"，以上六變而爲離也。周公《爻辭》，其精至此。○九三以剛居剛，又居離之極，蓋革之躁動而不能詳審者也。占者以是而往，凶可知矣。故雖事在所當革，亦有危厲。然當革之時，不容不革，故必詳審其利害可否，至于三就，則人信而相孚，可以革矣。故教占者必如此。

《象》曰："革言三就"，又何之矣。

言議革之言，至于三就，則利害詳悉，可否分明，又復何之？

九四，悔亡，有孚改命，吉。

"改命"者，到此已革矣。離交于兌，改夏之命令于秋矣，所以不言革而言"改命"，如湯改夏之命而爲商，武改商之命而爲周是也。九四之位，則改命之大臣，如伊尹、太公是也。"有孚"者，上而孚于五，下而孚于民也。○九四卦已過中，已改其命矣。改命所係匪輕，恐有所悔。然時當改命，不容不改者也，有何悔焉？是以"悔亡"。惟于未改之先，所改之志孚于上下，則自

---

① 商：原作"啇"，史念冲本、朝爽堂本、鄭燦本作"商"，據改。

獲其吉矣。故教占者如此。

《象》曰："改命"之吉，信志也。

"志"者，九四之志也。"信志"者，信九四所改之志也。上而信于君，下而信于民，必如是信我，方可改命也。"信"乃誠信，即《爻辭》"孚"字。

九五，大人虎變，未占有孚。

陽剛之才，中正之德，居尊位而爲革之主，得稱"大人"。兌錯艮，艮爲虎，"虎"之象也。兌爲正西，乃仲秋，鳥獸毛毨，"變"之象也。乾之五則曰"龍"，革之五則曰"虎"。若以理論，揖遜者見其德，故稱龍；征誅者見其威，故稱虎。三、四之有孚者，乃水火相交之際，教占者之有孚也。五之有孚，即湯武未革命之先，四海徯后①之思，未占而知其有孚矣。○九五以陽剛中正之才德，當兌金肅殺之秋，而爲順天應人之舉。九四爲改命之佐。已改其命矣，是以爲大人者，登九五之位而宇宙爲之一新，故有"大人虎變"之象。此則不待占決而自孚信者也。占者有是德，方應是占矣。

《象》曰："大人虎變"，其文炳也。

"文炳"，以人事論。改正朔，易服色，殊徽號，變犧牲，制禮作樂，炳乎其有文章是也。

上六，君子豹變，小人革面，征凶，居貞吉。

楊子②曰："狸變則豹，豹變則虎。"故上六即以豹言之。革命之時，如鼓刀之叟，佐周受命，此"豹變"者也。又如蕭何諸臣，或爲吏胥，或販繒屠狗，後皆開國承家，列爵分土，亦"豹變"者也。即班孟堅所謂"雲起龍驤，化爲侯王"是矣。蓋九五既虎變而爲天子，則上六即豹變而爲公侯，若下句"小人"則百姓矣。"革面"者，言舊日而從于君者亦革也，如民之從桀者，不過面從而心實不從也，及湯師之興，則東征西怨，南征北怨，面從之僞皆革，而心真實以向湯矣。如民之從紂者，不過面從而心實不從也，及化行南國，《泰誓》、《牧誓》，則面從之僞皆革，而心真實以向文武矣。蓋以力服人者，面從

---

① 后：原誤作"後"，朝爽堂本、鄭燦本作"后"，據改。按：《書·仲虺之誥》曰："徯予后，后來其蘇。"《書·太甲中》曰："徯我后，后來無罰。"后，王也。

② 此"楊子"指揚雄，下引文見《法言》。

者也。以德服人者，中心悦而誠服也，心從者也。"征凶"者，"聖人作而萬物覩"，別有所往，則爲梗化之民而凶矣。"居"者，征之反也。"君子豹變"者，變其舊日之冠裳也；"小人革面"者，革其舊日之詐僞也。○上六當世道革成之後，而天命維新矣。公侯則開國承家，百姓則心悦誠服，有"君子豹變、小人革面"之象。故戒占者，不守其改革之命而別有所往，則凶。能守其改革之命，則正而吉也。

《象》曰："君子豹變"，其文蔚也。"小人革面"，順以從君也。

"其文蔚"者，冠裳一變，人物一新也。"順以從君"者，兑爲悦，悦則順，即中心悦而誠服也。蔚本益母草，其花對節相開，亦如公侯相對而并列，故以蔚言之。豹次于虎，獸不同也。炳從虎，蔚從草，文之大小顯著不同也。

巽下離上（鼎）

"鼎"者，烹飪之器。其卦巽下離上，下陰爲足，二、三、四陽爲腹，五陰爲耳，上陽爲鉉，鼎之象也。又以巽木入離火而致烹飪，鼎之用也。《序卦》："革物者莫若鼎，故受之以鼎。"所以次革。

鼎，元吉，亨。

《彖辭》明。觀孔子《彖辭》"是以元亨"，則"吉"字當從《本義》作衍文。

《彖》曰：鼎，象也。以木巽火，亨飪也。聖人亨以享上帝，而大亨以養聖賢。巽而耳目聰明，柔進而上行，得中而應乎剛，是以元亨。亨，并庚反。①

以卦體釋卦名，又以卦德、卦綜、卦體釋《卦辭》。"象"者，六爻有鼎之象也。"巽"者，入也，以木入于火也。"亨"，煮也。飪，熟食也。"亨飪"，有調和之意，故《論語》曰"失飪不食"。"象"者鼎之體，"亨飪"者鼎之

---

① 鄭燦本作"亨，普庚反"。按：此音注"亨飪""大亨"之"亨"，非"元亨"之"亨"。

用，所以名"鼎"。"聖人"者，君也；"聖賢"者，臣也。古人有聖德者皆可稱"聖"，如《湯誥》稱伊尹爲"元聖"是也。亨飪之事，不過祭祀、賓客而已。祭祀之大者，無出于上帝；賓客之重者，無過于聖賢。享上帝貴質，故止曰"亨"；享聖賢貴豐，故曰"大亨"。所以享帝用特牲，而享聖賢有饗牲，牢禮也。"巽而耳目聰明"者，內而此心巽順，外而耳目聰明也。離爲目，五爲鼎耳，故曰"耳目"。皆有離明之德，故曰"聰明"。"柔進而上行"者，鼎綜革，二卦同體，文王綜爲一卦，故《雜卦》曰："革，去故也。鼎，取新也。"言革下卦之離進而爲鼎之上卦也。進而上行，居五之中，應乎二之剛也。若以人事論，"內巽外聰"有其德，"進而上行"有其位，"應乎剛"有其輔，是以"元亨"。

《象》曰：木上有火，鼎。君子以正位凝命。

"正"對偏倚言，"凝"對散漫言。"正位"者，端莊安正之謂，即齋明盛服，非禮不動也。"凝"者，成也，堅也。"命"者，天之命也。"凝命"者，天命凝成堅固，國家安于磐石，所謂協乎上下，以承天休也。"鼎"譬之位，"命"譬之實。鼎之器正，然後可凝其所受之實；君之位正，然後可凝其所受之命。鼎綜革，故革亦言"命"。孔子因大禹鑄九鼎象物，成王定鼎于郟鄏，卜世三十，卜年七百，所以說到"正位凝命"上去。周烈王二十三年，九鼎震，此不能正位凝命之兆也。其後秦遂滅周，取九鼎，則鼎所係匪輕矣，故以鼎爲宗廟之寶器。及天寶五年，宰臣李適之，常列鼎俎，具膳羞，中夜鼎躍，相鬥不解，鼎耳及足皆折，豈以明皇不能正位凝命，而有幸蜀之禍與？

初六，鼎顚趾，利出否，得妾以其子，无咎。

巽錯震，震爲足，"趾"之象也。巽爲長女，位卑居下，"妾"之象也。震爲長子，"子"之象也。鼎爲寶器，主器者莫若長子，則子之意亦由鼎而來也。"顚趾"者，顚倒其趾也。凡洗鼎而出水，必顚倒其鼎，以鼎足反加于上，故曰顚趾。"否"者，鼎中之污穢也。"利出否"者，順利其出否也。故孔子曰"鼎取新也"。"得"者，獲也。"得妾"者，買妾而獲之也。"以"者，因也，因其子而買妾也。言洗鼎之時，趾乃在下之物，不當加于其上。今顚于上，若悖上下之序矣。然顚趾者，不得已也，以其順利于出否也。亦猶一夫一婦，人道之常，既有妻，豈可得妾？今得其妾，若失尊卑之分矣。然得妾者，不得已也，以其欲生子而不得不買妾也。得妾以其子，又"顛趾出否"之象也。○初六居下，尚未烹飪，正洗鼎之時，顛趾以出否，故有"得妾以其子"之象。占者得此，凡事迹雖若悖其上下尊卑之序，于義則无咎也。

《象》曰："鼎顛趾"，未悖也。"利出否"，以從貴也。

"未悖"者，未悖于理也。言以顛趾于鼎之上，雖若顛倒其上下之序，然洗鼎當如此，未爲悖理也。貴對賤言，鼎中之否則賤物也。"以從貴"者，欲將珍羞貴重之物，相從以實于鼎中，不得不出其否賤以濯潔也。

九二，鼎有實，我仇有疾，不我能即，吉。

"鼎有實"者，既洗鼎矣，乃實物于其中也。陽實陰虛，故言實。"仇"者，匹也，對也，指初也。"疾"者，陰柔之疾也。"即"者，就也。言初雖有疾，九二則剛中自守，不能使我與之即就也。此九二之能事，非戒辭也。○九二以剛居中，能守其剛中之實德，雖比于初，而不輕于所與，有"鼎有美實、我仇有疾、不我能即而浼我實德"之象。占者如此，則剛中之德不虧，吉可知矣。

《象》曰："鼎有實"，慎所之也。"我仇有疾"，終无尤也。

"慎所之"者，慎所往也。此一句亦言九二之能事，非戒辭也。言九二有陽剛之實德，自能慎于所往，擇善而交，不失身于陰黨也。"終无尤"者，言我仇雖有疾，然慎于所往，不我能即而不失身于彼，有何過尤哉？

九三，鼎耳革，其行塞，雉膏不食，方雨虧悔，終吉。

三變爲離，爲坎，坎爲耳，"耳"之象也。"革"者，變也。坎爲耳痛，"耳革"之象也。三未變，錯震足，爲"行"；三變則成坎陷，不能行矣，"行塞"之象也。其"行塞"者，不能行也。離爲雉，"雉"之象也。坎爲膏，"膏"之象也。中爻兌，三變則不成兌口，"不食"之象也。三變則内坎水，外亦坎水，"方雨"之象也。鼎之所賴以舉行者，耳也。三居木之極，上應火之極，木火既極，則鼎中騰沸，并耳亦熾熱，革變而不可舉移矣，故其"行塞"也。"雨"者，水也。"虧"者，損也。"悔"者，鼎不可舉移，而雉膏之美味不得其食，不免至于悔也。"方雨虧悔"者，言耳革不食，惟救之以水耳，方雨則能虧損其騰沸熾熱之勢，而悔者不至于悔矣。"終吉"者，鼎可移，美味可食也。○九三以陽剛居鼎腹之中，本有美實之德，但應與木火之極，烹飪太過，故有"耳革行塞、雉膏不食"之象。然陽剛得正，故又有"方雨虧悔"之象。占者如是，始雖若不利，終則吉也。

《象》曰："鼎耳革"，失其義也。

"義"者，宜也。鼎烹飪之木火不可過，不可不及，方得烹飪之宜。今木火太過，則失烹飪之宜矣，所以"耳革"也。

九四，鼎折足，覆公餗，其形渥，凶。

四變，中爻爲震，"足"之象也。中爻兌，爲毀折，"折"之象也。鼎實近鼎耳，實已滿矣。今震動，"覆"之象也。"餗"者，美糝也。八珍之膳，鼎之實也。鼎以享帝、養賢，非自私也，故曰"公餗"。"渥"者，沾濡也。言覆其鼎，而鼎之上皆沾濡其美①糝也。以人事論，項羽之入咸陽，安祿山之陷長安，宗廟燒焚，寶器披離，不復見昔日彼都人士之盛，"其形渥"之象也。不可依晁氏"其刑剭凶"者，敗國殺身也。若不以象論，以二體論，離、巽二卦成鼎，下體巽，有足而無耳，故曰"耳革"，上體離，有耳而無足，故曰"折足"。○九四居大臣之位，任天下之重者也。但我本不中不正，而又下應初六之陰柔，則委任亦非其人，不能勝大臣之任矣，卒至傾覆國家，故有此象。占者得此，敗國殺身，凶可知矣。

《象》曰："覆公餗"，信如何也。

"信"者，信任也。言以餗委托信任于人，今將餗覆之，則所信任之人爲如何也？

六五，鼎黃耳，金鉉，利貞。

五爲鼎耳，黃中色，五居中，"黃耳"之象也。此爻變乾金，"金鉉"之象也。以此爻未變而言，則曰"黃"；以此爻既變而言，則曰"金"。在鼎之上，受鉉以舉鼎者，"耳"也；在鼎之外，貫耳以舉鼎者，"鉉"也。蓋鉉爲鼎之繫，繫于其耳，二物不相離，故并言之。○六五有虛中之德，上比上九，下應

---

① 美：虎林本亦作"美"，史念冲本、朝爽堂本、鄭燦本作"羹"。

九二，皆具①剛明，故有"黄耳金鉉"之象。鼎既黄耳金鉉，則中之爲實者必美味矣。而占者則利于貞固也。因陰柔，故戒以此。

《象》曰：鼎黄耳，中以爲實也。

黄，中色，言中乃其實德也，故云"黄耳"。

上九，鼎玉鉉，大吉，无不利。

上九居鼎之極，鉉在鼎上，"鉉"之象也。此爻變震，震爲玉，"玉鉉"之象也。玉豈可爲鉉？有此象也，亦如金車之意。鼎之爲器，承鼎在足，實鼎在腹，行鼎在耳，舉鼎在鉉，鼎至于鉉，厥功成②矣，功成可以養人，亦猶井之元吉、大成也，故大吉无不利。○上九以陽居陰，剛而能柔，故有温潤玉鉉之象。占者得此，凡事大吉，而又行无不利也。占者有玉鉉之德，斯應是占矣。

《象》曰：玉鉉在上，剛柔節也。

"剛柔節"者，言以陽居陰，剛而能節之以柔，亦如玉之温潤矣，所以爲"玉鉉"也。

震下震上（震）

"震"者，動也。一陽始生于二陰之下，震而動也。其象爲雷，其屬爲長子。《序卦》："主器者莫若長子，故受之以震。"所以次鼎。

震，亨，震來虩虩，笑言啞啞。震驚百里，不喪匕鬯。 虩，音隙。啞，音厄。匕，音妣。

"虩虩"，恐懼也。虩本壁虎之名，以其善于捕蠅，故曰蠅虎。因捕蠅常周環于壁間，不自安寧而驚顧，此用"虩"字之意。震艮二卦同體，文王綜爲一卦，所以《雜卦》曰："震，起也。艮，止也。"因綜艮，艮爲虎，故取"虎"象，非無因而言虎也。"啞啞"，笑聲。震大象兑，又中爻錯兑，皆有喜悦言語

---

① 具：原作"其"，朝爽堂本、鄭燦本作"具"，據改。
② 功成：原作"成功"，史念冲本、朝爽堂本、鄭燦本作"功成"，據改。

之象，故曰"笑言"。"匕"，匙也，以棘爲之，長三①尺，未祭祀之先，烹牢于鑊，實諸鼎而加羃焉。將薦，乃舉羃，以匕出之，升于俎上。"鬯"，以秬黍酒和鬱金，以灌地降神者也。人君于祭之禮，親匕牲薦鬯而已，其餘不親爲也。"震來虩虩"者，震也；"笑言啞啞"者，震而亨也。此一句言常理也。"震驚百里，不喪匕鬯"，處大變而不失其常，此專以雷與長子言之，所以實上二句意也。一陽在坤土之中，"君主百里"之象。中爻艮，"手執之不喪"之象。中爻坎，"酒"之象。○言震自有亨道，何也？蓋易之爲理，"危者使平，易者使傾"，人能于平時安不忘危，此心常如禍患之來，虩虩然恐懼而無慢易之心，則日用之間，舉動自有法則，而一笑一言，皆啞啞而自如矣。雖或有非常之變，出于倏忽之頃，猶雷之震驚百里，然此心有主，意氣安閒，雷之威震雖大而遠，而主祭者自不喪匕鬯也，此可見震自有亨道也。不喪匕鬯，乃象也，非真有是事也，言能恐懼，則致福而不失其所主之重矣。

《彖》曰：震，亨。"震來虩虩"，恐致福也。"笑言啞啞"，後有則也。"震驚百里"，驚遠而懼邇也。出可以守宗廟社稷以爲祭主也。

《易舉正》"出可以守"句上，有"不喪匕鬯"四字。程子亦云"今從之"。"恐"者，恐懼也。"致福"者，生全出于憂患，自足以致福也。"後"者，恐懼之後也，非震驚之後也。"則"者，法則也。不違禮，不越分，即此身日用之常度也。人能恐懼，則操心危而慮患深，自不違禮越分，失日用之常度矣，即俗言"懼法朝朝樂"也。所以安樂自如，笑言啞啞也。"驚"者，卒然遇之而動乎外；"懼"者，惕然畏之而變其中。驚者不止于懼，懼者不止于驚。"遠"者，外卦；"邇"者，內卦。內外皆震，"遠邇驚懼"之象也。"出"者，長子已繼世而出也。"可以"者，許之之辭也。言禍患之來，出于倉卒之間，如雷之震，遠邇驚懼。當此之時，乃能處之從容，應之暇豫，不喪匕鬯，則是不懼由于能懼，雖甚有可驚懼者，亦不能動吾之念也，豈不可以負荷天下之重器乎？故以守宗廟，能爲宗廟之祭主；以守社稷，能爲社稷之祭主矣。

《象》曰：洊雷，震。君子以恐懼修省。

---

① 三：虎林本、史念冲本亦作"三"，朝爽堂本、鄭燦本作"二"。

"洊"者,再也。上震下震,故曰"洊"。"修",理其身,使事事合天理;"省",察其過,使事事遏人欲。惟此心"恐懼",所以"修省"也。恐懼者作于其心,修省者見于行事。

初九,震來虩虩,後笑言啞啞,吉。

將《卦辭》加一"後"字,辭益明白矣。初九、九四,陽也,乃震之所以爲震者,震動之震也。二、三、五、上,陰也,乃爲陽所震者,震懼之震也。初乃成卦之主,處震之初,故其占如此。

《象》曰:"震來虩虩",恐致福也。

"笑言啞啞","後有則"也。解見前。

六二,震來厲,億喪貝,躋于九陵,勿逐,七日得。

"震來厲"者,乘初九之剛,當震動之時,故震之來者猛厲也。"億"者,大也。"億喪貝",大喪其貝也。十萬曰億,豈不爲大?六五《小象》曰"大无喪",可知矣。貝者,海中之介蟲也。二變,則中爻離爲蟹,爲蚌,"貝"之象也。震爲足,"躋"之象也。中爻,艮爲山,"陵"之象也。陵乘九剛,"九陵"之象也。又艮居七,"七"之象也。離爲日,"日"之象也。若以理數論,陰陽各極于六,七則變而反其初矣,故《易》中皆言"七日得"。躋者,升也。言震來猛厲,大喪此貨貝,六①二乃不顧其貝,飄然而去,避于九陵,無心以逐之,不期七日自獲此貝也。其始也墮甑弗顧,其終也去珠復還。太王之避狄②,亦此意也。○六二當震動之時,乘初九之剛,故有此"喪貝"之象。然居中得正,此无妄之災耳,故又有"得貝"之象。占者得此,凡事若以柔順中正自守,始雖不免喪失,終則不求而自獲也。

《象》曰:"震來厲",乘剛也。

當震動之時,乘九之剛,所以猛厲不可禦。

六三,震蘇蘇,震行无眚。

"蘇",即穌,死而復生也。《書》曰"后來其蘇"是也。言后來我復生也。陰爲陽所震動,三去初雖遠,而比四則近,故下初之震動將盡,而上四之震動

---

① 六:原作"九",朝爽堂本、鄭燦本作"六",據改。
② 避狄:原作"遷岐",虎林本、史念冲本、朝爽堂本、鄭燦本皆作"避狄",據改。

復生，上蘇下蘇，故曰"蘇蘇"。中爻坎，坎多眚。三變陰爲陽，陽得其正矣，位當矣，且不成坎體，故"无眚"。"行"者，改徙之意，即陰變陽也。震性奮發有爲，故教之以遷善改過也。唐肅宗遭祿山之變，猶私與張良姊局戲不已，可謂不知"震行无眚"者矣。〇六三不中不正，居二震之間，下震將盡而上震繼之，故有"蘇蘇"之象。所以然者，以震本能行而不行耳。若能奮發有爲，恐懼修省，去其不中不正以就其中正，則自"笑言啞啞"而无眚矣，故教占者如此。

《象》曰："震蘇蘇"，位不當也。

不中不正，故"不當"。

九四，震遂泥。

"遂"者，無反之意。"泥"者，沉溺于險陷而不能奮發也。上下坤土，得坎水，"泥"之象也。坎有泥象，故需卦井卦皆言"泥"，睽卦錯坎則曰"負塗"。晋元帝困于五胡[①]而大業未復，宋高宗不能恢復中原[②]，皆其泥者也。〇九四以剛居柔，不中不正，陷于二陰之間，處震懼則莫能守，欲震動則莫能奮，是既無能爲之才而又溺于宴安之私者也，故遂泥焉而不復反，即象而占可知矣。

《象》曰："震遂泥"，未光也。

"未光"者，陷于二陰之間，所爲者皆邪僻之私，無復正大光明之事矣，所以遂泥也。與夬卦、萃卦"未光"皆同。

六五，震往來，厲。億无喪，有事。

初始，震爲往。四涖，震爲來。五乃君位，爲震之主。故往來皆厲也。"億无喪"者，大无喪也，天命未去，人心未離，國勢未至瓦解也。"有事"者，猶可補偏救弊以有爲也。六五處震，亦猶二之乘剛，所以爻辭同"億"字、"喪"字。〇六五以柔弱之才居人君之位，當國家震動之時，故有"往來危厲"之象。然以其得中，才雖不足以濟變，而中德猶可以自守，故大无喪，而猶能有事也。占者不失其中，則雖危无喪矣。

[①] 困于五胡：原作"困于五季"，虎林本、史念冲本作"困于五胡"，朝爽堂本、鄭燦本作"國于五湖"，據虎林本、史念冲本改。按："五湖"當指洞庭湖、鄱陽湖、太湖、巢湖、洪澤湖，晋元帝建都建康（今南京），五湖在周圍，聯繫此爻爻辭"震遂泥"，指陷入困境，無返之意，似亦通。

[②] 中原：原作"舊基"，虎林本、史念冲本、朝爽堂本、鄭燦本皆作"中原"，據改。

《象》曰："震往來，厲"，危行也。"其事在中"，大无喪也。

"危行"者，往行危，來行危，一往一來皆危也。"其事在中"者，言所行雖危厲而猶能以有事者，以其有中德也。有是中德，而能有事，故"大无喪"。

上六，震索索，視矍矍，征凶。震不于其躬，于其鄰，无咎。婚媾有言。

矍，俱縛反。

此爻變離，離爲目，"視"之象也。又離火遇震動，"言"之象也。故明夷之"主人有言"，中孚之"泣""歌"，皆離火震動也。凡震遇坎水者，皆言"婚媾"：屯，震坎也；賁，中爻震坎也；睽，上九變震①，中爻坎也；此卦中爻坎也。"索"者，求取也。言如有所求取，不自安寧也。"矍"者，瞻視彷徨也。六三"蘇蘇"，上六"索索""矍矍"，三内震之極，上外震之極，故皆重一字也。"震不于其躬，于其鄰"者，謀之之辭也。言禍患之來，尚未及于其身，方及其鄰之時，即早見預待，天未陰雨而綢繆牖戶也。孔斌曰："燕雀處堂，子母相哺，竈突炎上，棟宇相②焚"，言魏"不知鄰禍之將及也"③，此"鄰"之義也。"婚媾"者，親近也，猶言夫妻也。親近者不免于有言，則疏遠者可知矣。○上六以陰柔居震極，中心危懼，不能自安，故有"索索""矍矍"之象，以是而往，方寸亂矣，豈能濟變？故占者征則凶也。然所以致此者，以其不能圖之于早耳。苟能于震未及其身之時，恐懼修省，則可以免"索索""矍矍"之咎。然以陰柔處震極，亦不免婚媾之有言，終不能笑言啞啞，安于無事之天矣。防之早者且有言，況不能防者乎？"婚媾有言"又占中之象也。

《象》曰："震索索"，中未得也。雖凶无咎，畏鄰戒也。

"中"者，中心也。"未得"者，方寸亂而不能"笑言啞啞"也。"畏鄰戒"者，畏禍已及于鄰而先自備戒也。"畏鄰戒"，方得无咎。若不能備戒，豈得无咎哉？

---

① 震：原作"正"，史念冲本、朝爽堂本、鄭燦本作"震"，據改。
② 相：虎林本亦作"相"，史念冲本、朝爽堂本、鄭燦本作"將"。
③ 事見《資治通鑒》卷五。孔斌字子順，孔子六世孫。

艮下艮上（艮）

"艮"者，止也。一陽止于二陰之上，陽自下升，極上而止，此"止"之義也。又其象爲山，下坤土，乃山之質。一陽覆冒于其上，重濁者在下，輕清者在上，亦"止"之象也。《序卦》："震者，動也。物不可以終動，止之，故受之以艮。艮者，止也。"所以次震。

艮其背，不獲其身。行其庭，不見其人。无咎。

此《卦辭》以卦綜言，如井卦"改邑不改井"，蹇卦"利西南"之類。本卦綜震，四爲人之身，故周公《爻辭》以四爲"身"。三畫之卦，二爲人位，故曰"人"。"庭"則前庭，五也。艮爲門闕，故門之內，中間爲庭。"震"，行也，向上而行面向上，其背在下，故以陽之畫初與四爲背；"艮"，止也，向下而立，面向下，其背在上，故以陽之畫三與上爲背。上二句以下卦言，下二句以上卦言，言止其背，則身在背後，不見其四之身。"行其庭"則背在人前，不見其二之人。所以一止之間，既不見其己，又不見其人也。辭本玄妙，令人難曉。孔子知文王以卦綜成《卦辭》，所以《彖辭》說一"行"字，說一"動"字，重一"時"字。

《彖》曰：艮，止也。時止則止，時行則行，動靜不失其時，其道光明。艮其止，止其所也。上下敵應，不相與也。是以"不獲其身，行其庭，不見其人，无咎"也。

以卦德、卦綜、卦體釋卦名、《卦辭》，言所謂艮者，以其止也。然天下之理無窮，而夫人之事萬變，如惟其止而已，豈足以盡其事理哉？亦觀其時何如耳。蓋理當其可之謂"時"，時當乎艮之止則止，時當乎震之行則行。行止之動靜，皆"不失其時"，則無適而非天理之公，其道如日月之光明矣，豈止无咎而已哉？然艮之所以名止者，亦非固執而不變遷也，乃"止其所"也。惟止其所當然之理，所以時止則止也。《卦辭》又曰"不獲其身""不見其人"者，蓋人相與乎我，則我即得見其人。我相與乎人，則人即能獲其我。今初之于四，二之于五，三之于上，陰自爲陰，陽自爲陽，不相與應，是以人不獲乎我之身，而我亦不見其人，僅得"无咎"而已。若時止時行，豈止无咎哉？八純卦皆不相應與，獨于艮言者，艮性止，止則固執不遷，所以不光明而僅得无咎。文王《卦辭》專以象言，孔子《彖辭》專以理言。

《象》曰：兼山，艮。君子以思不出其位。

"兼山"者，内一山，外一山，兩重山也。天下之理，即位而存。父有父之位，子有子之位，君臣夫婦亦然。富貴有富貴之位，貧賤有貧賤之位，患難夷狄①亦然。有本然之位，即有當然之理。"思不出其位"者，正所以止乎其理也。出其位則越其理矣。

初六，艮其趾，无咎，利永貞。

艮綜震，震爲足，"趾"之象也。初在下，亦"趾"之象也。咸卦亦以人身以漸而上。〇初六陰柔，無可爲之才，能止者也。又居初卑下，不得不止者也。以是而止，故有"艮趾"之象。占者如是，則不輕舉冒進，可以无咎而正矣。然又恐其正者不能永也，故又教占者以此。

《象》曰："艮其趾"，未失正也。

理之所當止者曰"正"，即《爻辭》之貞也。《爻辭》曰"利永貞"，《象辭》曰"未失正"，見初之止，理所當止也。

六二，艮其腓，不拯其隨，其心不快。

"腓"者，足肚也，亦初震足之象。"拯"者，救也。"隨"者，從也。二比三，從三者也。"不拯其隨"者，不求拯于所隨之三也。凡陰柔資于陽剛者皆曰"拯"，渙卦初六"用拯馬壯"是也。二中正，八卦正位艮在三，兩爻俱善。但當艮止之時，二艮止不求救于三，三艮止不退聽于二，所以二心不快。中爻坎爲加憂，爲心病，"不快"之象也。〇六二居中得正，比于其三，止于其腓矣。以陰柔之質，求三陽剛以助之可也。但艮性止，不求拯于隨，則其中正之德無所施用矣，所以此心常不快也，故其占中之象如此。

《象》曰：不拯其隨，未退聽也。

---

① 夷狄：原作"□□"，虎林本、史念冲本、朝爽堂本、鄭燦本皆作"夷狄"，據改。

二下而三上，故曰"退"。周公"不快"，主坎之"心病"而言。孔子"未聽"，主坎之"耳痛"而言。

九三，艮其限，列其夤，厲薰心。

"限"者，界限也。上身與下身相界限，即腰也。"夤"者，連也，腰之連屬不絕者也。腰之在身，正屈伸之際，當動不當止，若艮其限，則上自上，下自下，不相連屬矣。"列"者，列絕而上下不相連屬，判然其兩段也。"薰"與熏同，火烟上也。"薰心"者，心不安也。中爻坎爲心病，所以六二"不快"，九三"薰心"，坎錯離，火烟之象也。○止之爲道，惟其理之所在而已。九三位在腓之上，當限之處，正變動屈伸之際，不當艮者也。不當艮而艮，則不得屈伸而上下判隔，列絕其相連矣，故危厲而心常不安。占者之象如此。

《象》曰："艮其限"，危薰心也。

不當止而止，則執一不能變通。外既齟齬，心必不安，所以危厲而薰心也。

六四，艮其身，无咎。

艮其身者，安靜韜晦，鄉鄰有鬥而閉戶，"括囊无咎"之類是也。○六四以陰居陰，純乎陰者也，故有"艮其身"之象。既艮其身，則無所作爲矣。占者如是，故"无咎"。

《象》曰："艮其身"，止諸躬也。

"躬"即身也。不能治人，不能成物，惟"止諸躬"而已，故《爻》曰"艮其身"，《象》曰"止諸躬"。

六五，艮其輔，言有序，悔亡。

序者，倫序也。輔，見咸卦注。艮錯兌，兌爲口舌，輔之象也，言之象也。"艮其輔"者，言不妄發也。"言有序"者，發必當理也。"悔"者，易則誕，煩則支，肆則忤，悖則違，皆悔也。咸卦多象人面，艮卦多象人背者，以文王《卦辭》"艮其背"故也。○六五當輔，出言之處，以陰居陽，未免有失言之悔。然以其得中，故又有"艮其輔，言有序"之象，而其占則"悔亡"也。

《象》曰："艮其輔"，以中正也。

"正"當作"止"，與"止諸躬""止"字同。以中而止，所以悔亡。

上九，敦艮，吉。

"敦"與"篤行"之"篤"字同意。時止則止，貞固不變也。山有敦厚之象，故"敦臨""敦復"皆以土取象。○上九以陽剛居艮極，自始至終，一止于理而不變，敦厚于止者也，故有此象。占者如是，則其道光明，何吉如之！

《象》曰：敦艮之吉，以厚終也。

"厚終"者，敦篤于終而不變也。賁、大畜、蠱、頤、損、蒙六卦，上九皆吉者，皆有"厚終"之意。